대학생을 위한 연세한국어

YONSEI KOREAN

for college students

201

KOREAN LANGUAGE INSTITUTE

YONSEI UNIVERSITY PRESS

머리말

연세대학교 한국어학당은 1959년 설립된 한국 최초의 대학 부설 한국어 교육 기관으로서 역사와 명성에 걸맞게 다양한 한국어 교재 편찬 및 관련 연구를 해 옴으로써 한국어 교육을 선도하였습니다. 1960년 『한국어교본 I 』 출간 이후 『한국어』, 『한국어 독본』, 『한국어 읽기』, 『한달완성 한국어』, 『100시간 한국어』, 『연세 시사한국어』, 『3주 완성 연세한국어』, 『연세한국어』, 『활용연습』, 『연세 토픽』, 『대학한국어 어휘 · 문법』, 『대학생활을 위한 한국어』, 『대학 강의 수강을 위한 한국어』, 『새 연세한국어』 시리즈 등 260여 권에 달하는 양질의 한국어 주요 교재를 출간해 왔습니다.

연세대학교 한국어학당은 교육 현장의 변화와 한국어 학습자의 다양한 수요에 부응하고자 과정별 맞춤형 교재를 개발하는 데 노력을 기울여 왔으며 이 교재 또한 특수 목적 학습자를 대상으로 하는 맞춤형 교재로 개발되었습니다. 미주 지역 학습자의 요구를 이해하고 최적의 한국어 교수법을 적용하기 위하여 북미권 대학에서 가르친 경험이 있는 한국어 교육 전문가와 본 기관 안팎의 한국어 교육 전문가 십여 명이 본 교재 개발에 참여하였습니다.

이 교재 시리즈는 연세대학교 한국어학당의 표준 한국어 등급뿐만 아니라 유럽공통참조기준 CEFR과 ACTFL 등급 체계를 참고하여 개발되었으므로 해외 대학과 한국어 교육기관의 다양한 교육과정에 적절하게 사용될 수 있습니다. 이 교재 시리즈는 초급과 중급의 단기 과정용 교재로서 총 6단계로 되어 있으며, 각 권은 100시간 미만으로 과정에 따라 유연하게 적용 가능하도록 구성되었습니다. 한국의 실생활에서 자주 사용되는 문형 표현과 주제 어휘가 다양한 문제 해결 상황과 함께 체계적으로 제시되어 있으며, 단원별로 주제와 관련된 한국 문화 및 지역 사회와 함께할 수 있는 과제 활동이 제안되어 있어서 한국어 실력은 물론 한국 문화에 대한 이해와 참여의 기회를 동시에 높일 수 있습니다. 한국어 학습자를 위하여 자습용 연습 문제와 단원별 새 어휘, 문법, 대화, 읽기, 듣기, 문화 텍스트에 대한 영문 번역을 실어서 학습자의 자기주도적 학습이 가능하도록 기획했습니다. 특히 어휘와 문법뿐만 아니라 말하기, 듣기, 읽기, 쓰기 네 영역을 정확하고 유창하게 학습할 수 있도록 하는 과제를 고르게 배치하여서 단기간에 이해 능력과 표현 기능을 향상시킬 수 있도록 구성하였습니다.

이 교재 시리즈가 연세대학교 한국어학당에서 공부하는 학습자뿐만 아니라 국내와 국외에서 단기간에 한국어와 한국 문화를 배우고자 하는 모든 학습자에게 크게 도움이 되기를 바랍니다. 연세대학교 한국어학당은 앞으로도 전 세계 한국어 학습자의 요구와 기대에 부응하는 교재 개발을 위해 최선을 다할 것입니다.

연세대학교 언어연구교육원
한국어학당 교재편찬위원회

Preface

Established in 1959 as Korea's first university-affiliated Korean language institution, the Yonsei University Korean Language Institute has been leading Korean language education by compiling various Korean language textbooks and conducting related research, befitting its history and reputation. Since the publication of "An Intensive Course in Korean I" in 1960, the institute has published over 260 major high-quality Korean language textbooks, including "Korean," "Readings in Korean," "Korean Reading," "Mastering Korean within a Month," "Korean in 100 Hours," "Yonsei Current Issues and Affairs," "Yonsei Korean in 3 Weeks," "Yonsei Korean," "Yonsei Korean Workbook," "Yonsei TOPIK," "Academic Korean Vocabulary & Grammar," "Korean for University Life," "Academic Korean," and the "New Yonsei Korean" series.

The Yonsei Korean Language Institute has made efforts to develop customized textbooks for each course to meet changes in the educational field and the diverse needs of Korean language learners. This textbook has also been developed as customized teaching material for special-purpose learners. In order to understand the needs of learners in the Americas and apply the optimal Korean language teaching method, more than a dozen Korean language education experts, including those with experience teaching at North American universities and those inside and outside the institute, participated in the development of this textbook.

This textbook series has been developed in reference to the Yonsei University Korean Language Institute's standard Korean language proficiency levels, as well as the Common European Reference Framework for Languages (CEFR) and ACTFL Proficiency Guidelines, to be suitable for various curricula of overseas universities and Korean language institutions. This textbook series is for beginner and intermediate short-term courses, comprised of a total of 6 levels, with each book designed to be applied flexibly in courses of less than 100 hours. Commonly used sentence expressions in everyday life and practical problem-solving scenarios with various topic vocabulary are presented systematically. Each unit is designed to incorporate Korean culture related to the topic and proposes collaborative community engagement activities to enable learners to improve their Korean language proficiency and, at the same time, have more opportunities to understand and participate in Korean culture. For Korean language learners, self-study exercises and English translations of new vocabulary, grammar, dialogues, readings, listening materials, and cultural texts for each unit are included to encourage autonomous learning. Tasks to strengthen not only vocabulary and grammar but also the four areas of speaking, listening, reading, and writing, are strategically placed to allow students to learn accurately and fluently, to ensure the enhancement of comprehension and expression within a short period.

We hope that this textbook series will greatly benefit not only learners studying at the Yonsei University Korean Language Institute, but also all learners, both in Korea and abroad, who wish to learn Korean language and culture in a short period of time. The Yonsei University Korean Language Institute will continue to do its best to develop textbooks that meet the demands and expectations of Korean language learners worldwide.

Yonsei University Language Research and Education Center
Korean Language Institute Textbook Compilation Committee

일러두기

<한국어 201, 202>는 CEFR B1, ACTFL Intermediate Low, Mid 수준이어서 북미권 대학의 학기별 교육과정과 바로 연계가 가능합니다. 각각 총 10개 과(20개 항)에 실생활에서 자주 사용되는 문형 표현과 주제 어휘가 다양한 문제 해결 상황과 함께 체계적으로 제시되었습니다. 단원별로 주제와 관련된 한국 문화 및 실제적 표현 과제 활동도 있어서 한국어 실력은 물론 한국 문화에 대한 이해와 한국어 담화 공동체 참여의 기회를 동시에 높일 수 있습니다. 해외 한국어 학습자와 유학생들이 이 책으로 재미있게 공부할 수 있도록 교재 뒤에 자습용 연습 문제를 따로 실었고 단원별 새 어휘, 문법, 대화, 읽기, 듣기, 문화 텍스트에 대한 영문 번역도 실었습니다. 이 책의 구성은 다음과 같습니다.

교재 구성

(1) 단원 제목

공부할 주제와 문형 표현이 담겨 있으므로 수업 내용을 미리 추측해 볼 수 있다.

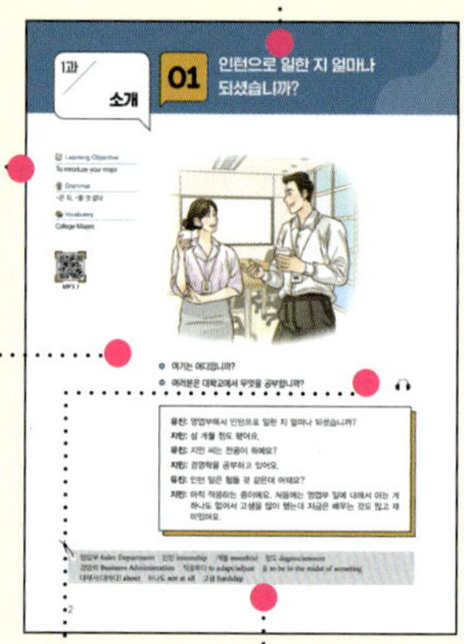

(2) 학습 목표

수업 목표가 영어로 제시되어서 수업 중 무엇에 집중해야 하는지 학생도 알 수 있다.

(3) 도입 질문

그림의 상황에 대한 이해와 관련 의견을 묻는 질문에 대답하며 배경지식을 환기할 수 있다.

(4) 대화

대화를 듣고 따라 하면서 특정 주제 및 상황에 필요한 어휘와 표현을 익힐 수 있다.

(5) 새 어휘

대화에 사용된 새 어휘의 뜻을 교재 하단에서 바로 확인하면서 대화 내용을 유추할 수 있다.

(6) 주제 어휘

학습 목표를 수행할 때 필요한 어휘들을 관련 이미지나 정리된 목록으로 확인할 수 있다.

(7) 어휘 연습

어휘 연습 문제를 풀면서 주제와 관련된 어휘장을 확장하고 문맥에 맞는 형태로 고쳐 쓰는 연습을 할 수 있다.

(8) 문법 연습

그림이나 문장 등의 힌트를 보고 목표 문법을 사용하여 문장을 완성한다. 교재 뒤에 실린 <연습 문제> 부분에서 문장이나 대화 완성하기 활동을 하면서 추가로 더 연습할 수 있다. 문법 옆에 적힌 부록의 페이지를 찾아가면 각 문법에 대한 상세한 설명을 읽을 수 있다.

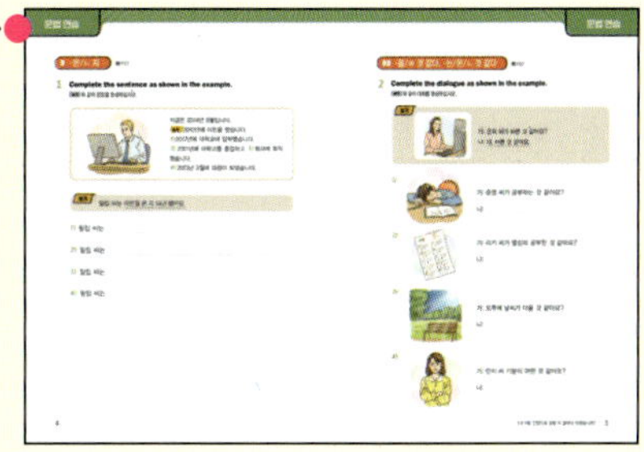

(9) 읽어 봅시다

주제와 관련된 긴 글을 읽고 네 개 질문에 대답한다. 내용 이해도를 묻는 질문 유형은 단답형, 서술형, 4지선다형, OX 문제 등으로 다양하다. 마지막 문제는 읽은 내용과 관련된 주제를 학습자 본인에게 적용시켜 이야기해 보도록 의도되었다.

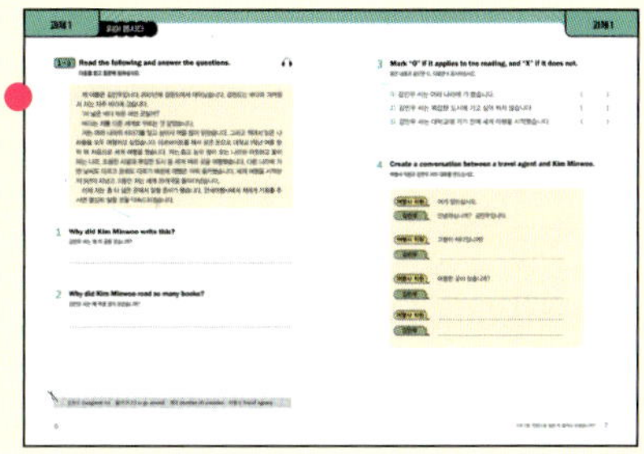

(10) 들어 봅시다

주제와 관련된 대화나 이야기를 듣고 네 개 질문에 대답한다. 들은 내용의 이해도를 묻는 질문은 독해 능력을 묻는 <읽어 봅시다>의 질문 유형과 마찬가지로 다양하고 마지막 문제는 들은 내용과 관련된 주제로 학습자 본인의 이야기를 하도록 의도되었다.

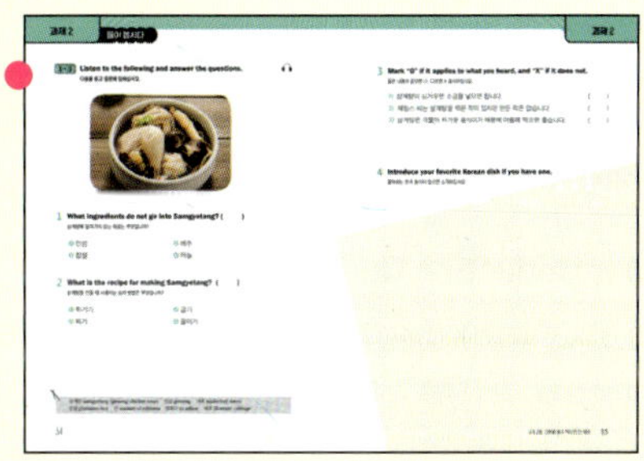

(11) 해 봅시다

교실에서 배운 주제 어휘와 문형 표현을 가지고 교실 안팎의 실제 의사소통 생활에 적용할 수 있는 실천적 과제를 제시하였다.

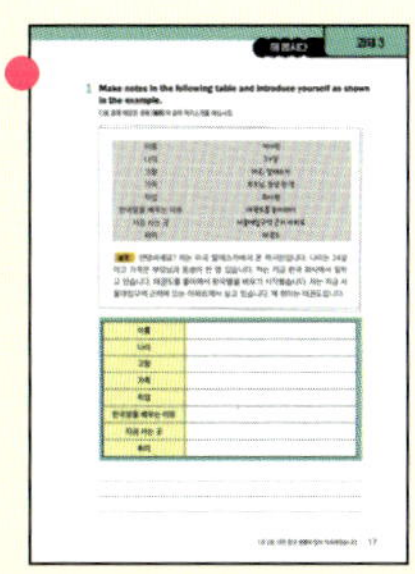

(12) 문화

10개 단원별로 주제와 관련된 한국 문화를 소개하여 학습자의 흥미를 돋우고 학습 의욕을 고취하였다.

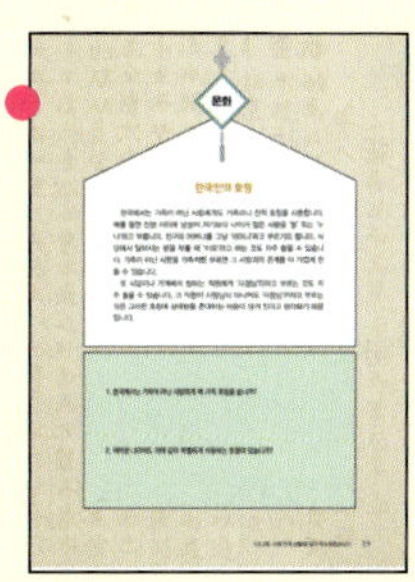

(13) 연습 문제

각 단원의 새 어휘와 문법을 사용해 문장과 대화를 완성하는 연습 활동을 제시하여 학습자가 수업에서 배운 것을 복습할 수 있도록 하였다. 1-5과, 6-10과의 복습문제도 따로 실어서 학생 혼자서 각 단원에서 공부한 주제에 대해 말하기, 쓰기, 듣기, 읽기 영역의 중간시험과 기말시험 준비를 할 수 있다.

(14) 별책

모범답안(문법 연습), 어휘·문법 색인, 문법 설명, 본문 대화, 읽기 및 듣기 지문, 문화 텍스트에 대한 번역을 실었다. 특히 문법 설명 영역에는 단원마다 두 개 문법에 대한 영문 설명과 문장 및 대화문으로 제시된 예문을 제시함으로써 학습자의 자기주도학습에 도움을 주고자 하였다.

Introduction

<Korean 201, 202> are at CEFR B1, ACTFL Intermediate Low, Mid levels, so they can be directly connected to the semester-based curriculum of universities in North America. There are a total of 10 chapters (20 sub-sections) for each unit, which systematically present frequently used grammatical expressions and real-life problem solving situations that involve various subject-related vocabulary. In addition, each unit includes tasks related to Korean culture and the use of practical expressions. This will not only enhance Korean language skills and understanding of Korean culture, but also provide greater opportunities to participate in Korean language discourse communities. To ensure enjoyable learning for overseas Korean learners and international students, the book includes separate self-study exercises at the end, as well as English translations for unit-specific conversations, new vocabulary, grammar, reading, listening, and cultural texts. The structure of this book is as follows:

Textbook Composition

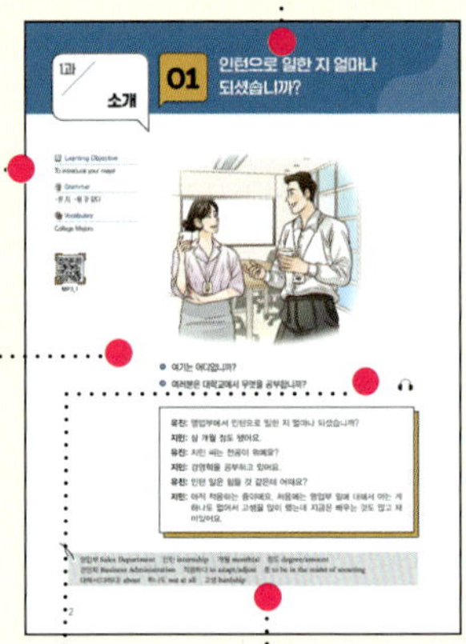

(1) Unit Title
The title contains the topics of study and grammatical expressions, allowing students to anticipate the contents of the class in advance.

(2) Learning Objectives
The objectives of the class are presented in English, enabling students to know what to focus on during class.

(3) Introduction Questions
By answering questions and expressing opinions about the situations depicted in the pictures, students can refresh and strengthen the required background knowledge.

(4) Conversation
By listening to following, and practicing conversations, students can become familiar with the vocabulary and expressions necessary for specific conversations and situations.

(5) New Vocabulary
Students can infer the contents of the conversation by referring to the definitions of newly presented vocabulary directly at the bottom of the textbook.

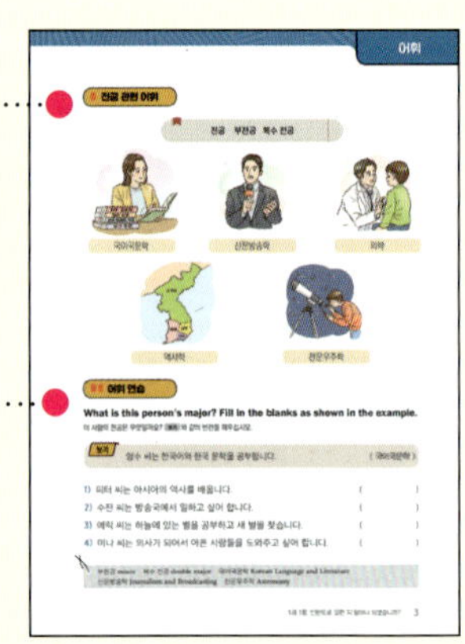

(6) Subject Vocabulary
Students can check the vocabulary necessary to achieve the learning objectives through related images and organized lists.

(7) Vocabulary Practice
By solving vocabulary practice questions, students can expand their vocabulary related to the subject, and practice using them in various contexts.

(8) Grammar Practice

Using hints from pictures or sentences, students will complete sentences using target grammatical expressions. Students have the option to practice more by completing sentences or conversations included in the <Practice Exercises> section at the end of the textbook. In the supplementary book, students can find detailled explanations on each grammar point introduced. The specific page is listed right next to the header for each point.

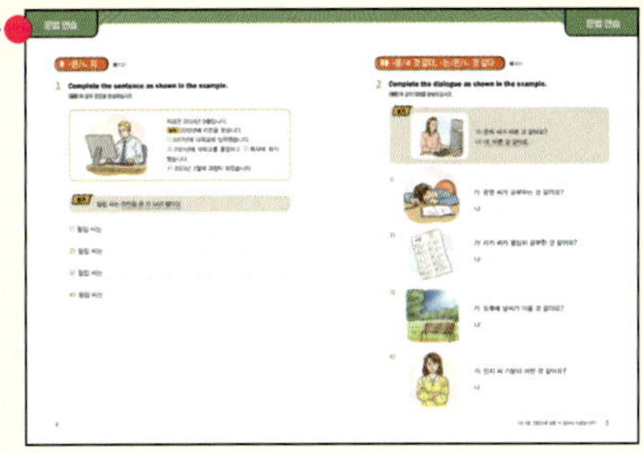

(9) Let's Read

Students read long texts related to the subject, and answer four questions. The type of questions, which test the student's reading comprehension, vary. These include short-answer, descriptive, multiple choice (with four possible answers), and true/false questions. The final question is intends to encourage students to apply the subject of the reading to their own experiences and share their thoughts.

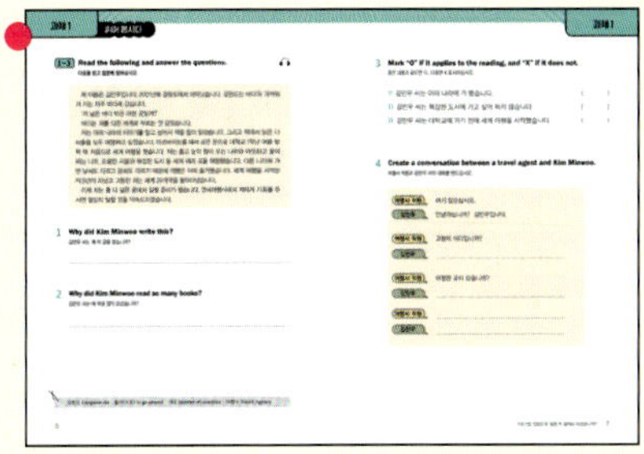

(10) Let's Listen

Students listen to conversations or stories related to the topic and answer four questions. The types of questions used to assess comprehension also vary, similar to the reading comprehension questions, and the final question intends to let students share their own stories related to the content and subject of what they heard.

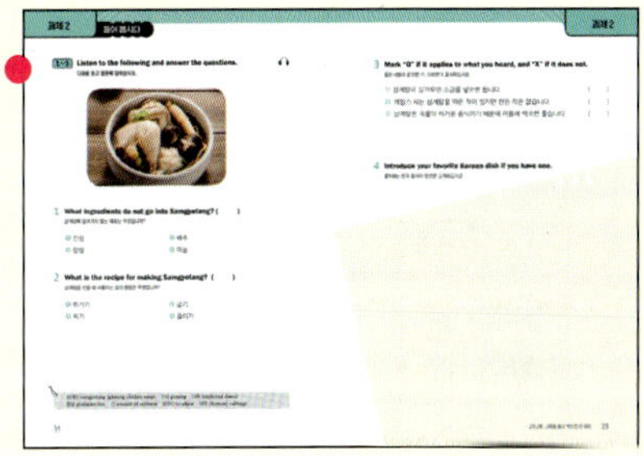

(11) Let's Try

Practical tasks, applying the subject vocabulary and grammatical expressions learned from each unit to real-life communication inside and outside the classroom, are provided.

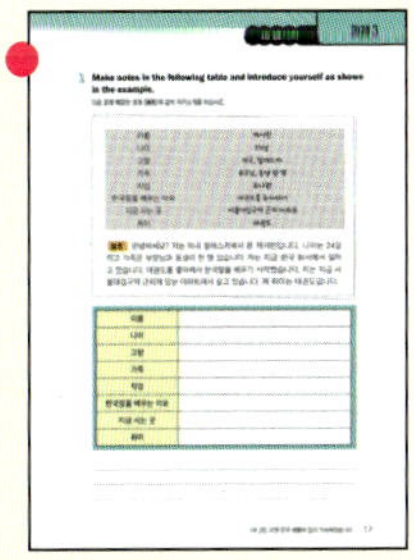

(12) Culture

For each of the 10 units, related topics on Korean culture are introduced to stimulate the students' interests and inspire their motivation for learning.

(13) Practice Exercises

Practice activities are provided to allow students to review what they have learned in class by completing sentences and conversations using new vocabulary and grammar from each unit. In preparation for their mid-terms and finals, students can practice speaking, writing, listening, and reading on their own, as theme-matching review questions for units 1-5 and 6-10 are included.

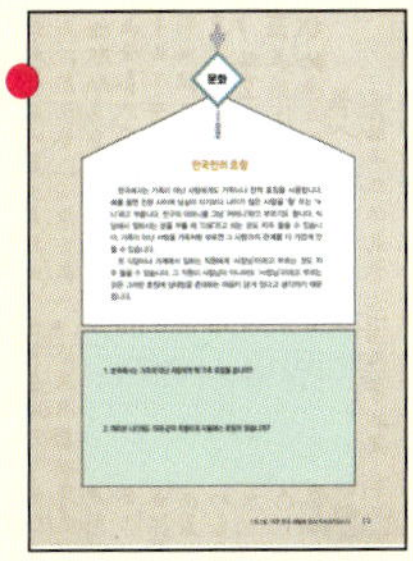

(14) Supplementary Book

Answer keys (grammar practice), vocabulary and grammar index, grammar explanation, text dialogue, reading and listening passages, and translations of cultural texts are also included. Especially notable are the grammar explanation sections, which provide full explanations on the grammar points of each section together with example sentences and dialogues. These are intended to help students who are learning on their own.

단원구성표

과	항	제목	학습 목표	어휘	문법1	문법2	문화
1과 소개	1항	인턴으로 일한 지 얼마나 되셨습니까?	전공을 소개할 수 있다.	전공 관련 어휘	-은 지/ㄴ지	-을 것 같다	한국인의 호칭
	2항	이젠 한국 생활에 많이 익숙해졌습니다	친구, 친척을 소개할 수 있다.	친척 관련 어휘	-어지다	-으려고	
2과 한국 음식	1항	잘 익은 김치와 돼지고기만 있으면 돼요	요리법을 설명할 수 있다.	요리 관련 어휘	-을/ㄹ 때	-으면 되다	한식 상차림
	2항	그릇을 들고 먹으면 안 돼요	식사 예절에 대해서 이야기할 수 있다.	상차림 관련 어휘	-어도 되다	-으면 안 되다	
3과 쇼핑	1항	적게 사셔도 적립해 드립니다	가게에서 물건을 살 수 있다.	생활필수품 관련 어휘	이요	-어도	유익한 생활 정보
	2항	광고를 보니까 10만 원 짜리가 마음에 들어요	선물을 주문할 수 있다.	축하 선물 관련 어휘	-으니까 (발견)	-으면 좋겠다	
4과 모임	1항	친한 친구들하고 가볍게 식사나 할 생각이야	파티를 준비할 수 있다.	생일 파티 관련 어휘	반말 (-어)	-기가 쉽다/어렵다	한국의 모임 문화
	2항	큰 행사를 준비해 본 적이 없어서 걱정이야	학교 행사를 준비할 수 있다.	학교 행사 관련 어휘	-은 적이 있다/없다	반말(-지 마)	
5과 초대	1항	결혼하고 바로 유학을 떠나기로 해서 좀 서둘렀어	결혼식에 대해서 이야기할 수 있다.	결혼 관련 어휘	반말 (-는다, -니?)	-기로 하다	한국의 뒤풀이 문화
	2항	제가 꽃다발을 사 가지고 갈게요	모임에 초대할 수 있다.	모임 관련 어휘	반말(-자, -어라)	-어 가지고(순차)	

과	항	제목	학습 목표	어휘	문법1	문법2	문화
6과 대중 교통	1항	울산까지 어떻게 가는지 알아?	대중교통을 이용할 수 있다.	교통편 관련 어휘	-는지 알다/모르다	-는 길이다	교통 카드 사용법
	2항	가까워 보이는데 버스를 타야 합니까?	길을 묻고 대답할 수 있다.	교통 표지 관련 어휘	-어 보이다	-다가	
7과 공공 기관	1항	비자를 연장하려면 재학 증명서가 있어야 합니다	공공 기관을 이용할 수 있다.	공공 기관 업무 관련 어휘	-어 있다	-으려면	공과금 자동 납부기
	2항	카드를 만드는 데 시간이 얼마나 걸릴까요?	은행을 이용할 수 있다.	은행 업무 관련 어휘	-는 데	-던	
8과 전화	1항	전화해서 어디쯤 왔냐고 물어봐	휴대 전화를 사용할 수 있다.	휴대 전화 관련 어휘	간접인용(-는다고 하다, 이라고 하다, -냐고 하다, -으라고 하다)		문자 메시지 언어
	2항	야구 시합을 보러 가자고 하는데 같이 갈래?	전화로 약속을 할 수 있다.	통화 관련 어휘	간접인용(-자고 하다, -어 달라고 하다)		
9과 일상 생활	1항	날마다 손질하기가 귀찮거든요	미용실이나 이발소를 이용할 수 있다.	미용실, 이발소 관련 어휘	-거든요	-었었-	생활 지수
	2항	휴대 전화가 자꾸 꺼져서 수리를 받고 싶어요	사용하는 물건에 문제가 있을 때 해결할 수 있다.	수리, 수선 관련 어휘	피동	-어야지요	
10과 실수와 사과	1항	너와 같은 마음일 수도 있잖아	실수한 경험에 대해서 이야기할 수 있다.	실수 관련 어휘	-잖아요	-는 편이다	문화 실수와 사과
	2항	내일 만나지 못하게 되었어	잘못한 일에 대해서 사과할 수 있다.	사과 관련 어휘	-어 가지고(이유)	-게 되다	

Contents Map

Unit	Section	Title	Learning Objective	Vocabulary	Grammar 1	Grammar 2	Culture
Unit 1 Intro	Section 1	How long have you worked as an intern?	To introduce your major	College Majors	-은 지/ㄴ지	-을 것 같다	Titles and Honorifics in Korea
	Section 2	I'm used to life in Korea now.	To introduce your family and friends	Relatives	-어지다	-으려고	
Unit 2 Korean Food	Section 1	All you need is some ripe kimchi and pork.	To explain a recipe	Cooking	-을/ㄹ 때	-으면 되다	Setting the Table for a Korean Meal
	Section 2	Don't eat while holding the bowl.	To talk about table manners	Setting Tables	-어도 되다	-으면 안 되다	
Unit 3 Shopping	Section 1	We save your points no matter how little you buy.	To purchase items from stores	Daily Necessities	이요	-어도	Useful Tips for Daily Life
	Section 2	I like the 100,000 won one shown in the advertisement.	To order gifts	Congratulatory Gifts	-으니까 (발견)	-으면 좋겠다	
Unit 4 Gatherings	Section 1	I'm thinking of having a light meal with close friends.	To prepare parties	Birthday Parties	반말 (-어)	-기가 쉽다/어렵다	The Culture of Gathering in Korea
	Section 2	I'm worried because I've never prepared such a big event.	To prepare school events	School Events	-은 적이 있다/없다	반말(-지 마)	
Unit 5 Invitations	Section 1	We hurried because we're going to study abroad right after we get married.	To talk about weddings	Weddings	반말 (-는다, -니?)	-기로 하다	After-Work Gathering Culture in Korea
	Section 2	I'll buy a bouquet and bring it with me.	To invite someone to a gathering	Gatherings/ Meetings	반말(-자, -어라)	-어 가지고(순차)	

Unit	Section	Title	Learning Objective	Vocabulary	Grammar 1	Grammar 2	Culture
Unit 6 Public Transportation	Section 1	Do you know how to get to Ulsan?	To use public transportation	Public Transportation	-는지 알다/ 모르다	-는 길이다	How to use Transportation Cards
	Section 2	It looks close. Do I have to take the bus?	To ask for directions and be able to answer such questions	Transportation Signs	-어 보이다	-다가	
Unit 7 Public Facilities	Section 1	To extend your visa, you must have proof of enrollment	To use public facilities	Public Facilities	-어 있다	-으려면	Automatic Payment Machines for Utility Bills
	Section 2	How long will it take to make the card?	To use banks	Bank Services	-는 데	-던	
Unit 8 Phone Calls	Section 1	Why don't you call her and ask where she is.	To use cell phones	Mobile Phones	간접인용(-는다고 하다, 이라고 하다, -냐고 하다, -으라고 하다)		Language of Text Messages
	Section 2	Do you want to come to the baseball game with us?	To set up an appointment using phones.	Phone Call	간접인용(-자고 하다, -어 달라고 하다)		
Unit 9 Daily Life	Section 1	It's annoying to have to trim it every day before work.	To use hair salons or barbershops	Beauty Parlors and Barbershops	-거든요	-었었-	Living Index
	Section 2	I want to get my phone fixed because it keeps turning off.	To be able to resolve a problem with an object being used	Repairs	피동	-어야지요	
Unit 10 Mistakes and Apologies	Section 1	They might feel the same way as you do.	To share experiences about making mistakes	Mistakes	-잖아요	-는 편이다	Cultural Blunders and Apologies
	Section 2	We won't be able to meet tomorrow.	To apologize for a wrongdoing	Apologies	-어 가지고(이유)	-게 되다	

차 례

등장인물

파커 제임스
신문방송학 전공 3학년

미나미 리사
경제학 전공 2학년

뒤부아 엠마
한국학 전공 1학년

왕 다니엘
생물학 전공 3학년

김선희
법학 전공 대학원생

정서준
기계공학 전공 2학년

이수영
컴퓨터과학 전공 1학년

오수지
건축학 전공 3학년

박지민
경영학 전공 3학년

1과 소개

01 인턴으로 일한 지 얼마나 되셨습니까?

Learning Objective

To introduce your major

Grammar

-은 지, -을 것 같다

Vocabulary

College Majors

MP3_1

- 여기는 어디입니까?
- 여러분은 대학교에서 무엇을 공부합니까?

유진: 영업부에서 인턴으로 일한 지 얼마나 되셨습니까?

지민: 삼 개월 정도 됐어요.

유진: 지민 씨는 전공이 뭐예요?

지민: 경영학을 공부하고 있어요.

유진: 인턴 일은 힘들 것 같은데 어때요?

지민: 아직 적응하는 중이에요. 처음에는 영업부 일에 대해서 아는 게 하나도 없어서 고생을 많이 했는데 지금은 배우는 것도 많고 재미있어요.

영업부 Sales Department 인턴 internship 개월 month(s) 정도 degree/amount
경영학 Business Administration 적응하다 to adapt/adjust 중 to be in the midst of someting
대해서(대하다) about 하나도 not at all 고생 hardship

전공 관련 어휘

전공 부전공 복수 전공

국어국문학

신문방송학

의학

역사학

천문우주학

어휘 연습

What is this person's major? Fill in the blanks as shown in the example.

이 사람의 전공은 무엇일까요? 보기 와 같이 빈칸을 채우십시오.

보기 영수 씨는 한국어와 한국 문학을 공부합니다. (국어국문학)

1) 피터 씨는 아시아의 역사를 배웁니다. ( )
2) 수잔 씨는 방송국에서 일하고 싶어 합니다. ( )
3) 에릭 씨는 하늘에 있는 별을 공부하고 새 별을 찾습니다. ( )
4) 미나 씨는 의사가 되어서 아픈 사람들을 도와주고 싶어 합니다. ( )

부전공 minor 복수 전공 double major 국어국문학 Korean Language and Literature
신문방송학 Journalism and Broadcasting 천문우주학 Astronomy

1 -은/ㄴ 지

P27

1 Complete the sentence as shown in the example.

보기 와 같이 문장을 완성하십시오.

지금은 2024년 9월입니다.

보기 2010년에 이민을 왔습니다.

1) 2017년에 대학교에 입학했습니다.

2) 2021년에 대학교를 졸업하고 3) 회사에 취직했습니다.

4) 2023년 3월에 과장이 되었습니다.

보기 필립 씨는 이민을 온 지 14년 됐어요.

1) 필립 씨는 ________________

2) 필립 씨는 ________________

3) 필립 씨는 ________________

4) 필립 씨는 ________________

01 -을/ㄹ 것 같다, -는/은/ㄴ 것 같다

P27

2 Complete the dialogue as shown in the example.

보기 와 같이 대화를 완성하십시오.

보기

가: 은희 씨가 바쁜 것 같아요?

나: 네, 바쁜 것 같아요.

1)

가: 준영 씨가 공부하는 것 같아요?

나: ______________________________

2)

가: 리키 씨가 열심히 공부한 것 같아요?

나: ______________________________

3)

가: 오후에 날씨가 더울 것 같아요?

나: ______________________________

4)

가: 민지 씨 기분이 어떤 것 같아요?

나: ______________________________

1~3 **Read the following and answer the questions.**
다음을 읽고 질문에 답하십시오.

제 이름은 김민우입니다. 2001년에 강원도에서 태어났습니다. 강원도는 바다와 가까워서 저는 자주 바다에 갔습니다.

'저 넓은 바다 밖은 어떤 곳일까?'

바다는 저를 다른 세계로 부르는 것 같았습니다.

저는 여러 나라의 이야기를 알고 싶어서 책을 많이 읽었습니다. 그리고 책에서 읽은 나라들을 모두 여행하고 싶었습니다. 아르바이트를 해서 모은 돈으로 대학교 1학년 여름 방학 때 처음으로 세계 여행을 했습니다. 저는 춥고 눈이 많이 오는 나라와 따뜻하고 꽃이 피는 나라, 조용한 시골과 복잡한 도시 등 세계 여러 곳을 여행했습니다. 다른 나라에 가면 날씨도 다르고 문화도 다르기 때문에 여행은 더욱 즐거웠습니다. 세계 여행을 시작한 지 5년이 지났고 그동안 저는 세계 20개국을 돌아다녔습니다.

이제 저는 좀 더 넓은 곳에서 일할 준비가 됐습니다. 연세여행사에서 저에게 기회를 주시면 열심히 일할 것을 약속드리겠습니다.

1 **Why did Kim Minwoo write this?**
김민우 씨는 왜 이 글을 썼습니까?

---

2 **Why did Kim Minwoo read so many books?**
김민우 씨는 왜 책을 많이 읽었습니까?

강원도 Gangwon-do　돌아다니다 to go around　개국 (number of) countries　여행사 Travel Agency

3 Mark "O" if it applies to the reading, and "X" if it does not.

읽은 내용과 같으면 O, 다르면 X 표시하십시오.

1) 김민우 씨는 여러 나라에 가 봤습니다. ( )

2) 김민우 씨는 복잡한 도시에 가고 싶어 하지 않습니다. ( )

3) 김민우 씨는 대학교에 가기 전에 세계 여행을 시작했습니다. ( )

4 Create a conversation between a travel agent and Kim Minwoo.

여행사 직원과 김민우 씨의 대화를 만드십시오.

여행사 직원: 여기 앉으십시오.

김민우: 안녕하십니까? 김민우입니다.

여행사 직원: 고향이 어디입니까?

김민우: ______________________

여행사 직원: 여행한 곳이 있습니까?

김민우: ______________________

여행사 직원: ______________________

김민우: ______________________

1~3 **Listen to the following and answer the questions.**
다음을 듣고 질문에 답하십시오.

1 Fill in the blanks.

빈칸을 채우십시오.

이름	국적	전공	취미
1) 미나			
2) 세르게이			

2 Mark "O" if it applies to what you heard, and "X" if it does not.

들은 내용과 같으면 O, 다르면 X 표시하십시오.

1) 미나 씨는 지난달에 학교 앞 원룸에 살았습니다. (　　　)
2) 미나 씨는 졸업을 한 후에 취직하고 싶어 합니다. (　　　)
3) 세르게이 씨는 일주일에 한 번 친구들과 축구를 합니다. (　　　)

3 Sergei called Peter after calling Mina. Why did he call him? (　　)

세르게이 씨는 미나 씨와 전화를 한 후에 피터 씨에게 전화를 걸었습니다. 왜 걸었을까요?

① 하숙집을 소개하고 싶어서
② 축구 연습을 같이 하고 싶어서
③ 바이올린 연주회에 같이 가고 싶어서
④ 좋은 텔레비전 프로그램을 소개하고 싶어서

4 Introduce yourself to a friend (nationality, major, hobbies, where you live, etc.).

친구에게 자기를 소개하십시오.(국적, 전공, 취미, 사는 곳 등)

연주회 concert

1 The following is a self-introduction. Where should the writer work?

다음은 자기를 소개하는 글입니다. 이 글을 쓴 사람은 어디에서 일하면 좋을까요?

은행 항공사 신문사 호텔 잡지사

저는 글을 읽고 쓰는 것을 좋아해서 대학교에서 문학을 공부했습니다. 졸업 후에는 여러 나라를 여행했습니다. 여행지에서 보고 들은 것을 글로 쓰기도 했습니다. 그때 쓴 글을 모아서 책으로 만들고 싶습니다.

저는 대학교에서 경제학을 공부하고 있습니다. 시간이 있으면 이곳저곳에 가서 사진을 찍습니다. 친구들과 사진 이야기도 많이 합니다. 경제학 공부도 재미있지만 사진 찍기를 더 좋아합니다.

제 부모님은 한국 사람이지만 저는 미국에서 태어났습니다. 그래서 저는 영어와 한국어를 모두 할 수 있습니다. 요즘은 일본어도 배우고 있습니다. 기회가 있으면 중국어도 공부하고 싶습니다. 저는 외국어를 배우는 것을 좋아합니다. 저는 앞으로 세계 여러 나라 사람들을 많이 만나고 싶습니다.

2 Write your own self-introduction.

자기를 소개하는 글을 쓰십시오.

1과 소개

02 이젠 한국 생활에 많이 익숙해졌습니다

Learning Objective

To introduce your family and friends

Grammar

-어지다, -으려고

Vocabulary

Relatives

MP3_2

- 세 사람이 무슨 이야기를 할까요?
- 다른 사람에게 친구를 어떻게 소개합니까?

수　지: 다니엘 씨, 오래간만입니다. 요새 어떻게 지내셨어요?

다니엘: 친구도 많이 사귀고 전국 곳곳으로 여행도 많이 다녀왔어요.

수　지: 한국 생활이 힘들지 않으세요?

다니엘: 괜찮아요. 이젠 한국 생활에 많이 익숙해졌습니다.

수　지: 그런데 옆에 계신 분은 누구세요?

다니엘: 미국에서 온 제 사촌 동생입니다. 대학교에 입학하려고 한국 말을 공부하고 있어요.

요새 these days　곳곳 everywhere　다녀오다 to go and come back　익숙하다 to be familiar with
분 a person　사촌 cousin　입학하다 to be enrolled at school(to get into a school)

친척 관련 어휘

가족

할아버지	할머니	외할아버지	외할머니
아버지		어머니	

형/오빠 | 누나/언니 | 동생(남동생/여동생)

친척

큰아버지/큰어머니 작은아버지/작은어머니	고모/고모부	외삼촌/외숙모	이모/이모부

사촌

어휘 연습

Complete the dialogue as shown in the example.

보기 와 같이 대화를 완성하십시오.

> **보기**
> 가: 피터 씨는 누나가 있어요?
> 나: 네, 저는 누나가 한 명 있어요.

1) 가: 가족이 몇 명이에요?
나: ____________________

2) 가: 동생이 있어요?
나: ____________________

3) 가: 지금 만나고 싶은 가족이 누구예요?
나: ____________________

4) 가: 자주 연락하는 친척이 있어요?
나: ____________________

외할아버지 maternal grandfather
친척 relative
큰아버지 uncle (the father's elder brother)
큰어머니 aunt (the wife of the father's elder brother)
작은아버지 uncle (the father's younger brother)
작은어머니 aunt (the wife of the father's younger brother)
고모 aunt (the father's sister)
고모부 uncle (the husband of the father's sister)
동생 younger sibling
이모 aunt (the mother's sister)
이모부 uncle (the husband of the mother's sister)
외삼촌 uncle (the mother's brother)
외숙모 aunt (the wife of the mother's brother)

-어지다/아지다/여지다

P29

1 **Create a sentence as shown in the example.**

보기 와 같이 문장을 완성하십시오.

보기

운동을 하면 건강해질 거예요.

1)

____

2)

____

3)

____

4)

____

02 -으려고/려고 P30

2 Complete the sentence as shown in the example.

보기 와 같이 문장을 완성하십시오.

> 보기
> 고향에 있는 가족에게 주려고 ~~으려고/려고~~ 선물을 샀어요.

1) ______________________ 으려고/려고 한국에 왔어요.

2) ______________________ 으려고/려고 케이크를 만들었어요.

3) ______________________ 으려고/려고 아침에 일찍 일어나요.

4) ______________________ 으려고/려고 열심히 한국말을 공부합니다.

1~3 **Read the following and answer the questions.**
다음을 읽고 질문에 답하십시오.

이분은 알래스카에서 온 캐서린 씨입니다. 한국에 온 지 일 년 되었고 내년까지 한국에 있을 계획입니다. 지금은 한국 회사에서 일하고 있습니다. 가족은 부모님과 동생 한 명이 있습니다. 동생은 고등학생이기 때문에 부모님과 함께 알래스카에서 살고 있습니다.

캐서린 씨의 고향은 알래스카에 있는 작은 도시입니다. 그래서 지하철도 없고 교통도 복잡하지 않습니다. 처음에는 한국의 지하철과 버스를 타는 것이 어려웠지만 지금은 괜찮아졌습니다.

캐서린 씨는 열 살 때부터 태권도를 배워서 태권도를 아주 잘합니다. 태권도를 더 잘 배우려고 한국어를 공부하기 시작했습니다. 날마다 한국어를 열심히 공부해서 점점 더 실력이 좋아지고 있습니다. 한국 음식도 아주 좋아하는데 특히 매운 돼지갈비를 좋아합니다.

1 **Why did Catherine start learning Korean? (　　　)**
캐서린 씨는 왜 한국말을 배우기 시작했습니까?

① 갈비를 좋아해서　　② 가족이 한국에 살아서
③ 한국 회사에서 일해서　　④ 태권도를 더 잘하고 싶어서

2 **What is Catherine's hometown like?**
캐서린 씨의 고향은 어떤 곳입니까?

____

알래스카 Alaska　함께 together　태권도 Taekwondo　돼지갈비 pork ribs

3 Mark "O" if it applies to the reading, and "X" if it does not.

읽은 내용과 같으면 O, 다르면 X 표시하십시오.

1) 캐서린 씨는 매운 음식을 잘 먹습니다. (　　　)
2) 캐서린 씨는 일 년 전에 한국에 왔습니다. (　　　)
3) 캐서린 씨는 한국에 와서 태권도를 배웠습니다. (　　　)

4 Introduce a friend from your hometown.

고향 친구를 소개하십시오.

1~3 **Listen to the following and answer the questions.**
다음을 듣고 질문에 답하십시오.

1 Fill in the blanks.
빈칸을 채우십시오.

이름	가족 관계	직업	전공
앤	언니	1)	2)

2 What is Anne's personality like?
앤의 성격은 어떻습니까?

___

3 Mark "O" if it applies to what you heard, and "X" if it does not.
들은 내용과 같으면 O, 다르면 X 표시하십시오.

1) 이 사람은 혼자 자전거 여행을 갔습니다. ( )
2) 이 사람은 요즘 언니와 자주 전화를 합니다. ( )
3) 앤은 아름다운 건물 사진을 찍으려고 이곳저곳을 다닙니다. ( )

4 Do you have any family or relatives you'd like to introduce? Make notes in the following table and introduce them to your friend.
소개하고 싶은 가족이나 친척이 있습니까? 다음 표에 메모한 후에 친구에게 소개하십시오.

이름	가족 관계	직업 / 전공	성격	취미

디자인 design 성격이 밝다 to have a bright personality 여기저기 here and there

1 Make notes in the following table and introduce yourself as shown in the example.

다음 표에 메모한 후에 보기 와 같이 자기소개를 하십시오.

이름	캐서린
나이	24살
고향	미국, 알래스카
가족	부모님, 동생 한 명
직업	회사원
한국말을 배우는 이유	태권도를 좋아해서
지금 사는 곳	서울대입구역 근처 아파트
취미	태권도

보기 안녕하세요? 저는 미국 알래스카에서 온 캐서린입니다. 나이는 24살이고 가족은 부모님과 동생이 한 명 있습니다. 저는 지금 한국 회사에서 일하고 있습니다. 태권도를 좋아해서 한국말을 배우기 시작했습니다. 저는 지금 서울대입구역 근처에 있는 아파트에서 살고 있습니다. 제 취미는 태권도입니다.

이름	
나이	
고향	
가족	
직업	
한국말을 배우는 이유	
지금 사는 곳	
취미	

2 Ask and answer questions with your friend.

친구와 서로 묻고 대답하십시오.

질문	대답
한국에 온 지 얼마나 됐어요?	
한국어를 배운 지 얼마나 됐어요?	
한국어 공부가 어때요? 재미있는 것 같아요?	
대학 생활에 익숙해졌어요?	
무엇을 하려고 한국어를 배워요?	

문화

한국인의 호칭

한국에서는 가족이 아닌 사람에게도 가족이나 친척 호칭을 사용합니다. 예를 들면 친한 사이에 남성이 자기보다 나이가 많은 사람을 '형' 또는 '누나'라고 부릅니다. 친구의 어머니를 그냥 '어머니'라고 부르기도 합니다. 식당에서 일하시는 분을 부를 때 '이모'라고 하는 것도 자주 들을 수 있습니다. 가족이 아닌 사람을 가족처럼 부르면 그 사람과의 관계를 더 가깝게 만들 수 있습니다.

또 식당이나 가게에서 일하는 직원에게 '사장님'이라고 부르는 것도 자주 들을 수 있습니다. 그 직원이 사장님이 아니어도 '사장님'이라고 부르는 것은 그러한 호칭에 상대방을 존대하는 마음이 담겨 있다고 생각하기 때문입니다.

1. 한국에서는 가족이 아닌 사람에게 왜 가족 호칭을 씁니까?

2. 여러분 나라에도 이와 같이 특별하게 사용하는 호칭이 있습니까?

2과 한국 음식

01 잘 익은 김치와 돼지고기만 있으면 돼요

Learning Objective

To explain a recipe

Grammar

-을 때, -으면 되다

Vocabulary

Cooking

MP3_3

- 두 사람이 무엇을 합니까?
- 여러분은 한국 음식을 만들 수 있습니까?

다니엘: 김치찌개를 만들 때 김치하고 또 뭐가 필요해요?

수 영: 잘 익은 김치와 돼지고기만 있으면 돼요.

다니엘: 필요한 재료가 많지 않네요.

수 영: 네, 만드는 법도 간단해요.
먼저 물을 끓인 후에 김치와 돼지고기를 작게 썰어서 넣고 한 번 더 푹 끓이면 돼요. 두부와 파를 넣으면 더 맛있어요.

다니엘: 누구한테서 한국 요리를 배웠어요?

수 영: 어머니께 배웠어요.

필요하다 to need 익다 to be ripe 돼지고기 pork 재료 ingredients 만드는 법 how to make/recipe
간단하다 to be simple 끓이다 to boil 썰다 to cut/chop 푹(to cook something) deeply/thoroughly
두부 tofu 파 green onion 넣다 to put in/add

요리 관련 어휘

굽다

튀기다

볶다

삶다

찌다

끓이다

양념	채소		고기
간장	감자	당근	소고기
후추	마늘	양파	돼지고기
참기름	토마토	호박	닭고기
설탕	콩나물		

어휘 연습

Fill in the blanks as shown in the example.

보기 와 같이 빈칸을 채우십시오.

보기 생선을 불에 (구워서)~~어서/아서/여서~~ 먹으면 아주 맛있어요.

1) 저는 ________ 중에서 당근을 제일 좋아해요.

2) ________ 와/과 양파로 불고기를 만들었어요.

3) 기름에 ________ 은/ㄴ 음식을 많이 먹으면 건강에 안 좋아요.

4) 감자를 ________ 어서/아서/여서 감자 샐러드를 만들었어요.

굽다 to grill/roast/toast/bake 튀기다 to fry/deep-fry 볶다 to fry/stir-fry 삶다 to boil (in liquid)
찌다 to steam 양념 seasoning 간장 soy-sauce 후추 pepper 참기름 sesame-oil
설탕 sugar 채소 vegetable 감자 potato 당근 carrot 마늘 garlic 양파 onion 토마토 tomato
호박 pumpkin 콩나물 bean sprouts 고기 meat 소고기 beef 닭고기 chicken

1 -을/ㄹ 때

P31

1 Have a conversation as shown in the example.

보기 와 같이 대화하십시오.

	나	친구: ______
기분이 좋습니다.	보기 기분이 좋을 때 노래를 불러요.	
피곤합니다.	1)	
심심합니다.	2)	
버스를 기다립니다.	3)	
기분이 좋지 않습니다.	4)	

보기

가: 기분이 좋을 때 뭘 해요?

나: 저는 기분이 좋을 때 노래를 불러요.

02 -으면/면 되다

P32

2 Choose the correct option from the following and complete the dialogue as shown in the example.

다음 중에서 알맞은 것을 골라 보기 와 같이 대화를 완성하십시오.

3분만 기다리다 가다 끓이다 아이디만 만들다 그냥 오다

보기
가: 서울역까지 가는 길을 모르겠어요.
나: 인터넷 지도를 보고 가면~~으면/면~~ 돼요.

1) 가: 떡볶이를 만들어 보고 싶은데 만드는 방법을 몰라요.

나: 간단해요. 프라이팬에 떡과 떡볶이 양념을 넣고 ________ 으면/면 돼요.

2) 가: 이 컵라면은 어떻게 먹어요?

나: 끓는 물을 넣고 ________ 으면/면 돼요.

3) 가: 피터 씨의 생일 파티에 갈 때 제가 뭘 준비할까요?

나: 다른 친구들이 음식을 다 준비하니까 ________

4) 가: 학교 홈페이지에 회원 가입하는 방법을 가르쳐 주세요.

나: 학교 홈페이지에서 ________

1~3 Read the following and answer the questions.

다음을 읽고 질문에 답하십시오.

오늘은 제 생일이기 때문에 친구들을 만났습니다. 친구들은 저에게 이렇게 말했습니다.

"피터 씨, 오늘 미역국을 먹었어요?"

"오늘은 피터 씨 생일이니까 미역국을 먹으러 가요. 한국에서는 생일에 미역국을 먹는 풍습이 있어요."

그래서 우리는 한식집으로 갔습니다. 맛있게 미역국을 먹고 있는데 친구들이 모두 수진 씨에게 이렇게 물었습니다.

"수진 씨, 언제 국수를 먹여 줄 거예요?"

사람들은 계속 그 질문을 했지만 수진 씨는 대답을 하지 않고 얼굴만 빨개졌습니다. 그래서 저는 "수진 씨, 왜 그래요? 국수를 싫어해요?" 하고 물었습니다. 친구들은 제 말을 듣고 모두 웃었습니다. 그때 다른 친구가 저에게 설명해 주었습니다.

"피터 씨, 한국에서는 결혼식 날 손님들이 오셨을 때 국수를 대접해요."

저는 수진 씨에게 다시 물어봤습니다.

"수진 씨, 그럼 언제 국수를 먹을 수 있어요?"

"저 다음 달에 결혼해요."

"와, 수진 씨, 무슨 선물을 받고 싶어요? 뭐 필요한 거 없어요?"

"필요한 거 없어요. 결혼식 날에 오셔서 국수만 드시면 돼요."

결혼식 날에 먹는 국수는 특별한 맛일 것 같습니다. 저는 수진 씨의 결혼식에 가서 친구들과 같이 특별한 국수를 먹고 싶습니다.

1 What food were they talking about?

무슨 음식에 대해서 이야기를 했습니까?

2 Find a sentence that is similar in meaning to "When are you getting married?" mentioned above and write it down.

위에서 "언제 결혼할 거예요?"와 의미가 같은 문장을 찾아서 쓰십시오.

이렇게 this/like this　미역국 seaweed soup　풍습 custom　국수 noodles　먹이다 to feed
설명하다 to explain　결혼식 wedding　특별하다 to be special

3 Write the appropriate words in the blank spaces.

빈칸에 알맞은 말을 쓰십시오.

한국 사람들은 생일에 (❶)을/를 먹어요. 한국에서는 아기가 태어나면 아기의 어머니는 건강에 좋은 (❶)을/를 먹는 풍습이 있어요. 그래서 사람들은 생일에 (❶)을/를 먹으면서 어머니를 생각합니다.

한국 사람들은 결혼식 때 (❷)을/를 먹어요. 결혼을 한 후에 오래오래 잘 살고 싶어서 긴 (❷)을/를 먹어요.

❶ : ______________________ ❷ : ______________________

4 What do you eat for birthdays and weddings in your hometown? Why do you eat that food?

여러분 고향에서는 생일과 결혼식에 무엇을 먹습니까? 왜 그 음식을 먹습니까?

1~3 **Listen to the following and answer the questions.**
다음을 듣고 질문에 답하십시오.

1 **What food is being made?**
무슨 음식을 만듭니까?

---

2 **Listen and write the numbers.**
듣고 번호를 쓰십시오

(1) ( ) ( ) ( ) ( )

3 **Mark "O" if it applies to what you heard, and "X" if it does not.**
들은 내용과 같으면 O, 다르면 X 표시하십시오.

1) 이 음식은 한국의 전통 요리입니다. ( )
2) 이 음식은 만드는 법이 복잡합니다. ( )
3) 오늘은 돼지고기와 채소로 이 음식을 만들었습니다. ( )

4 **Do you know how to cook any Korean dishes? Talk about how to make them.**
만들 수 있는 한국 음식이 있습니까? 만드는 법을 이야기하시오.

전통 tradition　버섯 mushroom　양념장 marinade/sauce　섞다 to mix　프라이팬 (frying) pan
완성되다 to be complete　담다 to put something into something

1 The following is how to make Japchae. Read it and give it a try.

다음은 잡채를 만드는 법입니다. 읽고 만들어 보십시오.

잡채 재료

당면 300그램
돼지고기 200그램
당근 한 개
양파 두 개
파프리카 두 개
버섯 100그램
시금치 한 단

시금치 양념
소금
다진 마늘
참기름

고기 양념
간장
마늘
설탕
참기름
후추

잡채 만드는 법

1. 돼지고기 200그램에 간장, 마늘, 설탕, 참기름, 후추를 넣어서 양념을 합니다.
2. 버섯, 양파, 당근, 파프리카를 얇게 썬 후에 소금을 조금 넣고 볶습니다.
3. 양념한 돼지고기를 볶습니다.
4. 끓는 물에 당면을 넣고 10분 삶습니다.
5. 볶은 재료와 당면을 잘 섞어서 접시에 예쁘게 담으세요.

2 Introduce how to make food from your hometown.

고향 음식을 만드는 법을 소개하십시오.

_______ 재료

_______ 만드는 법

2과 한국 음식

02 그릇을 들고 먹으면 안 돼요

Learning Objective

To talk about table manners

Grammar

-어도 되다, -으면 안 되다

Vocabulary

Setting Tables

MP3_4

- 사람들이 무엇을 하고 있습니까?
- 한국의 식사 예절에 대해서 알고 있습니까?

제임스: 한국에서는 식사할 때 어떻게 해야 돼요?

선　희: 윗사람이 식사를 시작할 때까지 기다려야 해요.

제임스: 아, 그래요? 또 다른 중요한 식사 예절은 없어요?

선　희: 그릇을 들고 먹으면 안 돼요.

제임스: 그러면 수저를 한 손에 들고 먹어도 돼요?

선　희: 아니요, 숟가락과 젓가락을 한 손에 같이 들고 먹으면 안 돼요.

윗사람 superior　중요하다 to be important　예절 etiquette　그릇 bowl　그러면 then　수저 eating utensils
숟가락 spoon　젓가락 chopsticks　들다 to hold

상차림 관련 어휘

어휘 연습

Draw the table setting of your hometown.

고향의 상차림을 그리십시오.

식탁 dining table　냄비 pot　접시 plate　컵 cup　밥그릇 rice bowl　국그릇 soup bowl

-어도/아도/여도 되다, -으면/면 안 되다

P33~34

1 Complete the dialogue as shown in the example.

보기 와 같이 대화를 완성하십시오.

> **보기**
> 가: 아침 일찍 전화해도 돼요?
> 나: 네, 일찍 전화해도 돼요. / 아니요, 일찍 전화하면 안 돼요.

1) 가: 시험지에 이름을 한글로 써도 돼요?

   나: 네, ____________________

2) 가: 냉장고에 있는 우유를 마셔도 돼요?

   나: 아니요, ____________________

3) 가: 모르는 게 있을 때 질문해도 돼요?

   나: ____________________

4) 가: 책상 위에 있는 종이를 버려도 돼요?

   나 ____________________

2 Complete the sentence as shown in the example.

보기 와 같이 문장을 완성하십시오.

보기

학교에서는  휴대 전화를 써도~~어도/아도/여도~~ 돼요.

1) 극장에서는

________________ 어도/아도/여도 돼요.

2) 비행기에서는

________________ 어도/아도/여도 돼요.

3) 도서관에서는

________________ 으면/면 안 돼요.

4) 병원에서는

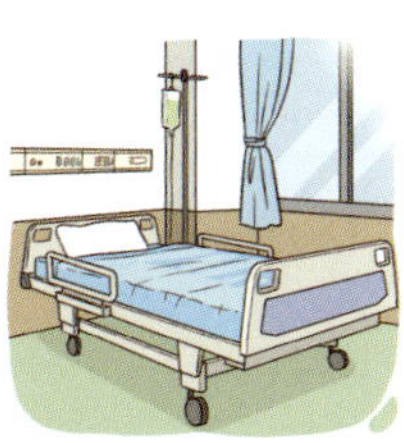

________________ 으면/면 안 돼요.

1~3 **Read the following and answer the questions.**
다음을 읽고 질문에 답하십시오.

음식을 먹는 방법은 나라마다 아주 다양해요.

한국 음식은 국물이 많기 때문에 숟가락과 젓가락을 사용해요. 하지만 한 손에 숟가락과 젓가락을 같이 들고 먹으면 안 돼요. 밥을 먹을 때는 그릇을 상 위에 놓고 숟가락으로 먹어요. 일본 사람들은 밥을 젓가락으로 먹기 때문에 밥그릇을 들고 먹어야 해요. 중국에는 튀긴 음식과 볶은 음식이 많은데 그런 음식은 보통 기름이 많고 뜨겁기 때문에 중국 젓가락은 한국 젓가락보다 길어요.

노르웨이는 겨울이 긴 나라예요. 그래서 사람들은 고기나 생선에 소금을 뿌려서 말린 후에 추운 겨울에도 오랫동안 먹을 수 있는 음식을 만들었어요. 인도네시아는 날씨가 더워서 익히지 않은 음식은 쉽게 상할 수 있기 때문에 볶은 음식이 많아요.

이렇게 다른 나라의 다양한 음식과 그 배경을 알면 그 나라의 문화를 더 이해할 수 있어요. 다른 나라의 문화를 잘 알고 싶으면 그 나라의 음식을 드셔 보세요.

1 Fill in the blanks.
빈칸을 채우십시오.

	나라	음식 문화	이유
1	한국	숟가락과 젓가락을 사용하고 그릇을 상 위에 놓고 먹어요.	국물이 많아요.
2	일본	❶	밥을 젓가락으로 먹어요.
3	중국	❷	튀긴 음식과 볶은 음식이 많아서 뜨거워요.
4	노르웨이	생선을 말려서 오랫동안 먹어요.	❸
5	인도네시아	볶은 음식이 많아요.	❹

국물 soup　사용하다 use　노르웨이 Norway　뿌리다 to sprinkle　말리다 to dry　인도네시아 Indonesia
익히다 to cook　상하다 to go bad/spoil　배경 background

2 Mark "O" if it applies to the reading, and "X" if it does not.

읽은 내용과 같으면 O, 다르면 X 표시하십시오.

1) 볶은 음식은 쉽게 상하지 않습니다. ( )
2) 나라마다 요리 방법과 식사 방법이 다릅니다. ( )
3) 노르웨이는 겨울이 짧아서 음식에 소금을 많이 넣습니다. ( )

3 What is a good way to learn about the culture of another country?

다른 나라의 문화를 잘 알고 싶으면 무엇을 하는 것이 좋습니까?

4 How do you cook in your hometown?

여러분 고향에서는 어떤 방법으로 요리를 합니까?

1~3 **Listen to the following and answer the questions.**
다음을 듣고 질문에 답하십시오.

1 **What ingredients do not go into Samgyetang? (　　　)**
삼계탕에 들어가지 않는 재료는 무엇입니까?

① 인삼　　② 배추
③ 찹쌀　　④ 마늘

2 **What is the recipe for making Samgyetang? (　　　)**
삼계탕을 만들 때 사용하는 요리 방법은 무엇입니까?

① 튀기기　　② 굽기
③ 찌기　　④ 끓이기

삼계탕 samgyetang (ginseng chicken soup)　인삼 ginseng　대추 jujube(red dates)
찹쌀 glutinous rice　간 amount of saltiness　맞추다 to adjust　배추 (Korean) cabbage

3 Mark "O" if it applies to what you heard, and "X" if it does not.

들은 내용과 같으면 O, 다르면 X 표시하십시오.

1) 삼계탕이 싱거우면 소금을 넣으면 됩니다. ( )

2) 제임스 씨는 삼계탕을 먹은 적이 있지만 만든 적은 없습니다. ( )

3) 삼계탕은 국물이 차가운 음식이기 때문에 여름에 먹으면 좋습니다. ( )

4 Introduce your favorite Korean dish if you have one.

좋아하는 한국 음식이 있으면 소개하십시오.

1 Read the following and talk about the dining etiquette in your hometown.

다음을 읽고 여러분 고향의 식사 예절에 대해서 이야기하십시오.

한국에서는 윗사람이 먼저 수저를 드신 후에 아이들이 수저를 들어야 합니다. 한식을 먹을 때는 숟가락과 젓가락을 한 손에 같이 들고 먹으면 안 됩니다. 또 식사하는 자리에서 코를 풀면 안 됩니다. 그렇지만 음식을 먹을 때 소리를 조금 내도 됩니다. 끝으로 윗사람이 식사를 마치기 전에 먼저 일어나면 안 됩니다.

→ 우리나라에서는

2 Write about the dining etiquette in your hometown.

여러분 고향의 식사 예절에 대해서 쓰십시오.

우리나라의 식사 예절은 여러 가지가 있습니다. __________

재미있는 식사 예절도 있습니다. __________

우리 고향의 식사 예절은 한국과 다릅니다. __________

문화

한식 상차림

한식 상을 차릴 때 밥을 왼쪽, 국을 오른쪽에 놓고 숟가락과 젓가락은 상의 오른쪽에 놓습니다. 한식 상차림에서 밥, 국, 김치, 찌개는 기본이고 더해지는 반찬 수에 따라서 3첩 반상, 5첩 반상, 7첩 반상, 9첩 반상이라고 불렀습니다. 손님을 초대하면 집주인은 상을 차린 후 손님에게 "차린 것은 많지 않지만 많이 드세요."라고 인사하고 초대받은 사람은 식사하기 전에 "잘 먹겠습니다."라고 인사합니다. 밥을 거의 다 먹었어도 다른 사람들이 모두 식사를 마칠 때까지 기다린 후에 "잘 먹었습니다."라고 인사하고 식사를 같은 시간에 끝냅니다.

1. 한식 상차림에서 수저는 어디에 놓습니까?

2. 여러분 나라에서는 식사하기 전에 하는 인사말이 있습니까?

3과 쇼핑

01 적게 사셔도 적립해 드립니다

Learning Objective

To purchase items from stores

Grammar

이요, -어도

Vocabulary

Daily Necessities

MP3_5

- 여기는 어디입니까?
- 두 사람이 무슨 이야기를 할까요?

리사: 계산 부탁합니다.

직원: 물건을 봉투에 넣어 드릴까요?

리사: 아니요. 가방을 갖고 왔어요.

직원: 현금으로 계산하시겠어요? 카드로 하시겠어요?

리사: 신용 카드요. 그리고 물건 가격이 만 원이 안 되는데 포인트 적립을 받을 수 있을까요?

직원: 물론이지요. 아무리 적게 사셔도 적립해 드립니다. 여기에 사인해 주시고 반값 할인 쿠폰도 한 장 가져가세요.

봉투 (paper/plastic) bag　현금 cash　신용 카드 credit card　가격 price　적립 to save
물론 of course　아무리 no matter　반값 half-price　할인 discount　가져가다 to take

생활필수품 관련 어휘

냉동식품

주방 용품

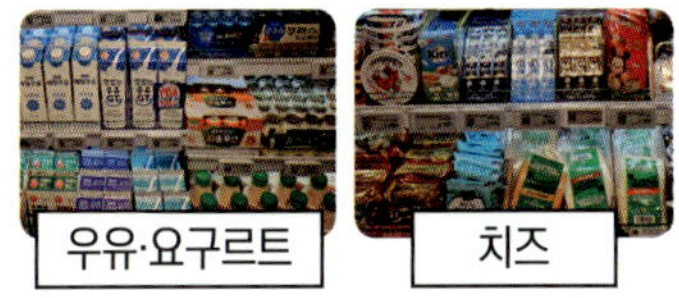

유제품

음료

식료품

생활용품

어휘 연습

To find the following items, which section should you go to? Write as shown in the example.

다음 물건을 찾으려면 어느 매장으로 가야 할까요? 보기 와 같이 쓰십시오.

보기 라면: 식료품 매장

1) 휴지:

2) 주스:

3) 냉동 피자:

4) 숟가락과 젓가락:

냉동식품 frozen food 주방 용품 kitchenware 유제품 dairy products
식료품 food/groceries 생활용품 daily necessities/household goods

이요/요 P35

1 Complete the dialogue as shown in the example.

보기 와 같이 대화를 완성하십시오.

보기
가: 커피는 어떤 것으로 드릴까요?
나: 따뜻한 아메리카노요~~이요/요~~.(따뜻한 아메리카노)

1) 가: 어느 색 가방이 마음에 들어요?

나: ______________________ 이요/요.(빨간색 가방)

2) 가: 언제까지 숙제를 내면 돼요?

나: ______________________ 이요/요.(다음 주까지)

3) 가: 먹고 싶은 음식이 있어요?

나: 네, ______________________

4) 가: 후식으로 아이스크림과 녹차가 있습니다. 무엇을 드릴까요?

나 ______________________

-어도/아도/여도

P36

2 Complete the sentence as shown in the example.

보기 와 같이 문장을 완성하십시오.

보기

비가 와도~~어도/아도/여도~~ 여행을 갑니다.

1)

________ 어도/아도/여도 정상까지 가겠어요.

2)

________ 어도/아도/여도 일을 합니다.

3)

________ 어도/아도/여도 ________________

4)

________ 어도/아도/여도 ________________

1~3 Read the following and answer the questions.

다음을 읽고 질문에 답하십시오.

저는 백화점보다 시장을 더 좋아합니다. 시장에는 여러 가지 물건도 많고 여기저기 돌아다니면 좋은 물건을 싸게 살 수 있기 때문입니다.

백화점은 보통 오전 열 시 반에 문을 여는데 시장은 저녁에 문을 여는 곳도 있습니다. 시장은 백화점과 다르게 현금을 내면 물건 값을 깎아 주기도 합니다.

지난 주말에 저는 친구와 같이 동대문 시장에 갔습니다. 남대문 시장에는 가 봤지만 동대문 시장에는 처음 갔습니다. 밤에 가면 재미있는 공연도 보고 더 싸게 물건을 살 수 있을 것 같아서 밤에 갔습니다. 사람들이 쇼핑몰 앞에서 노래도 하고 춤도 추고 있었는데 아주 재미있었습니다.

"저 노란 모자 좀 보여 주세요."

"이 노란 모자요?"

"네, 그리고 저기에 있는 보라색 스웨터도 보여 주세요."

"네, 이 스웨터는 얇아도 아주 따뜻해요. 한번 입어 보세요."

저는 노란 모자와 보라색 스웨터를 샀고 친구는 하얀 블라우스와 검은색 긴 바지를 샀습니다. 우리는 예쁜 옷을 싸게 사서 기분이 좋았습니다.

1 Which does this person prefer, department stores or the market? What's the reason?

이 사람은 백화점과 시장 중에서 어디를 더 좋아합니까? 이유는 무엇입니까?

동대문 시장 Dongdaemun Market　남대문 시장 Namdaemun Market　깎다 to cut (price)
공연 performance　쇼핑몰 shopping mall　블라우스 blouse

2 Mark "O" if it applies to the reading, and "X" if it does not.

읽은 내용과 같으면 O, 다르면 X 표시하십시오.

1) 이 사람은 전에 동대문 시장에 가 봤어요. (　　　)
2) 이 사람과 친구는 오전에 동대문 시장에 갔어요. (　　　)
3) 이 사람은 동대문 시장에서 사람들이 춤추는 것을 봤어요. (　　　)

3 Where is this place? Write "시" for the market and "백" for the department store.

이곳은 어디입니까? 시장이면 '시', 백화점이면 '백'을 쓰십시오..

1) 밤에 쇼핑할 수 있습니다. (　　　)
2) 오전 열 시 삼십 분에 문을 엽니다. (　　　)
3) 현금을 내면 싸게 살 수 있습니다. (　　　)
4) 노래노 들을 수 있고 제미있는 공연도 볼 수 있습니다. (　　　)

4 What markets are popular in your hometown?

여러분 고향에서 인기가 많은 시장은 어디입니까?

1~2 **Listen to the following and answer the questions.**
다음을 듣고 질문에 답하십시오.

1 **Where should you go to buy this item? (　　　)**
이 물건을 사고 싶으면 어디로 가야 합니까?

① 과일 매장　② 채소 매장　③ 생선 매장　④ 주류 매장

2 **How much is this item?** 이 물건의 값은 얼마입니까?
(　　　　　　)원

3~4 **Listen to the following and answer the questions.**
다음을 듣고 질문에 답하십시오.

3 **Why are there so many people at the department store? (　　　)**
지금 백화점에 왜 사람이 많습니까?

① 백화점에서 세일을 하기 때문에
② 백화점에 생활용품이 많기 때문에
③ 추석 선물을 사는 사람이 많기 때문에
④ 사람들이 좋아하는 커피를 팔기 때문에

4 **Mark "O" if it applies to what you heard, and "X" if it does not.**
들은 내용과 같으면 O, 다르면 X 표시하십시오.

1) 여자는 백화점에서 커피를 샀어요. (　　　)
2) 여자는 하숙집 아주머니께 추석 선물을 드릴 거예요. (　　　)
3) 추석 때 고마운 분들께 비싼 물건을 선물하는 것이 좋아요. (　　　)

5 **In your hometown, what gifts do you give to people you appreciate?**
여러분 고향에서는 고마운 분들께 어떤 선물을 드립니까?

바나나 banana　송이 a bunch (of bananas or grapes)　노인 elderly　인기 popularity　원 won
추석 Chuseok(Korean Thanksgiving Day)

1 Look at the following and talk about what you want to buy.

다음을 보고 무슨 물건을 사고 싶은지 이야기하십시오.

추석 선물 세트를 세일합니다!

생활용품 세트

생활용품 A 세트

생활용품 B 세트

생활용품 C 세트

고기 생선 세트

과일 세트

사과세트

배, 사과세트

인삼 세트

인삼세트(500g)

인삼세트(1kg)

2 What does the supermarket near your house sell? What do you want to buy there?

여러분 집 근처에 있는 슈퍼마켓에서는 무엇을 팝니까? 거기에서 무엇을 사고 싶습니까?

3과 쇼핑

02 광고를 보니까 10만 원짜리가 마음에 들어요

Learning Objective
To order gifts

Grammar
-으니까(발견), -으면 좋겠다

Vocabulary
Congratulatory Gifts

MP3_6

- 어디에 전화를 했습니까?
- 두 사람이 무슨 이야기를 할까요?

제 임 스: 여보세요? 꽃바구니를 하나 주문하고 싶은데요.

꽃집 주인: 어떤 것으로 보내 드릴까요?

제 임 스: 광고를 보니까 10만 원짜리가 마음에 들어요.

꽃집 주인: 꽃을 선택하실 수 있는데 요즘 많이 나오는 백합으로 만들어 드릴까요?

제 임 스: 아니요. 흰색 꽃 말고 빨간색이나 노란색 꽃으로 해 주세요. 되도록 화려하게 만들어 주시면 좋겠어요.

꽃집 주인: 알겠습니다. 배달받으실 분의 주소를 말씀해 주세요.

꽃바구니 flower basket　광고 advertisement　짜리 worth　마음에 들다 to be satisfied with
선택하다 to choose　백합 lilies　흰색 white　말고(말다) not/instead of　빨간색 red
노란색 yellow　되도록 as...as possible　화려하다 to be fancy/splendid　배달 delivery

축하 선물 관련 어휘

꽃다발

와인

액세서리

장갑

현금

모바일 상품권

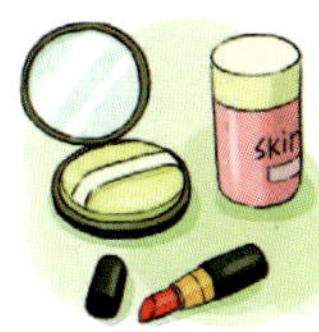

화장품

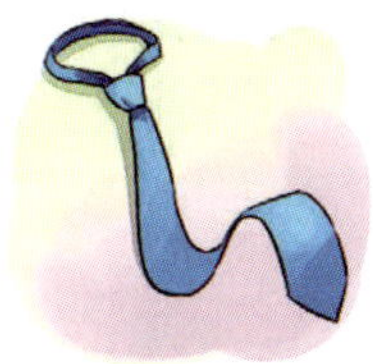

넥타이

어휘 연습

What gift will you prepare? Complete the sentence as shown in the example.

무슨 선물을 준비하겠습니까? 보기 와 같이 문장을 완성하십시오.

> **보기** 이번 토요일은 어머니 생신입니다. <u>어머니께 꽃다발을 선물할 거예요.</u>

1) 내일은 밸런타인데이입니다. ____________________

2) 동생이 고등학교를 졸업해요. ____________________

3) 사촌 누나가 결혼을 합니다. ____________________

4) 친구가 취직을 했어요. ____________________

꽃다발 bouquet　와인 wine　액세서리 accessories　목도리 scarf　상품권 gift card　화장품 cosmetics　넥타이 tie

Ⅰ -으니까/니까(발견)

P37

1 Complete the sentence as shown in the example.

보기 와 같이 문장을 완성하십시오.

보기

집에 가니까~~으니까/니까~~ 할머니께서 계셨어요.

1) 

__________ 으니까/니까 __________

2) 

__________ 으니까/니까 __________

3) 

____

4) 

____

Ⅱ -으면/면 좋겠다

P38

2 Complete the sentence as shown in the example.

보기 와 같이 문장을 완성하십시오.

보기 내일은 크리스마스입니다. 오늘 밤에 눈이 오면 좋겠습니다.

1) 오늘은 너무 피곤합니다. __________
2) 저는 내년에 대학교를 졸업해요. __________
3) 친구가 미국으로 유학을 갑니다. __________
4) 내일 친구들과 놀이공원에 갈 거예요. __________

1~3 Read the following and answer the questions.

다음을 읽고 질문에 답하십시오.

저는 지난주에 동생에게 생일 선물로 줄 책상을 사고 싶어서 학교 앞 백화점에 갔습니다. 백화점에서는 물건을 편하게 구경할 수 있었습니다. 그리고 점원들이 친절하게 설명을 해 줘서 좋았습니다. 저는 천천히 구경을 하고 마음에 드는 것을 하나 골랐습니다. 하지만 그 책상은 값이 너무 비싸서 살 수가 없었습니다. 그래서 싼 것을 사려고 시장으로 갔습니다. 시장에 가니까 사람이 많고 복잡해서 물건을 고를 수가 없었습니다. 밤 아홉 시까지 여기저기를 구경했지만 책상을 사지 못하고 그냥 집으로 돌아왔습니다.

집에 돌아왔을 때는 밤 열 시가 넘었습니다. 저는 빨리 책상을 사고 싶어서 인터넷으로 찾아봤습니다. 저는 서랍이 많고 값이 싼 책상을 찾았습니다. 그 책상을 제일 싸게 파는 사이트에 들어가서 다른 사람들의 후기도 읽어 봤습니다. 또 색깔도 살펴본 후에 동생이 좋아하는 하늘색으로 주문했습니다.

오늘 주문한 책상이 배달됐습니다. 생각보다 빨리 와서 놀랐습니다. 그런데 배달된 책상을 보니까 색깔이 인터넷으로 본 것과 조금 달랐습니다. 다른 책상으로 바꿀까 했지만 인터넷으로 산 물건은 교환하는 것이 힘들 것 같아서 그만두었습니다. 이 책상이 동생 마음에 들었으면 좋겠습니다. 그리고 이 책상에서 동생이 열심히 공부하면 좋겠습니다.

1 Why didn't this person buy a desk at the department store or the market?

이 사람은 백화점과 시장에서 왜 책상을 사지 않았습니까?

서랍 drawer　사이트 website　후기 review　하늘색 sky-blue　놀라다 to be surprised
교환하다 to exchange　그만두다 to quit

2 Mark "O" if it applies to the reading, and "X" if it does not.

읽은 내용과 같으면 O, 다르면 X 표시하십시오.

1) 이 사람은 새로 산 책상을 바꿨습니다. ( )
2) 이 사람은 백화점에서 마음에 드는 책상을 찾았습니다. ( )
3) 이 사람은 다른 사람의 글을 읽어 본 후에 책상을 주문했습니다. ( )

3 Which place is the description referring to? Choose all the correct answer and write the number.

어느 곳에 대한 설명입니까? 알맞은 것을 모두 골라 번호를 쓰십시오.

❶ 빨리 배달됩니다.
❷ 책상 값이 비쌉니다.
❸ 물건을 사러 다니기가 힘듭니다.
❹ 친절한 설명을 들을 수 있습니다.
❺ 늦은 밤에도 쇼핑을 할 수 있습니다.
❻ 먼저 이 물건을 산 사람의 글을 읽고 물건을 살 수 있습니다.

1) 백화점 ( )
2) 시장 ( )
3) 인터넷 쇼핑 ( )

4 How would you buy a desk? What is the reason?

여러분은 어떤 방법으로 책상을 사겠습니까? 이유는 무엇입니까?

1~2 **Listen to the following and answer the questions.**
다음을 듣고 질문에 답하십시오.

1 **What kind of party is a "깜짝 파티"? (   )** '깜짝 파티'는 어떤 파티입니까?

❶ 선물을 많이 준비하는 파티
❷ 주인공 모르게 준비하는 파티
❸ 음악을 크게 듣는 시끄러운 파티
❹ 친구들이 모두 다 준비하는 파티

2 **What will Yuka and her friend prepare?**
유카 씨와 친구는 무엇을 준비하겠습니까?

	유카	친구
할 일	❶	❷
선물	❸	

3~4 **Listen to the following and answer the questions.**
다음을 듣고 질문에 답하십시오.

3 **What are the two people talking about? (   )**
두 사람은 무엇에 대해 이야기하고 있습니까?

❶ 받고 싶은 선물
❷ 여자들이 좋아하는 선물
❸ 받고 싶지 않은 선물
❹ 인터넷으로 사는 선물

4 **What gift does Yookyung not recommend to Youngsoo? What is the reason?**
유경 씨가 영수 씨에게 추천하지 않는 선물은 무엇입니까? 그 이유는 무엇입니까?

5 **What gift would you like to receive from a friend? Why do you want to receive that gift?**
여러분은 친구에게 무슨 선물을 받고 싶습니까? 왜 그 선물을 받고 싶습니까?

깜짝 파티 surprise party 특별하다 to be special 귀찮다 to be lazy

1 **Look at the following and talk about what you would like to give as a gift.**

다음을 보고 무엇을 선물하고 싶은지 이야기하십시오.

사랑하는 사람과의 100일 기념일!

뭔가 특별한 선물을 하고 싶지 않으세요?
그럼 두 사람의 이름을 넣은 머그잔은 어때요?
특별한 컵에 차 한 잔을 마실 때마다 선물한 사람의 마음을 느낄 수 있을 거예요.
여섯 가지의 예쁜 디자인 중에서 마음에 드는 디자인을 고를 수 있습니다.
지금 바로 소중한 사람들에게 선물해 보세요!

2월 14일 밸런타인데이!

가족과 친구에게 줄 선물 때문에 아직도 고민 중이세요?
이번 밸런타인데이에는 '미미 초콜릿 카페'에 오셔서 직접 초콜릿을 만들어 보세요.
사랑하는 사람에게 소중한 마음을 담아 전달해 보세요.

2 **Share your experience of giving a special gift if you have one.**

특별한 선물을 한 경험이 있으면 이야기하십시오.

문화

유익한 쇼핑 정보

전통적으로 한국의 시장에는 가게 주인이 단골을 만들기 위해 손님에게 할인을 해 준다거나 덤으로 물건을 몇 개 더 주는 문화가 있습니다. 요즘은 이러한 에누리와 덤 문화가 '적립 카드'와 '회원 카드'의 형태로 일반 가게에도 많이 퍼지고 있습니다. 예를 들어 카페 적립 카드는 커피 한 잔에 하나씩 찍어 주는 도장을 정해진 숫자만큼 모으면 한 잔을 무료로 받을 수 있는 제도입니다. 도장 쿠폰은 카페뿐만 아니라 미용실, 중국집, PC방 등 많은 가게에서 사용되고 있습니다. 또한 휴대 전화 통신사의 회원 카드가 있다면 커피숍, 빵집, 극장, 편의점 등을 이용할 때 할인을 받을 수 있습니다. 자주 이용하는 커피숍이나 빵집에서 계산을 하기 전에 이렇게 말해 보세요. "여기 적립 카드 있어요?", "쿠폰에 도장 좀 찍어 주세요.", "10개 다 모았는데요.", "동신사 카드 할인이 되나요?"

1. 식당이나 카페의 적립 카드에는 어떤 혜택이 있어요?

2. 여러분 나라에서도 회원 카드 할인 제도나 카페 적립 카드를 많이 이용해요?

4과 모임

01 친한 친구들하고 가볍게 식사나 할 생각이야

Learning Objective
To prepare parties

Grammar
반말(-어), -기가 쉽다/어렵다

Vocabulary
Birthday Parties

MP3_7

- 두 사람이 무슨 이야기를 할까요?
- 생일 파티에 누구를 초대하고 싶습니까?

선 희: 다음 주 수요일에 내 생일 파티를 할 건데 시간 있어? 별일 없으면 우리 집에 와서 저녁 먹고 가.

리 사: 응, 다행히 다른 약속이 없어. 친구들을 많이 초대할 거야?

선 희: 아니. 평일이어서 많이 모이기가 어려울 것 같아. 친한 친구들하고 가볍게 식사나 할 생각이야.

리 사: 벌써부터 다음 주가 기다려지네. 받고 싶은 선물이 있으면 얘기해.

선 희: 선물은 안 가지고 와도 되니까 좀 일찍 와서 상 차리는 것만 좀 도와줘.

리 사: 알았어. 그럼 선물은 내가 생각해 보고 적당한 걸로 준비할게.

별일 a big deal/something particular　응 Yes　다행히 fortunately　초대하다 to invite
평일 weekday　모이다 to gather　친하다 to be close with someone　가볍다 to be light　상 table
차리다 to set/prepare　적당하다 to be appropriate/suitable

생일 파티 관련 어휘

어휘 연습

Fill in the blanks as shown in the example.

보기 와 같이 빈칸을 채우십시오.

어제는 제 생일이었어요. 한국에서 보내는 첫 번째 생일이라서 친구들을 많이 초대했어요. 저는 친구들이 오기 전에 음식을 준비했어요. 친구들은 선물도 준비하고 **보기** (**카드**)도 써 줬어요. 우리는 다 같이 생일 축하 노래를 불렀어요. 제가 생일 케이크의 1) (　　　　　)을/ㄹ 때 친구들은 모두 2) (　　　　　)었어요/았어요/였어요. 한 친구가 3) (　　　　　)어서/아서/여서 깜짝 놀랐어요. 그리고 4) (　　　　　)어서/아서/여서 친구들과 맛있게 먹었어요. 정말 즐거웠어요.

폭죽 fireworks　터뜨리다 to set off　촛불 candle light　끄다 to put out　풍선 balloon　불다 to blow
박수를 치다 to applaud

-어/아/여, 이야/야

P40

1 Fill in the blanks.

빈칸을 채우십시오.

-어요/아요/여요 → -어/아/여	기숙사에서 살아요.	보기 기숙사에서 살아.
	친구를 만났어요.	1)
	어디에서 오셨어요?	2)
	같이 가요.	3)
	지금 이야기하세요.	4)
	일찍 올게요.	5)

이에요/예요 → 이야/야	한국 사람이에요.	보기 한국 사람이야.
	제 친구예요.	6)
	9시까지 올 거예요.	7)

02 -기가 쉽다/어렵다

P40

2 Choose the correct option from the following and complete the sentence as shown in the example.

다음 중에서 알맞은 것을 골라 보기 와 같이 문장을 완성하십시오.

뛰다	사다	기억하다
이해하다	넘어지다	

보기 복잡한 비밀번호는 기억하기가 어려워요.

1) 오늘은 구두를 신어서 ________기가 어려워요.

2) 시장에서는 마음에 드는 물건을 ________기가 어렵네요.

3) 길이 미끄러워서 ________기가 쉬우니까 조심하세요.

4) 이 책으로 공부하면 한국어 문법을 ________기가 쉬울 거예요.

1~3 Read the following and answer the questions.

다음을 읽고 질문에 답하십시오.

이번 주 수요일은 우리 반 친구 리사의 생일입니다. 저는 리사의 생일에 리사를 깜짝 놀라게 해 주고 싶습니다. 그래서 요즘 파티 준비를 하는데 리사가 모르게 파티를 계획하기가 아주 어렵습니다.

"이번 주 수요일이 내 생일인데 그날 시간 있어? 같이 저녁이나 먹을까?"

리사가 이런 말을 할 때마다 우리는 모두 대답을 잘 하지 않습니다.

"글쎄, 요즘 내가 좀 바빠."

저는 이렇게 대답을 할 때마다 가슴이 두근두근합니다. 그리고 실망하는 리사의 얼굴을 보면 웃음이 나기도 합니다.

리사에게 줄 선물도 예쁘게 포장하고 식당도 예약했습니다. 우리는 리사가 식당에 도착하면 폭죽을 터뜨리고 노래를 부르려고 합니다. 그런데 어떻게 리사를 자연스럽게 식당까지 데리고 갈 수 있을까요?

"리사, 숙제가 어려운데 여기로 와서 좀 도와줄 수 있어?"

"리사, 지금 친구들과 저녁을 먹을 거야. 아직 저녁을 안 먹었으면 같이 먹을까?

아직 좋은 방법을 생각하지 못했습니다. 어떻게 말하면 좋을까요?

1 **Why is it difficult for this person to plan a party?**

이 사람은 왜 파티를 계획하기가 어렵습니까?

가슴 heart 두근두근하다 to be pounding/beating fast 실망하다 to be disappointed 웃음 laugh
자연스럽다 to be natural 데리고 가다 to take along

2 Mark "O" if it applies to the reading, and "X" if it does not.

읽은 내용과 같으면 O, 다르면 X 표시하십시오.

1) 리사 씨는 생일에 혼자 있을 것 같아요. (　　　　)
2) 이 사람은 수요일에 리사 씨와 숙제를 할 거예요. (　　　　)
3) 이 사람은 식당에서 리사의 생일 파티를 할 거예요. (　　　　)

3 Who wrote this? (　　　　　　　　)

이 글을 쓴 사람은 누구일까요?

이번 주 수요일은 제 생일이에요. 그래서 친구들은 쉬는 시간마다 파티를 준비하는데 제가 모르게 파티 준비를 하기가 쉽지 않은 것 같아요.

"이번 수요일에 시간 있어? 같이 저녁이나 먹을까?"

제가 이렇게 물어보면 친구들은 대답하지 않고 다른 이야기를 해요. 그리고 제 뒤에서 재미있어하는 친구들을 보면 저도 모르게 웃음이 나요. 친구들은 선물도 준비하고 식당도 예약한 것 같아요. 저는 식당에 가면 깜짝 놀라는 얼굴을 할 거예요. 그런데 제가 연기를 잘할 수 있을까요?

4 If you were Lisa's friend, how would you take her to the birthday party venue?

여러분이 리사의 친구이면 리사를 어떻게 생일 파티 장소로 데리고 가겠습니까?

1~3 Listen to the following and answer the questions.

다음을 듣고 질문에 답하십시오.

1 Why did the child laugh when talking to the woman?

아이는 왜 여자하고 이야기할 때 웃었습니까?

아이에게 반말을 쓰지 않고 ____________ 을/를 썼기 때문입니다.

2 How should the woman have spoken to the child?

여자는 아이에게 어떻게 말했으면 좋았을까요?

1) "이름이 ____________________________?"

2) "지수는 참 ____________________________"

3 Mark "O" if it applies to what you heard, and "X" if it does not.

들은 내용과 같으면 O, 다르면 X 표시하십시오.

1) 어제는 선생님 생신이었습니다. (   )

2) 여자는 아직 한국말을 잘 못하는 것 같습니다. (   )

3) 남자는 선생님 댁에 같이 가고 싶어서 전화했습니다. (   )

4 In your hometown's language, is there also a distinction between casual/intimate/plain and polite speech?

여러분 고향 말에도 반말과 존댓말이 있습니까?

댁 house　자꾸 repeatedly　귀엽다 to be cute　반말 casual language　존댓말 polite language
쓰다 use　이상하다 to be strange　웃다 to laugh

1 Look at the following and have a conversation with your friend using casual speech as shown in the example.

다음을 보고 **보기** 와 같이 친구와 반말로 이야기하십시오.

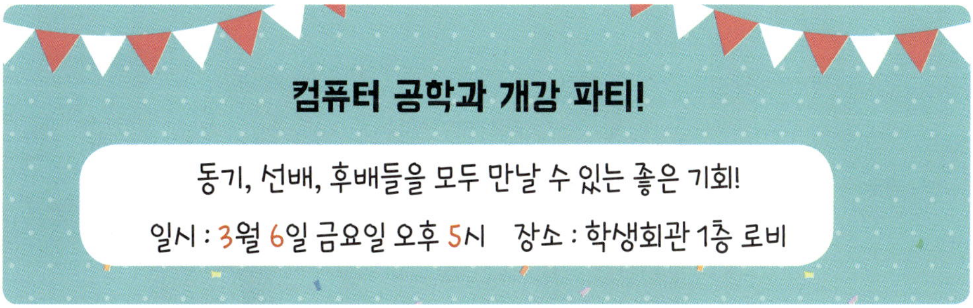

보기

가: 금요일 개강 파티에 갈 거야?
나: 응, 갈 거야. 전공에 대해서 좀 물어보기도 하고 선배님들도 만나 보고 싶어. 너는?
가: 나도 갈 거야. 이런 자리에 가지 않으면 사람들을 사귀기가 어려워.
나: 시간과 장소가 어디야?
가: 모이는 시간은 오후 다섯 시이고 징소는 학생회관 1층 로비야.

2 Make a party poster.

파티 포스터를 만들어 보십시오

4과 모임

02 큰 행사를 준비해 본 적이 없어서 걱정이야

Learning Objective

To prepare school events

Grammar

-은 적이 있다/없다, 반말(-지 마)

Vocabulary

School Events

MP3_8

- 두 사람이 무슨 이야기를 할까요?
- 여러분 학교에서는 무슨 행사를 합니까?

서　준: 곧 학생회에서 유학생을 위한 행사를 여는데 어떻게 준비하면 좋을까?

제임스: 무슨 행사인데?

서　준: 한국 음식을 소개하고 같이 만들어 보는 행사야. 100명쯤 올 것 같은데 이렇게 큰 행사를 준비해 본 적이 없어서 걱정이야.

제임스: 아, 전에 수지가 비슷한 행사를 준비한 적이 있을 거야. 한번 물어봐.

서　준: 그래? 수지에게 도움을 얻을 수 있으면 정말 좋겠네.

제임스: 너무 걱정하지 마. 나도 그날 가서 음식 준비를 도와줄게.

곧 soon　학생회 student council　유학생 international student　위한(위하다) to do in favor of　행사 event
소개하다 to introduce　걱정 (to) worry　비슷하다 to be similar　한번 once(to try something out)
도움 help　얻다 to get　도와주다 to give help/aid

학교 행사 관련 어휘

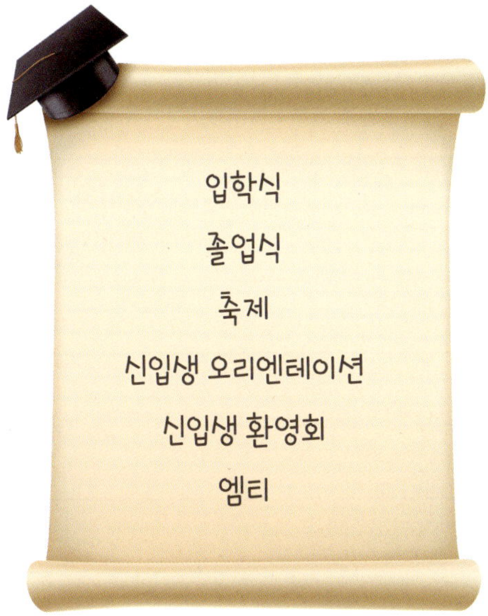

어휘 연습

Fill in the blanks as shown in the example.

보기 와 같이 빈칸을 채우십시오.

지난주에 **보기** 고등학교 (졸업식을)을/를 했습니다. 그리고 내일은 대학교 **1)** ( ) 날입니다. 오늘은 **2)** 신입생 ( ) 때 인사한 친구들과 만나서 점심을 먹었습니다. 우리 학교에는 신입생을 위한 행사가 많습니다. 다음 주말에는 선배님들이 우리를 환영해 주는 **3)** ( )이/가 있습니다. 제가 제일 기다리고 있는 행사는 바로 유명 가수의 공연을 볼 수 있는 우리 학교 5월 **4)** ( )입니다. 벌써부터 정말 기대가 됩니다.

입학식 marticulation (entrance) ceremony　졸업식 graduation ceremony　축제 festival
신입생 freshmen　오리엔테이션 orientation　환영회 welcome party
엠티 school trip (MT: Membership Training)

-은/ㄴ 적이 있다/없다

P42

1 What have you done before? Complete the sentence as shown in the example.

여러분은 무엇을 한 적이 있습니까? 보기 와 같이 문장을 완성하십시오.

	-은/ㄴ 적이 있다(○) -은/ㄴ 적이 없다(x)
보기 낚시를 하다	
1) 한복을 입어 보다	
2) 닭갈비를 먹어 보다	
3) 무서운 꿈을 꾸다	
4) 한국 드라마를 보다	

보기 저는 낚시를 한 적이 있습니다.

1) ______________________

2) ______________________

3) ______________________

4) ______________________

-지 마

P42

2 Look at the picture and complete the sentence.

그림을 보고 문장을 완성하십시오.

보기

친구를 때리지 마.

1)

밤늦게 ________________ 지 마.

2)

식당에서 ________________ 지 마.

3)

가까이에서 ________________________

4)

하루 종일 ________________________

1~3 **The following has been written in search of a language exchange partner. Read it and answer the questions.**
다음은 언어 교환 친구를 찾기 위해서 쓴 글입니다. 읽고 질문에 답하십시오.

안녕하세요? 처음 뵙겠습니다. 저는 영국 런던에서 온 해리입니다.

저는 교환 학생으로 한국에 왔습니다. 제 전공이 아시아 역사라서 아시아 언어에 관심이 많습니다. 한국어를 배운 후에는 중국어와 일본어도 배우고 싶습니다.

지금 저는 한국 대학교에서 한국어를 배우고 있습니다. 학교에서 열심히 공부하고 있지만 말하기 연습을 더 많이 하기 위해서 언어 교환 친구를 사귀고 싶습니다. 저는 런던에 살 때 영어를 가르쳐 본 적이 있기 때문에 영어를 배우고 싶은 분을 도와 드릴 수 있습니다. 또 역사에 관심이 있는 분이면 더 재미있게 대화할 수 있을 것 같습니다.

제가 주말에만 시간이 있어서 주말에 만날 수 있는 친구면 좋겠습니다. 제 연락처는 010-1234-5678입니다. 연락 기다리겠습니다.

1 **Why is Harry learning Korean?**
해리 씨는 왜 한국어를 배웁니까?

---

2 **What kind of language exchange partner is Harry looking for?**
해리 씨는 어떤 언어 교환 친구를 찾고 있습니까?

---

3 **Mark "O" if it applies to the reading, and "X" if it does not.**
읽은 내용과 같으면 O, 다르면 X 표시하십시오.

1) 해리 씨는 아시아 역사와 언어에 관심이 많아요. (　　)
2) 해리 씨는 한국어를 배우고 나서 한국 역사를 배울 거예요. (　　)
3) 해리 씨는 한국 대학교에서 아시아 역사를 공부하고 있어요. (　　)

4 **What kind of language exchange partner are you looking for?**
여러분은 어떤 언어 교환 친구를 찾습니까?

런던 London　교환 학생 exchange student　언어 교환 langauge exchange　아시아 Asia　연락처 contact (number)

1~3 Listen to the following and answer the questions.
다음을 듣고 질문에 답하십시오.

1 Why is the woman troubled?
여자는 왜 고민에 빠졌습니까?

---

2 Mark "O" if it applies to what you heard, and "X" if it does not.
들은 내용과 같으면 O, 다르면 X 표시하십시오.

1) 여자는 여행과 춤에 관심이 있습니다. ( )
2) 남자는 맛집 동아리에 대해서 들은 적이 있습니다. ( )
3) 남자와 여자는 오늘 동아리 설명회에 같이 갔습니다. ( )

3 What can you do if you sign up for a restaurant club?
맛집 동아리에 가입하면 무엇을 할 수 있습니까?

---

4 Which club do you want to join? What's the reason?
여러분은 어느 동아리에 들어가고 싶습니까? 이유가 무엇입니까?

동아리 club 설명회 briefing session 고민에 빠지다 to rack one's brain about something(rhetorically negative) 가입하다 to join/sign up 맛집 restaurant famous for serving delicious food 찾아다니다 to look for 동영상 video 야 "hey" 소리 sound 가능하다 to be possible

1 Look at the following and, as shown in the example, talk about which gathering you would like to attend.

다음을 보고 어느 모임에 가고 싶은지 보기 와 같이 이야기하십시오.

보기

가: 이번 주말에 뭘 해?

나: 한국 음악 동아리에 가.

가: 한국 음악 동아리?

나: 응, 좋아하는 한국 음악을 들으면서 한국어도 공부할 수 있어서 정말 좋아. 지난주에는 같이 노래도 불렀는데 정말 재미있었어. 너도 관심이 있으면 같이 갈래?

가: 난 노래를 정말 못 불러. 그리고 한국 노래를 불러 본 적도 없고.

나: 걱정하지 마. 노래를 잘 부르지 못해도 괜찮아.

2 Create a poster introducing an event.

행사를 소개하는 포스터를 만드십시오.

문화

한국의 모임 문화

한국에는 다양한 모임이 많습니다. 돌, 생일, 회갑 잔치 등과 같은 가족 모임, 신입생 환영회나 졸업생 환송회 등의 학교 모임, 그리고 회식이나 뒤풀이 같은 직장 생활 모임 등이 그것입니다. 이러한 모임에 관련된 문화 중 식사 후 돈을 내는 방식에 대해 알아봅시다. 과거에는 친구나 선후배, 혹은 손윗사람이나 손아랫사람과 만날 때 식사비를 각자 내지 않고 한 사람이 내는 경우가 많았습니다. 보통 선배와 후배 사이의 만남이라면 선배가, 손윗사람과 손아랫사람과의 만남이라면 손윗사람이 식사비를 내는 것이 더 일반적이었습니다. 또한 친구 간의 만남에서도 식사비를 각자 부담하지 않고 돌아가면서 한 사람이 다른 사람의 식사비를 내는 경우도 있었습니다. 하지만 요즘은 식시비를 각자 부담하는 분위기로 바뀌었습니다.

1. 과거에 한국 사람들은 모임 후에 어떻게 돈을 냈어요?

2. 여러분 나라에서는 모임 후에 어떻게 계산해요?

5과 초대

01 결혼하고 바로 유학을 떠나기로 해서 좀 서둘렀어

Learning Objective

To talk about weddings

Grammar

반말(-는다, -니?), -기로 하다

Vocabulary

Weddings

MP3_9

- 두 사람이 무슨 이야기를 할까요?
- 한국 사람의 결혼식에 간 적이 있습니까?

선배: 서준아, 이거 받아. 내 청첩장이야.

서준: 선배님, 결혼하세요? 그러고 보니 오랫동안 사귀신 분이 있으셨죠?

선배: 응, 결혼하고 바로 유학을 떠나기로 해서 좀 서둘렀어.

서준: 정말 축하드려요. 결혼식은 언제예요?

선배: 다음 달 25일이야. 올 수 있니?

서준: 그럼요. 꼭 갈게요.
날짜가 얼마 안 남아서 앞으로 더 바빠지시겠어요.

청첩장 wedding invitation　선배 (school) senior　그러고 보니 come to think of it
오랫동안 for a long time　바로 right away　떠나다 to leave　서두르다 to hurry　결혼식 wedding
꼭 surely 날짜 date　남다 left　앞으로 in the future

결혼 관련 어휘

신랑 | 신부 | 신혼부부 | 신혼여행

축의금을 내다

예물을 교환하다

축가를 부르다

부케를 던지다

기념 촬영을 하다

피로연을 하다

어휘 연습

Fill in the blanks as shown in the example.

보기 와 같이 빈칸을 채우십시오.

하객은 신랑과 신부를 축하하러 예식장에 오는 손님입니다. 하객들은 신랑과 신부에게 선물을 주기도 하고 **보기** (축의금을 내)기도 합니다. 신랑과 신부는 하객들 앞에서 영원히 사랑할 것을 약속합니다. 그리고 반지와 시계 등 **1)** (   )습니다/ㅂ니다. 그 후에 가족과 친척들이 신랑과 신부 옆으로 나와서 **2)** (   )습니다/ㅂ니다. 신랑과 신부의 친구들도 같이 사진을 찍습니다. 그리고 신부가 친구에게 **3)** (   )습니다/ㅂ니다. 결혼식이 끝나면 **4)** (   )습니다/ㅂ니다. 하객들은 음식을 먹으면서 즐겁게 이야기를 나눕니다.

신랑 groom   신부 bride   신혼부부 newlyweds   신혼여행 honeymoon   축의금 congratulatory money
예물 wedding present   축가 wedding song   부케 bouquet   던지다 to throw
기념 촬영 commemorative photograph   피로연 banquet/reception

Ⅰ -는다/ㄴ다/다, -니?

P44

1 Rewite the sentence as shown in the example.

보기 와 같이 문장을 바꿔쓰십시오.

한국말을 공부합니다. → 보기 한국말을 공부한다.	
매일 신문을 읽습니다.	1)
날씨가 덥습니다.	2)
에릭은 미국 사람입니다.	3)
언제 한국에 왔습니까?	4)

Ⅱ -기로 하다

P44

2 Complete the dialogue as shown in the example.

보기 와 같이 대화를 완성하십시오.

보기

가: 오늘 저녁에 같이 저녁을 먹기로 했지요?
한식을 먹을까요? 양식을 먹을까요?

나: 한식을 먹는 게 어때요?

가: 좋아요.

→ 우리는 한식을 먹기로 했어요.

1)

가: 이번 방학에 같이 여행을 가기로 했지요?
산으로 여행을 갈까요? 바다로 여행을 갈까요?

나: 산으로 가는 게 어때요?

가: 좋아요.

→ ______________________________

2)

가: 이번 주말에 같이 공연을 보기로 했지요? ______________________

나: ______________________

가: ______________________

→ ______________________

3)

가: 오늘 저녁에 우리 만나기로 했시요? ______________________

나: ______________________

기: ______________________

→ ______________________

4)

가: 이번 주 토요일에 같이 운동 경기를 보기로 했지요? ______________________

나: ______________________

가: ______________________

→ ______________________

1~3 Read the following and answer the questions.

다음을 읽고 질문에 답하십시오.

오늘은 제일 친한 친구인 지혜의 결혼식 날이었다. 제일 친한 친구가 결혼하니까 기쁘기도 하고 섭섭하기도 했다. 오늘 결혼식에서 내가 지혜의 부케를 받기로 했는데 나는 아직 친구의 결혼식에서 부케를 받은 적이 없기 때문에 아침부터 마음이 설레었다. 결혼식은 열두 시였지만 나는 지혜를 도와주려고 서둘러서 준비를 하고 일찍 집에서 나갔다.

결혼식장에는 사람들이 아주 많아서 시끄러웠다. 결혼식에는 신랑과 신부의 친구도 많았지만 신랑과 신부의 친척과 부모님의 친구도 많았다. 결혼은 신랑과 신부, 두 사람이 하는 것이지만 한국에서 결혼식은 신랑 가족과 신부 가족에게도 중요한 행사이기 때문이다.

결혼식은 오래 걸리지 않았다. 결혼식이 끝난 후에 기념 촬영을 하고 지혜가 나에게 부케를 던졌다. 내가 부케를 들고 있으니까 여러 사람들이 "결혼식에서 부케를 받으면 6개월 안에 결혼을 해야 하는데 결혼할 남자가 있어요?" 하고 물었다. 아직 남자 친구도 없는데 부케를 받아서 걱정이다. 하지만 그것보다 지혜가 정말 행복하게 잘 살았으면 좋겠다.

1 **How did this person feel today?** 오늘 이 사람의 기분은 어땠습니까?

2 **Why was this person worried after receiving the bouquet?**
이 사람은 부케를 받고 왜 걱정을 했습니까?

3 **Mark "O" if it applies to the reading, and "X" if it does not.**
읽은 내용과 같으면 O, 다르면 X 표시하십시오.

1) 오늘 친한 친구가 결혼을 했습니다. ( )
2) 결혼식을 한 후에 사진을 찍었습니다. ( )
3) 결혼식은 중요한 행사이기 때문에 결혼식장은 아주 조용했습니다. ( )

4 **How do weddings take place in your hometown?**
여러분 고향에서는 결혼식을 어떻게 합니까?

기쁘다 to be happy 섭섭하다 to be disappointed/sad 설레다 to flutter/be thrilled 결혼식장 wedding hall

1~3 Listen to the following and answer the questions.
다음을 듣고 질문에 답하십시오.

1 What do you don't have to consider when choosing a gift?
선물을 고를 때 생각하지 않아도 되는 것은 무엇입니까?

① 나이 ② 취미
③ 전공 ④ 성별

2 What gift should you prepare? Connect appropriately.
무슨 선물을 준비하겠습니까? 알맞게 연결하십시오.

1) 집들이 •	• 책
2) 결혼식 •	• 금반지
3) 생일 •	• 세제
4) 돌잔치 •	• 현금

3 Mark "O" if it applies to what you heard, and "X" if it does not.
들은 내용과 같으면 O, 다르면 X 표시하십시오.

1) 돌은 결혼한 지 1년 되는 날입니다. ( )
2) 새로 이사 간 집에 갈 때는 세제를 선물로 줍니다. ( )
3) 옛날에는 아이에게 금반지를 많이 선물했지만 요즘은 하지 않습니다. ( )

4 In your country, when you are invited to a special occasion, what kind of gift do you usually prepare?
여러분 나라에서는 특별한 날에 초대를 받으면 어떤 선물을 준비합니까?

결정하다 to decide 성별 gender 처럼 like 돌잔치 celebration of a child's first birthday
장난감 toy 금반지 gold ring 금 gold 집들이 housewarming party 새집 new house 세제 detergent
부자 rich person 담기다 to be filled with

1 Create a conversation about inviting a friend to a wedding as shown in the example.

결혼식에 친구를 초대하는 대화를 보기 와 같이 만드십시오.

오랫동안 기다렸습니다.
그리고 드디어 인생의 반쪽을 만났습니다.
저희 두 사람은 두 개의 반쪽으로 하나의 가정을 이루려고 합니다.
사랑과 믿음으로 아름다운 가정을 만들어 더 큰 사랑을 나누겠습니다.
바쁘시겠지만 오셔서 축하해 주시면 큰 기쁨이 되겠습니다.

김영수
강양자 의 장남 준혁

박정근
한은실 의 장녀 지혜

일시: 10월 21일 토요일 오후 1시

장소: 연세대학교 동문회관 2층

보기

가: 민철아, 이거 받아. 내 청첩장이야.

나: 너 결혼하니? 축하한다. 결혼식 날짜가 언제니?

가: 10월 21일 토요일이야. 시간이 되면 와. 재민이와 유리도 오기로 했어.

가: 그래? 꼭 갈게. 다시 한 번 결혼 축하한다.

2 What kind of wedding invitation would you like to make? What do you want to say?

여러분은 어떤 청첩장을 만들고 싶습니까? 무슨 말을 쓰고 싶습니까?

5과 초대

02 제가 꽃다발을 사 가지고 갈게요

Learning Objective

To invite someone to a gathering

Grammar

반말(-자, -어라), -어 가지고(순차)

Vocabulary

Gatherings/Meetings

MP3_10

- 두 사람이 무슨 이야기를 할까요?
- 여러분은 어떤 모임에 자주 갑니까?

선희: 금요일 저녁에 같이 콘서트에 가자.

엠마: 갑자기 무슨 콘서트예요?

선희: 오디션 프로그램 우승자인 중학교 동창이 콘서트를 해. 동창들 사이에서 초대권을 얻으려고 경쟁이 치열했는데 겨우 받았어. 콘서트가 끝나고 뒤풀이에도 같이 가자.

엠마: 우와! 진짜요? 친구들한테 자랑해야겠어요.

선희: 나도 친구가 유명한 사람이 된 게 신기해. 금요일 오후 다섯 시에 도서관 앞으로 와라. 같이 가자.

엠마: 네, 그럼 제가 꽃다발을 사 가지고 갈게요.

갑자기 suddenly　우승자 winner　동창 alumni　초대권 invitation ticket　경쟁 competition
치열하다 fierce/intense　겨우 barely　뒤풀이 after-party　자랑하다 to be boast/brag　유명하다 to be famous
신기하다 to be amazing/mysterious

모임 관련 어휘

동문회		
동창회	동아리	회원
환영회	동호회	회비
송별회		

어휘 연습

Fill in the blanks as shown in the example.

보기 와 같이 빈칸을 채우십시오.

> **보기**
>
> 저는 대학생입니다. 대학에 처음 들어왔을 때는 아는 사람이 없어서 재미가 별로 없었습니다. 하지만 (동아리)에 들어간 후부터는 학교생활이 즐거워졌습니다.

1) 제 취미는 음식 만들기입니다. 특히 한식에 관심이 많아서 한식 (　　　　　　)에 가입했습니다.

2) 독서 동아리에 들어가고 싶은데 어떻게 (　　　　　　) 가입을 하는지 몰라서 선배에게 물어봤습니다.

3) 저는 고등학교를 같이 다닌 친구들과 두 달에 한 번씩 (　　　　　　)을/를 합니다. 가끔 선생님을 모시고 옛날이야기도 하고 같이 식사도 합니다.

4) 마이클 씨가 다음 주에 고향으로 돌아갑니다. 우리는 앞으로 오랫동안 만나지 못할 것 같아서 섭섭합니다. 그래서 친한 친구들 몇 명이 모여서 마이클 씨 (　　　　　　)을/를 하기로 했습니다.

동문회 alumni association　동창회 class reunion　환영회 welcome party
송별회 farewell party　동호회 club(off campus)　회원 member　회비 membership fee

-자, -어라/아라/여라

P46

1 Rewrite the sentence as shown in the example.

보기 와 같이 문장을 바꿔쓰십시오.

싱거우면 소금을 넣으십시오. → 보기 싱거우면 소금을 넣어라.	
같이 놀이공원에 갑시다.	1)
날씨가 추우니까 밖에 나가지 맙시다.	2)
천천히 말씀하십시오.	3)
건강에 나쁜 음식을 드시지 마십시오.	4)

-어/아/여 가지고(순차) P46

2 **Look at the picture and complete the sentence as shown in the example.**

그림을 보고 보기 와 같이 문장을 완성하십시오.

보기

→ 도시락을 준비해 가지고 소풍을 갔어요.

1)

→ ______________________________

____

2)

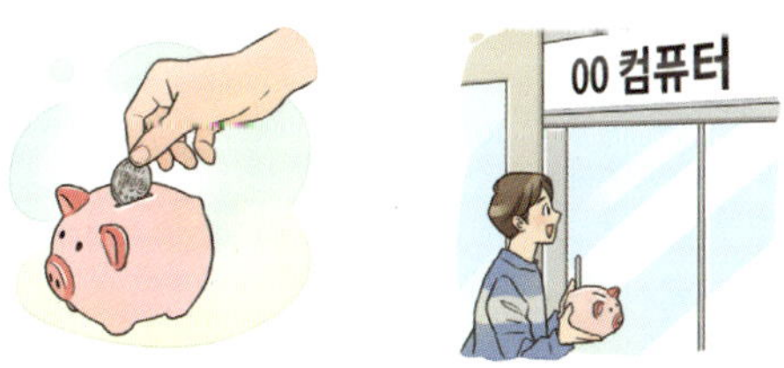

→ ______________________________

____

3)

→ ______________________________

____

4)

→ ______________________________

____

1~4 **Read the following and answer the questions.**
다음을 읽고 질문에 답하십시오.

서울 자동차 쇼

*(ㄱ)): 코엑스(서울 삼성동)
*(ㄴ)): 3월 25일(토)부터 4월 9일(일) (14일 동안)
10:00-17:00 (주말은 18:00까지)
*8개국 150개 회사가 참가합니다.
*학생 할인 20%

1 **What is this text a guide to?**
무엇을 안내하는 글입니까?

2 **Select the answer that doesn't apply to the reading. (   )**
읽은 내용과 다른 것을 고르십시오..

① 서울 자동차 쇼는 2주일 동안 볼 수 있다.
② 학생은 서울 자동차 쇼를 싸게 볼 수 있다.
③ 150개 나라에서 서울 자동차 쇼에 참가한다.
④ 주말에는 오후 여섯 시까지 자동차 쇼를 볼 수 있다.

3 **Write the correct words for (ㄱ) and (ㄴ).**
(ㄱ)과 (ㄴ)에 들어갈 알맞은 말을 쓰십시오.

(ㄱ):
(ㄴ):

4 **Invite a friend to the Seoul Motor Show.**
올해의 서울 자동차 쇼에 대해 알아보고 친구를 초대하십시오.

쇼 show 참가하다 to participate (in)

1~4 Listen and answer the questions.
다음을 듣고 질문에 답하십시오.

1 What kind of gathering is this?
이 모임은 무슨 모임입니까?

____

2 Check what you can do at this gathering.
이 모임에서 할 수 있는 것에 ✓ 하십시오.

☐ 등산하기 ☐ 공부하기 ☐ 운동하기
☐ 노래방 가기 ☐ 술 마시기 ☐ 영화 보기

3~4 Listen and answer the questions.
다음을 듣고 질문에 답하십시오.

3 What kind of gathering is this?
이 모임은 무슨 모임입니까?

____

4 Select the answer that doesn't apply to what you heard. (   )
들은 내용과 다른 것을 고르십시오.

① 아름다운 자연과 도시를 그린다.
② 이 모임은 주말에 하는 모임이다.
③ 귀여운 동물을 그리는 사람도 있다.
④ 그림을 잘 그리는 사람들의 모임이다.

5 What gathering would you like to participate in? Why?
여러분은 어떤 모임에 참여하고 싶습니까? 그 이유는 무엇입니까?

후배 (school) junior 차이가 나다 to be different from 전시회 exhibition

과제 3 해 봅시다

1 Look at the following and discuss as shown in the example.

다음을 보고 보기 와 같이 이야기하십시오.

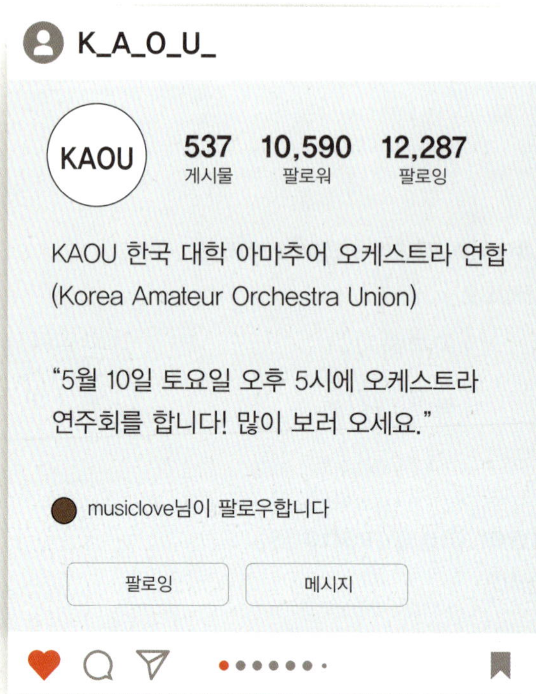

보기

가: 다음 주 토요일에 우리 동아리에서 공연을 해. 시간이 되면 보러 와라.

나: 동아리 공연?

가: 응, 대학생들이 모여서 하는 오케스트라 동아리인데 이번에 연주회를 해.

나: 와, 멋있다. 꼭 갈게. 꽃다발을 사 가지고 갈게.

가: 아니야. 그냥 와도 돼. 부담 가지지 마.

2 Introduce the SNS of the group you are active in.

활동하고 있는 모임의 에스엔에스(SNS)를 소개하십시오.

문화

한국의 뒤풀이 문화

일이나 모임이 끝나고 헤어지기 아쉬울 때 여러분은 어떻게 합니까?

한국에서는 그럴 때 보통 뒤풀이를 합니다. 신입생 오리엔테이션이 끝났을 때, 회사에서 사람들과 같이 하던 일을 끝냈을 때, 졸업식이나 입학식 날에 사람들은 모여서 그동안 밀린 이야기를 하며 즐거운 시간을 보냅니다. 뒤풀이를 할 때 음식과 함께 술을 마실 때도 많습니다. 요즘에는 다양한 게임을 즐기거나 영화나 공연을 보면서 스트레스를 풀기도 하는 등 다양한 방법으로 뒤풀이를 합니다.

여러분도 친구들과 같이 발표 준비를 하거나 모임을 한 후에 뒤풀이를 하러 가자고 이야기해 보세요. 뒤풀이 자리에서 여러 가지 이야기를 나누면서 친구들과 더욱 더 친해질 수 있을 겁니다.

1. 한국 사람들은 언제 뒤풀이를 합니까? 또 어떻게 뒤풀이를 합니까?

2. 여러분 나라에도 뒤풀이 문화가 있습니까?

6과

대중교통

01 울산까지 어떻게 가는지 알아?

Learning Objective

To use public transportation

Grammar

-는지 알다/모르다, -는 길이다

Vocabulary

Public Transportation

MP3_11

- 두 사람이 무슨 이야기를 합니까?
- 한국에서 여행을 할 때 어떤 교통편을 이용하고 싶습니까?

리사: 이번 주말에 친구들과 함께 울산으로 여행을 가기로 했어.

수영: 울산 좋지. 그런데 울산까지 어떻게 가는지 알아?

리사: 가장 빨리 갈 수 있는 케이티엑스를 이용할까 생각 중이야.

수영: 케이티엑스는 좌석이 좋아서 일반석을 예매해도 편안하게 여행할 수 있어. 그런데 표가 금방 매진되니까 빨리 예매하는 게 좋아.

리사: 아, 그리고 경주에도 한번 가 보고 싶은데 울산에서 가까워?

수영: 응. 가는 길이니까 중간에 들르면 좋겠네. 경주는 신라의 수도여서 불국사 같은 유명한 절도 있고 구경할 곳도 아주 많아.

케이티엑스 KTX (Korean Train eXpress)   이용하다 to use   좌석 seat   일반석 economy class
예매하다 to reserve (ticket)   편안하다 to be comfortable   표 ticket   매진되다 to be sold out
들르다 to stop by   신라 Silla (Dynasty)   불국사 Bulguksa Temple   절 buddhist temple

교통편 관련 어휘

고속버스

고속버스
고속 도로
휴게소

기차

케이티엑스(KTX)
일반실
특실

비행기

국제선 / 국내선
이코노미석 / 비즈니스석
창가 좌석 / 복도 쪽 좌석

버스

시내버스

마을버스

지하철

승강장 / 열차 / 발매기

교통 카드 / 충전하다 / 환승하다

택시

일반 택시

모범 택시

콜택시 / 호출하다
기본요금 / 미터기

어휘 연습

Fill in the blanks as shown in the example. 보기 와 같이 빈칸을 채우십시오.

보기 항공료가 다소 비싸지만 자리가 편하고 서비스가 아주 좋아요. (비즈니스석)

1) 기차역이나 지하철역에서 승객들이 열차를 타고 내리는 곳이에요. (　　　　)
2) 택시가 잘 다니지 않는 곳에서 택시를 타야 할 때 이용하면 편리해요. (　　　　)
3) 지하철역에서 아파트나 집 근처의 길 등 가까운 거리를 다니는 버스예요. (　　　　)
4) 서울에서 광주나 부산 등 먼 곳까지 쉬지 않고 한 번에 가는 버스예요. (　　　　)

고속버스 express bus　고속 도로 expressway　휴게소 rest area　일반실 standard room　특실 VIP (suite) room
국제선 international flight　국내선 domestic flight　이코노미석 economy class　비즈니스석 business class
창가 window　복도 corridor　시내버스 city-bus　마을버스 town shuttle bus　승강장 platform/station
열차 train　발매기 ticket(vending) machine　일반 택시 regular taxi　모범택시 luxury taxi
교통 카드 transportation card　충전하다 to recharge　환승하다 to transfer　콜택시 call-taxi
호출하다 to call　기본요금 basic rate/charge　미터기 taximeter

-는지/은지/ㄴ지 알다/모르다

P48

1 **Merge two sentences into a single sentence as shown in the example.**

보기 와 같이 두 문장을 한 문장으로 만드십시오.

보기
경복궁에 어떻게 가요? 아세요?
경복궁에 어떻게 가는지 아세요?

1) 이 한자를 어떻게 읽어요? 아세요?

2) 어느 마트가 물건 값이 싸요? 아세요?

3) 이 음식 이름이 뭐예요? 아세요?

4) 오늘 리사 씨가 왜 학교에 안 왔어요? 아세요?

01 -는 길이다

P48

1 Choose the correct option from the following and complete the dialogue as shown in the example.

다음 중에서 알맞은 것을 골라 보기 와 같이 대화를 완성하십시오.

가다	나오다	다녀오다	마중 나가다	오다

보기
가: 지금 어디야?
나: 점심을 먹고 식당에서 나오는 길이야. (나오다)

1) 가: 오랜만이네요. 아침 일찍 어디 가세요?

나: 책을 빌리러 도서관에 ____________는 길이에요.

2) 가: 늦은 시간에 어디 다녀와?

나: 친구 집에서 생일 파티를 하고 ____________는 길이야.

3) 가: 갑자기 안 보여서 찾았는데 어디에 갔어?

나: 머리가 아파서 약을 사러 약국에 ____________는 길이야.

4) 가: 무슨 일로 공항에 가세요?

나: 부모님께서 서울에 오셔서 공항으로 ______________________

1~3 Read the following and answer the questions.

다음을 읽고 질문에 답하십시오.

나는 오늘 친구와 같이 서울의 중심지를 도는 서울 시티 투어 버스를 탔다. 이 버스는 오전 9시 30분부터 오후 6시까지 다니는데 표를 한 번 사면 하루 종일 이용할 수 있다. 또 공휴일에도 탈 수 있어서 쉬는 날에 서울 시내를 구경할 때 편하게 이용할 수 있다. 우리는 9시 반에 광화문 역에서 출발하는 버스를 탔다. 이 버스에는 외국어 안내 서비스가 있어서 여러 언어로 설명을 들을 수 있었다.

"다음 정류장은 남산 한옥 마을입니다. 내리실 분은 벨을 눌러 주세요. 버스는 1시간마다 있습니다."

우리는 안내 방송을 듣고 한옥 마을 앞에서 내렸다. 거기에서 한복을 입고 사진도 찍고 떡도 먹어 봤다. 한 시간 뒤에 다시 버스를 타고 동대문 시장에 가서 쇼핑을 한 후 대학로에서 점심을 먹었다. 대학로 근처에는 창경궁과 창덕궁 등 여러 고궁이 있는데 모두 걸어서 구경할 수 있는 거리에 있었다. 창덕궁에서 버스를 타고 마지막으로 간 곳은 청와대였다. 청와대에서 집으로 돌아오는 길에는 걸어서 서촌을 구경하고 거기에서 저녁도 먹었다.

하루 안에 버스나 지하철을 여러 번 갈아타고 여기저기를 구경하기가 어려운데 서울 시티 투어 버스가 있어서 편리했다. 특히 서울의 유명한 관광지가 어디에 있는지 잘 모르는 사람이 이용하기에 좋은 것 같다. 다음에는 서울 시티 투어 버스의 다른 코스도 타 보고 싶다.

1 What bus did this person take today?

이 사람은 오늘 무슨 버스를 탔습니까?

중심지 center　돌다 to go around　서울 시티 투어 버스 Seoul City Tour Bus　하루 종일 all day
공휴일 holiday　시내 city　안내 to guide　남산 Namsan Mountain
한옥 마을 Hanok(Traditional Korean) Village　벨 bell　대학로 Daehak-ro
창경궁 Changgyeonggung Palace　창덕궁 Changdeokgung Palace　고궁 ancient palaces
청와대 Blue House　코스 course

2 Where did this person visit today? Write down the places visited in order.

이 사람은 오늘 어디를 구경했습니까? 간 곳을 순서대로 쓰십시오.

( ) → ( ) → ( ) →

( ) → ( ) → ( )

3 Mark "O" if it applies to the reading, and "X" if it does not.

읽은 내용과 같으면 O, 다르면 X 표시하십시오.

1) 이 사람이 처음 버스를 탄 곳은 광화문 역이다. ( )

2) 이 버스 안에서는 한국어로만 설명을 들을 수 있다. ( )

3) 이 버스에서 내린 후 다시 탈 때마다 표를 사야 한다. ( )

4 The following are four city tour bus routes to explore Seoul. Which route would you like to take? Check out the Seoul City Tour Bus website (https://www.seoulcitybus.com/course/courseList.do)and talk about it.

다음은 서울을 구경할 수 있는 시티 투어 버스의 네 가지 코스입니다. 여러분은 어느 코스를 타고 싶습니까? 서울 시티 투어 버스 웹 사이트(https://www.seoulcitybus.com/course/courseList.do)에 들어가 보고 이야기하십시오.

도심고궁남산코스

성인 24,000원
소인 15,000원

파노라마코스

강남어라운드코스

야경코스

성인 20,000원
소인 14,000원

들어 봅시다

1~5 **Listen to the following and answer the questions.**
다음을 듣고 질문에 답하십시오.

1 **How far does this train go?**
이 열차는 어디까지 갑니까?

2 **Why do you have to be careful when getting on and off this station?**
이번 역은 타고 내릴 때 왜 조심해야 합니까?

3 **Which door should you get off at?**
어느 쪽 문으로 내려야 합니까?

4 **To get to Sangil-dong, which subway line do you need to transfer to?**
상일동에 가려면 몇 호선으로 환승해야 합니까?

5 **Can you continue riding this train? Why or why not?**
이 열차를 타고 계속 갈 수 있습니까? 왜 그렇습니까?

6 **In your hometown, what kind of announcements are made on buses or subways?**
여러분의 고향에서는 버스나 지하철에서 어떤 안내 방송이 나옵니까?

행 bound for 방면 direction 사이 gap/space 바라다 to wish/want 종착역 final station
두다 to leave (behind) 확인하다 to check

1 Where would you like to go in Korea? Plan a weekend with friends as shown in the example.

여러분이 한국에서 가고 싶은 곳은 어디입니까? 보기 와 같이 친구들과 주말 계획을 세우십시오.

보기

가: 주말에 어디에 가면 좋을까?

나: 코엑스는 어때? 유명한 식당도 많고 예쁜 도서관도 있으니까 가서 책도 읽고 구경도 하자

가: 좋은 생각이야. 그런데 코엑스에 어떻게 가는지 알아?

나: 응. 401번 버스를 타고 무역센터 정류장에서 내리거나 지하철 2호선을 타고 심성 역에서 내려서 6번 출구로 나가면 돼.

가: 가는 방법도 복잡하지 않네. 난 코엑스를 구경하고 오는 길에 백화점에 들러서 쇼핑도 하고 싶어.

2 Where is a place you often travel to in your hometown? Introduce it to your friend and explain how to get there using public transportation.

여러분이 고향에서 자주 여행 가는 곳은 어디입니까? 친구에게 그곳을 소개하고 대중교통을 이용해서 가는 방법을 설명하십시오.

6과 대중교통

02 가까워 보이는데 버스를 타야 합니까?

Learning Objective

To ask for directions and be able to answer such questions

Grammar

-어 보이다, -다가

Vocabulary

Transportation Signs

MP3_12

- 리사는 무엇을 하고 있습니까?
- 여러분은 길을 모를 때 어떻게 합니까?

리사: 실례합니다. 이 놀이공원의 위치를 좀 알려 주시겠어요?

학생: 저기 큰 산이 보이는 곳이에요.

리사: 가까워 보이는데 버스를 타야 합니까?

학생: 걸어서 약 15분쯤 걸려요. 버스를 타도 되지만 차가 많이 밀리니까 웬만하면 걸어가시는 게 좋을 것 같아요.

리사: 여기서 어떻게 가면 돼요?

학생: 똑바로 가다가 사거리에서 오른쪽으로 가세요. 큰 커피숍을 지나서 두 번째 횡단보도를 건넌 후에 쭉 가면 놀이공원 매표소가 보일 거예요.

놀이공원 amusement park　위치 location　알리다 to inform　약 about　밀리다 to get behind (traffic)
웬만하면(웬만하다) if possible　지나다 to pass　횡단보도 crosswalk　쭉 to go straight　매표소 ticket office

교통 표지 관련 어휘

차도	인도		
	육교	횡단보도	지하도

좌회전	우회전	유턴	일방통행	버스 전용 차로	주차 금지

어휘 연습

What is this an explanation of? Fill in the blanks as shown in the example.

무엇에 대한 설명입니까? 보기 와 같이 빈칸을 채우십시오.

> **보기** 왼쪽으로 갈 수 있습니다. (좌회전)

1) 여기에 차를 세우면 안 됩니다. (   )
2) 이 길은 버스만 다닐 수 있습니다. (   )
3) 한쪽 방향으로만 운전할 수 있습니다. (   )
4) 가고 있는 길의 반대 방향으로 돌아갈 수 있습니다. (   )

차도 street/road 인도 side walk 육교 pedestrian overpass 횡단보도 crosswalk 지하도 underpass
교통 표지판 traffic sign 좌회전 left turn 우회전 right turn 유턴 U-turn
일방통행 one-way street 버스 전용 차로 bus-only lane 주차 금지 no parking

-어/아/여 보이다

P50

1 Look at the picture and complete the dialogue as shown in the example.

그림을 보고 보기 와 같이 대화를 완성하십시오.

보기

가: 누가 더 커 보입니까?

나: 리사가 더 커 보입니다.

1)

가: 어느 주스가 더 많아 보입니까?

나: ______________________

2)

가: 어느 방이 더 좋아 보입니까?

나: ______________________

3)

가: 우리 선생님의 첫인상이 어때요?

나: ______________________

4)

가: 이 가방이 어때요?

나: ______________________

02 -다가

P50

2 Look at the picture and complete the sentence as shown in the example.

그림을 보고 보기 와 같이 문장을 만드십시오.

보기

아이가 놀이터에서 놀다가 넘어져서 웁니다.

1)

____

____

2)

____

____

3)

리사 씨가 ______________________________

____

4)

____

____

1~3 **Read the following and answer the questions.**
다음을 읽고 질문에 답하십시오.

모르는 곳을 처음 찾아가는 것은 어렵습니다. 그렇지만 지하철을 타면 조금 쉽습니다. 특히 서울이나 부산 같은 큰 도시는 길이 복잡해 보여도 지하철이 잘되어 있어서 생각보다 쉽게 길을 찾을 수 있습니다. 두 가지만 알면 됩니다. 우선 역 이름을 정확하게 알아야 합니다. '신촌' 역도 있고 '시청' 역도 있기 때문입니다. 또 '상봉' 역도 있고 '산본' 역도 있습니다. 지하철역 이름을 잘못 알고 있으면 다른 곳으로 가기가 쉽습니다. 그다음에는 몇 번 출구로 나가야 하는지 알아야 합니다. 정확한 출구 번호를 알고 그쪽으로 나가면 내가 가고 싶은 곳을 쉽게 찾을 수 있습니다. 지하철로 어디에 갈 때 두 가지를 질문하면 갈 수 있습니다. "어디 어디에 가고 싶은데 어느 역에서 내려야 합니까?" 그리고 "어디 어디에 가고 싶은데 몇 번 출구로 나가야 합니까?" 이 두 질문을 꼭 기억하십시오.

또 한국은 길이 복잡해서 지도를 봐도 길 찾기가 어렵습니다. 그때는 근처에 큰 가게나 유명한 장소가 있는지 잘 보십시오. 한국은 어디에나 슈퍼마켓, 카페, 식당, 은행, 병원 등이 있어서 이런 곳들의 이름을 많이 알면 길 찾기에 도움이 됩니다.

1 When taking the subway to a friend's house, what do you need to know to find your way easily?

지하철을 타고 친구 집에 갈 때 길을 쉽게 찾으려면 무엇을 알아야 합니까?

1) ____________________

2) ____________________

찾아가다 to go/visit 우선 first (of all) 정확하다 to be exact 기억하다 to remember 카페 cafe

2 Mark "O" if it applies to the reading, and "X" if it does not.

읽은 내용과 같으면 O, 다르면 X 표시하십시오.

1) 한국은 곳곳에 가게가 많아서 길 찾기가 더 어렵다. ( )

2) 부산에서는 지하철을 이용해서 원하는 곳까지 갈 수 있다. ( )

3) 역 이름을 잘못 알면 '시청' 역에 가고 싶은데 '신촌' 역에 갈 수도 있다. ( )

3 You want to go to Yonesi University by subway. How can you ask this question?

지하철로 연세대학교에 가고 싶습니다. 어떻게 질문하면 됩니까?

____

____

4 Is there an easy way to navigate in your hometown?

여러분의 고향에서 길을 쉽게 찾을 수 있는 방법이 있습니까?

과제 2 들어 봅시다

1~4 **Listen to the following and answer the questions.**

다음을 듣고 질문에 답하십시오.

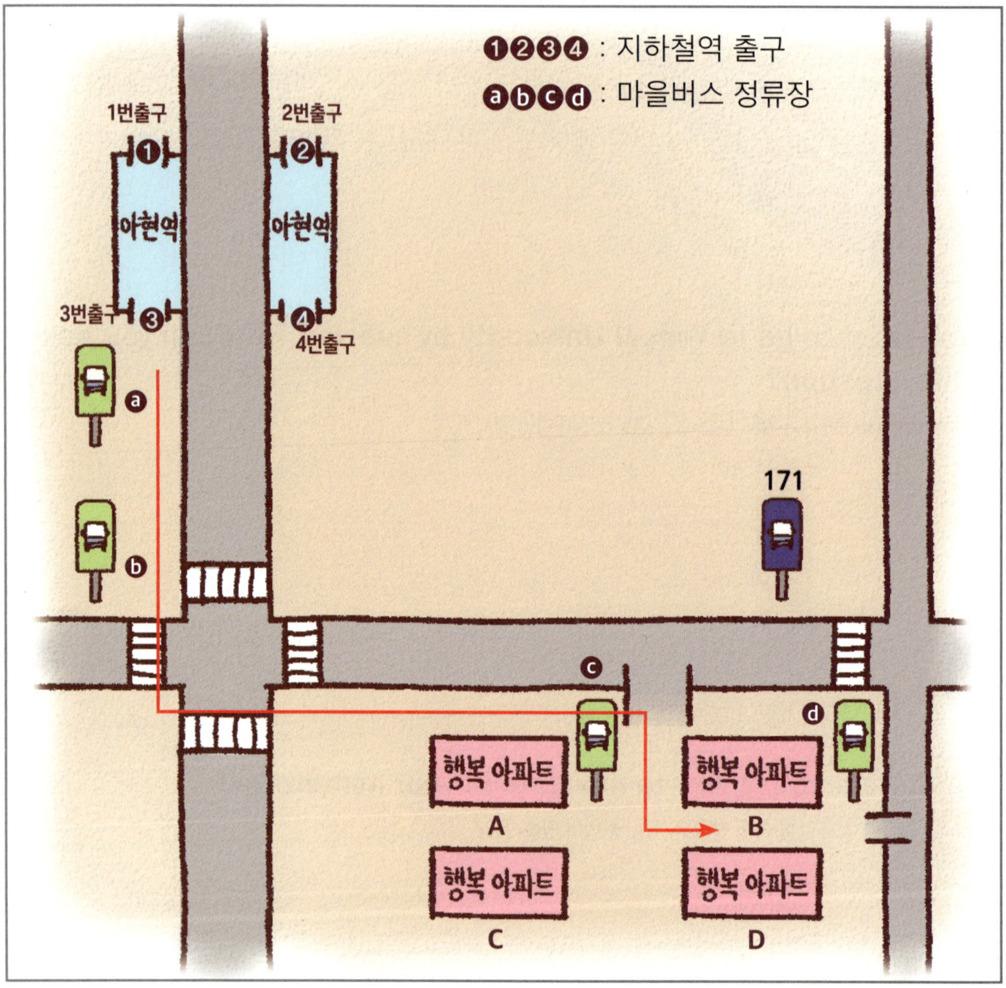

1 **Choose the answer that correctly connects the bus pick-up and drop-off points. (　　　)**

마을버스를 타는 곳과 내리는 곳이 맞게 연결된 것을 고르십시오.

❶ ⓐ-ⓒ　　❷ ⓑ-ⓒ

❸ ⓐ-ⓓ　　❹ ⓑ-ⓓ

아현 Ahyeon　후문 back gate　정문 front/main gate

2 Where is "my" house? (   )

우리 집은 어디에 있습니까?

① A ② B
③ C ④ D

3 Choose the answer that does not apply to what you've heard. (   )

들은 내용과 다른 것을 고르십시오.

① 우리 집은 아파트입니다.
② 우리 집은 5층에 있습니다.
③ 학교에서 버스로 오면 갈아타야 합니다.
④ 10번 마을버스를 타고 우리 집에 올 수 있습니다.

4 Tell your friend how to walk from the subway station to the house. Look at the "→"marked in the picture above and fill in the blanks.

친구에게 지하철역에 내려서 마을버스를 타지 않고 우리 집까지 걸어오는 방법을 알려 주고 싶습니다. 위 그림의 '→' 표시를 보고 빈칸을 채우십시오.

2호선 (   ) 역에서 내려서 (   )번 출구로 나오세요. 똑바로 걸어 오면 (   )이/가 있습니다. 횡단보도를 건너서 (   )쪽으로 오세요. 쭉 오면 아파트 정문이 있습니다. 아파트 정문으로 들어와서 다시 (   )쪽으로 오면 우리 집이 있습니다.

과제 3

해 봅시다

1 **While looking at the map below, ask and answer questions about how to get to the place you want to go as shown in the example.**

다음 약도를 보면서 가고 싶은 장소에 가는 방법을 보기 와 같이 묻고 대답하십시오.

보기

가: 신촌 역에서 학교까지 어떻게 가요?

나: 우선 3번 출구로 나와서 똑바로 가세요. 소망제과를 지나면 바로 앞에 횡단보도가 있어요. 그 횡단보도를 건너면 연세대학교 정문이 보여요.

가: 그럼 우체국에는 어떻게 가요?

2 **Your friend wants to come to your house. Draw a map of the area around your house and explain how to get there by getting off at the nearest subway station or bus stop.**

친구가 여러분 집에 오고 싶어 합니다. 집 주변 약도를 그리고 가까운 지하철역이나 버스 정류장에 내려서 오는 방법을 설명하십시오.

문화

교통 카드 사용법

한국에서는 버스나 지하철을 탈 때 보통 교통 카드를 사용합니다. 요즘은 현금을 사용할 수 없는 버스가 많아서 한국 생활에서 교통 카드는 필수적입니다. 환승은 네 번까지 무료로 할 수 있는데 하차 후 30분이 지나서 갈아타거나 같은 번호로 갈아타면 요금을 다시 내야 합니다. 교통 카드는 편의점이나 지하철역에서 살 수 있고 충전도 할 수 있습니다. 교통 카드 기능이 있는 신용 카드나 모바일 교통 카드도 많이 쓰입니다. 요즘은 마트나 커피숍에서도 교통 카드로 결제할 수 있고 교통 카드 앱으로 남은 돈을 확인할 수도 있습니다.

1. 교통 카드의 좋은 점은 무엇입니까?

2. 여러분 나라에도 교통 카드가 있습니까? 어떻게 사용합니까?

7과

공공 기관

01 비자를 연장하려면 재학 증명서가 있어야 합니다

Learning Objective

To use public facilities

Grammar

-어 있다, -으려면

Vocabulary

Public Facilities

MP3_13

- 여기는 어디입니까?
- 사람들이 왜 여기에 갑니까?

다니엘: 비자를 연장하러 왔습니다.

직 원: 먼저 번호표를 뽑고 신청서를 쓰신 후에 순서가 되면 다시 오세요.

다니엘: 신청서는 어디에 있어요?

직 원: 저쪽 책상에 놓여 있습니다. 필요한 서류는 모두 준비하셨습니까?

다니엘: 깜빡 잊어버리고 재학 증명서를 안 가져왔는데 나중에 갖다 드리면 안 될까요?

직 원: 비자를 연장하려면 재학 증명서가 반드시 있어야 합니다.

연장하다 to extend 뽑다 to pull/pluck 신청서 application form 순서 turn 놓이다 to be placed on
서류 documents 깜빡 with a flash (slip one's mind in a very short moment)
잊어버리다 to forget 재학 증명서 certificate of enrollment 반드시 certainly/by all means

공공 기관 업무 관련 어휘

신분증	개인 정보	
주민 등록증	생년월일	입국
외국인 등록증	주민 등록 번호	출국
여권	외국인 등록 번호	체류
운전면허증	사회 보장 번호	발급
학생증		증명사진
		유효 기간

어휘 연습

Fill in the blanks as shown in the example.

보기 와 같이 빈칸을 채우십시오.

한국에 보기 (입국을)을/를 한 외국인 중 한국에 오래 체류할 사람은 출입국 관리 사무소에 가서 1) (   )을/를 만들어야 합니다. 이것은 한국인이 신분증으로 사용하는 2) (   )과/와 비슷한 것입니다. 고향에서 한국에 올 때 발급받은 3) (   )와/과 등록증에 붙일 4) (   )을/를 준비해 가지고 가세요. 그리고 외국인 등록증을 받은 후에는 5) (   )이/가 지나기 전에 연장해서 사용해야 합니다.

신분증 identification card　주민 등록증 resident registration card
외국인 등록증 certificate of alien registration　여권 passport　운전면허증 driver's license
학생증 student ID　개인 정보 personal information　생년월일 date of birth
주민 등록 번호 resident registration number　외국인 등록 번호 foreign registration number
사회 보장 번호 social security number　입국 entry/entrance (to a country)
출국 departure (from a country)　체류 stay　발급 issue　증명사진 identification picture
유효 기간 expiration date

-어/아/여 있다

P52

1 Choose the correct option from the following and create a sentence as shown in the example.

다음 중에서 알맞은 것을 골라 보기 와 같이 문장을 만드십시오.

남다 서다 앉다 걸리다 켜지다

보기

피자가 두 조각 남아 있습니다.

1)

제임스 씨가 ______________________

2)

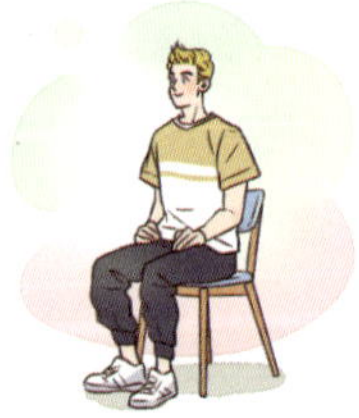

제임스 씨가 ______________________

3)

____

4)

____

-으려면/려면

P52

2 Complete the dialogue as shown in the example.

보기 와 같이 대화를 완성하십시오.

보기
가: 채소와 과일을 싸게 사고 싶은데 어디로 가야 해요?
나: 채소와 과일을 싸게 사려면 가까운 시장에 가세요.

1) 가: 한국의 시사 문제에 대해서 잘 알고 싶은데요.

나: ____________________

2) 가: 어떻게 하면 대학교에서 장학금을 받을 수 있어요?

나: ____________________

3) 가: 한국 친구를 많이 사귀고 싶은데 어떻게 하면 좋을까요?

나: ____________________

4) 가: 서울에서는 언제, 어디에 가면 아름다운 벚꽃을 볼 수 있어요?

나: ____________________

1~3 Read the following and answer the questions.

다음을 읽고 질문에 답하십시오.

저는 한국에 사는 동안 한국 사람도 많이 만나고 한국에 대해서 많이 배우고 싶었습니다. 그래서 한국 문화에 대해서 배울 수 있는 방법을 찾고 있었는데 얼마 전 서대문 구청의 문화 프로그램 광고를 봤습니다. 버스 정류장에 붙어 있는 그 광고에는 '전통 무용', '가야금', '떡 케이크 만들기' 같은 프로그램이 소개되어 있었습니다. 저는 아주 기뻐서 서대문 구청 평생 학습 센터에 직접 찾아갔습니다. 그곳의 프로그램은 한 달에 2만 원~6만 원 정도로 별로 비싸지 않았습니다. 배우고 싶은 것이 많았지만 제가 아직 한국말이 서투르기 때문에 우선 요가를 신청하기로 했습니다. 요가는 선생님 말씀을 잘 알아듣지 못해도 다른 학생을 보고 따라 할 수 있으니까 어렵지 않을 것 같았습니다.

제가 신청한 요가 프로그램은 화요일과 목요일 저녁에 한 시간씩 하는 수업입니다. 같이 요가를 배우는 아주머니들은 운동을 아주 재미있어하시는 것 같습니다. 그리고 이야기하는 것도 좋아하셔서 저에게 자주 말을 거십니다.

한국 사람이 취미로 많이 하는 요가를 배우면서 아주머니들과 여러 가지 이야기도 하니까 한국이 더 가까워지는 것 같습니다. 요가를 배운 후에는 한국의 전통문화도 배워 보고 싶습니다.

1 **Where does this person learn yoga?**

이 사람은 어디에서 요가를 배웁니까?

서대문 Seodaemun 구청 gu(district) office 무용 dance 가야금 gayageum (Korean harp)
떡 케이크 made of rice cake 평생 학습 센터 lifelong learning center 서투르다 to be poor/unskilled (at)
알아듣다 to understand 말을 걸다 to start a conversation 전통문화 traditional culture

2 **Out of all the other programs, why did this person choose to sign up for yoga?**

이 사람은 여러 가지 프로그램 중에서 왜 요가를 신청했습니까?

---

3 **Mark "O" if it applies to the reading, and "X" if it does not.**

읽은 내용과 같으면 O, 다르면 X 표시하십시오.

1) 이 사람은 일주일에 두 번 요가를 배운다. ( )
2) 이 사람은 아주머니들께 평생 학습 센터를 소개받았다. ( )
3) 서대문 구청에는 한국의 전통문화를 배울 수 있는 프로그램이 있다. ( )

4 **In your hometown, are there public institutions like Korea's district offices? Do they offer any cultural programs for citizens as well?**

여러분 고향에는 한국의 구청과 같은 공공 기관이 있습니까? 거기에도 시민들을 위한 문화 프로그램이 있습니까?

1~3 Listen to the following and answer the questions.

다음을 듣고 질문에 답하십시오.

1 **Who is this announcement intended for?**

누구에게 이 안내 방송을 합니까?

---

2 **Mark "O" if it applies to what you heard, and "X" if it does not.**

들은 내용과 같으면 O, 다르면 X 표시하십시오.

1) 운전할 때 운전면허증을 가지고 다니지 않아도 된다. ( )

2) 한국에서 운전면허를 따려면 네 가지 시험을 봐야 한다. ( )

3) 한국에서 운전면허증을 발급받을 때 신분증이 필요하다. ( )

3 **A friend who got his/her driver's license in their hometown wants to go on a road trip in Korea for three months. What does this friend need?**

고향에서 운전면허를 딴 친구가 한국에서 3개월 동안 자동차 여행을 하고 싶어 합니다. 이 친구는 무엇이 필요합니까?

---

4 **Introduce the process of getting a driver's license in your hometown.**

여러분 고향에서 운전면허증을 따는 과정을 소개하십시오.

국제운전면허증 international driver's license 따다 to get certified 필기 written
실기 practical/performance 이루어지다 to consist of 통과하다 to pass
합격하다 to pass/become qualified 안전하다 to be safe

1 In Seoul, there is a Seoul Global Center that helps the life and cultural activities of foreigners in Korea. Check out the website (https://global.seoul.go.kr/web/cent/segc/centInfoPage.do)and talk about which services you would like to use as shown in the example.

서울 시에는 외국인의 한국 생활과 문화 활동을 돕는 서울 글로벌 센터가 있습니다. 사이트(https://global.seoul.go.kr/web/cent/segc/centInfoPage.do)에 직접 들어가 보고 어떤 서비스를 이용하고 싶은지 보기 와 같이 이야기하십시오.

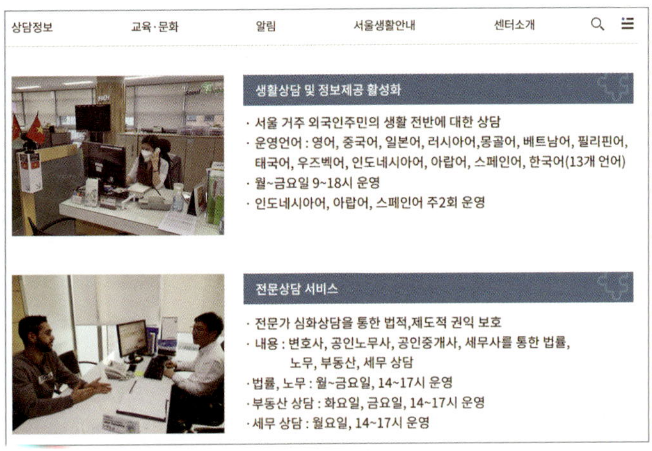

보기

가: 한국에 온 지 6개월이 됐지만 아직 모르는 것이 많아서 힘든데 어떻게 하면 좋을까?

나: 그럼 서울 글로벌 센터에 가서 상담을 받아 봐. 한국 생활을 하면서 힘든 점이나 궁금한 것을 영어로 이야기하고 여러 가지 도움도 받을 수 있어.

가: 그런 곳이 있어? 나는 너보다 한국에 오래 살았는데 외국인들을 위한 센터가 있는지는 몰랐어.

나: 나도 얼마 전에 자동차 운전면허 시험을 준비하면서 처음 알았어. 글로벌 센터에서 하는 필기시험 수업을 듣고 한 번에 면허를 땄지.

가: 그럼 나도 상담 신청부터 해야겠다. 좋은 정보를 알려 줘서 고마워.

2 Are there public institutions available to foreigners in your hometown? Introduce institutions that can help foreigners living in your hometown.

여러분 고향에는 외국인이 이용할 수 있는 공공 기관이 있습니까? 여러분의 고향에 사는 외국인에게 도움을 줄 수 있는 기관을 소개하십시오.

02 카드를 만드는 데 시간이 얼마나 걸릴까요?

Learning Objective
To use banks

Grammar
-는 데, -던

Vocabulary
Bank Services

MP3_14

- 여기는 어디입니까?
- 여기에서 무엇을 할 수 있습니까?

제임스: 안녕하세요. 체크 카드를 만들고 싶어서 왔는데요.

직 원: 네, 손님. 새로운 상품 중에 학생증으로도 쓸 수 있는 체크 카드가 있는데 그걸로 만들어 드릴까요? 핸드폰 앱만으로도 사용이 가능해서 카드를 따로 갖고 다니지 않으셔도 돼요.

제임스: 그래요? 지갑에 카드를 여러 장 넣으니까 무거웠는데 잘됐네요.

직 원: 그럼 신분증을 주시고 네 자리 비밀번호를 지정해 주세요.

제임스: 네, 알겠습니다. 카드를 만드는 데 시간이 얼마나 걸릴까요?

직 원: 하루나 이틀 정도 걸립니다. 그리고 새 카드가 나오면 전에 쓰시던 학생증은 더 이상 사용하실 수 없습니다.

체크 카드 check/debit card 새롭다 to be new 상품 product 따로 separately 지갑 wallet
무겁다 to be heavy 이틀 two days 이상 no more/longer

은행 업무 관련 어휘

통장	환전	현금 자동 인출기(ATM)
계좌	환율	인터넷 뱅킹
예금		입금
이자		송금
수표		출금

어휘 연습

Fill in the blanks as shown in the example.

보기 와 같이 빈칸을 채우십시오.

은행에 가서 **보기** (통장을)을/를 만들려면 신분증이 있어야 합니다. 계좌에 예금을 하면 그 돈에 대한 **1)** ( )을/를 받을 수 있습니다. 현금이 필요해서 **2)** ( )을/를 해야 할 때에는 은행에 가지 않고 가까운 **3)** ( )에서 돈을 찾을 수 있습니다. 집에서 계좌에 있는 돈을 다른 사람에게 송금하고 싶으면 인터넷 뱅킹에 가입하면 됩니다. 고향에서 가지고 온 돈을 한국 돈으로 바꾸려면 **4)** ( ) 이/가 좋을 때 은행에 가서 환전하세요.

통장 bankbook　계좌 account　예금 deposit/savings　이자 interest　수표 check
환전 currency exchange　환율 exchange rate　현금 자동 인출기 Automated Teller Machine
인터넷 뱅킹 internet banking　입금 deposit　송금 wire transfer　출금 withdrawal

1 -는 데

P54

1 Merge two sentences into a single sentence as shown in the example.

보기 와 같이 두 문장을 한 문장으로 만드십시오.

보기
이 차를 빌리고 싶어요. 하루에 얼마예요?
→ 이 차를 빌리는 데 하루에 얼마예요?

1) 비자를 연장하고 싶습니까? 재학 증명서가 필요합니다.

→ ______________ 는 데 ______________

2) 아기가 잔다. 방해되지 않게 나가서 얘기하자.

→ ______________ 는 데 ______________

3) 프랑스에 가는 비행기표를 샀어. 가지고 있는 돈을 다 썼어.

→ ______________

4) 한국 문화에 적응했어요. 오래 걸리지 않았어요.

→ ______________

02 -던 P55

2 Complete the sentence as shown in the example.

보기 와 같이 문장을 완성하십시오.

보기

언니

나

언니가 입던 한복을 제가 입었습니다.

1)

형

나

__________ 던 피아노를 제가 치고 있습니다.

2)

나

나

__________ 던 학교에 가 보았습니다.

3)

아버지

나

__________ 자동차를 제가 탑니다.

4)

아이

엄마

__________ 케이크를 엄마가 먹고 있어요.

1~3 **Read the following and answer the questions.**
다음을 읽고 질문에 답하십시오.

저는 어제 통장하고 체크 카드를 만들려고 학교에 있는 은행에 갔어요. 고향에서 쓰던 신용 카드로 한국에서 결제가 안 될 때도 있어서 그동안 좀 불편했어요.

은행 안은 사람이 많아서 다소 복잡했어요. 제가 번호표를 뽑아야 하는 것을 모르고 그냥 창구 앞에 서서 기다리니까 은행 안내원이 번호표를 뽑아서 저에게 줬어요. 번호표를 보니까 제 앞에 기다리는 사람이 스무 명쯤 있었어요. 기다리는 것이 지루할 것 같았는데 기다리는 동안 잡지도 보고 텔레비전 뉴스도 보니까 시간이 빨리 갔어요. 의자에 앉아서 잡지를 보다가 직원이 제 번호를 불러서 창구로 갔어요.

통장과 체크 카드를 만드는 데 외국인 등록증이 필요한데 저는 외국인 등록증을 안 가지고 갔어요. 은행 직원은 친절하게 "외국인 등록증이 없으면 학생증과 여권을 보여 주세요." 하고 말했어요. 저는 학생증과 여권을 보여 줬어요. 그리고 서류에 이름과 연락처를 쓰고 서명했어요. 조금 기다리니까 통장과 체크 카드가 모두 나왔어요.

저는 한국말을 못해서 걱정했는데 쉽게 통장과 카드를 만들 수 있어서 기분이 좋았어요. 직원이 친절하고 일을 생각보다 빨리 처리해 줬어요. 한국의 은행은 서비스가 좋은 것 같아요.

1 **What was the bank this person went to like?**
이 사람이 간 은행은 어땠습니까?

---

2 **What did this person take to the bank?**
이 사람은 은행에 무엇을 가지고 갔습니까?

창구 counter 지루하다 to be boring 서명하다 to sign 처리하다 to handle/take care of

3 Mark "O" if it applies to the reading, and "X" if it does not.

읽은 내용과 같으면 O, 다르면 X 표시하십시오.

1) 이 사람은 은행에서 체크 카드를 받았습니다. ( )
2) 이 사람은 은행에서 직접 번호표를 뽑았습니다. ( )
3) 이 사람은 어제 돈을 찾으려고 은행에 갔습니다. ( )

4 What is the difference between banks in your hometown and banks in Korea?

여러분 고향의 은행과 한국의 은행은 무엇이 다릅니까?

1~3 **Listen to the following and answer the questions.**
다음을 듣고 질문에 답하십시오.

1 **You are trying to find out how much money you have in your account. Listen and check the correct answers.**
통장에 돈이 얼마나 있는지 알아보려고 합니다. 듣고 맞는 것에 ✔ 하십시오.

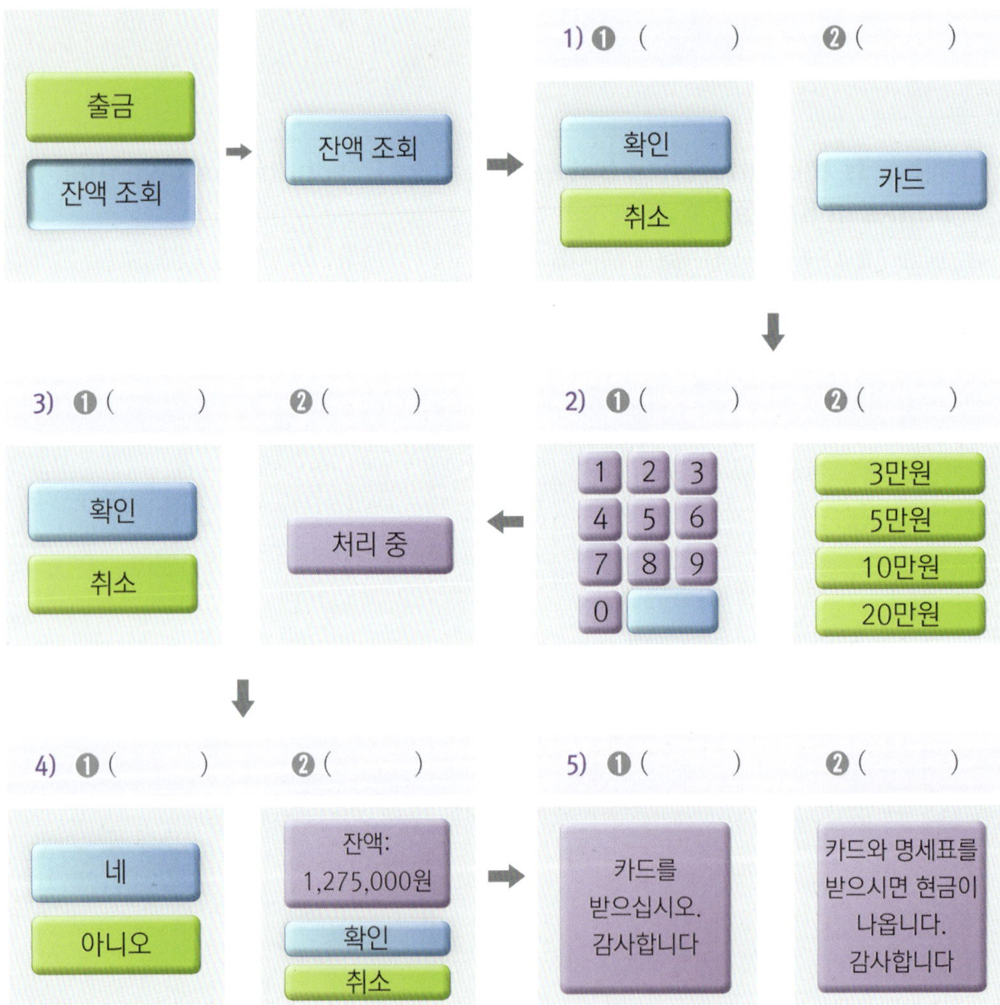

조회하다 to make an inquiry　비밀번호 PIN number　자리 digit　잔액 balance　원하다 to want/wish
금액 sum of money　명세 표 transaction receipt

2 You are trying to withdraw money from an ATM. Listen and check the correct answers.

현금 자동 인출기에서 돈을 찾으려고 합니다. 듣고 맞는 것에 ✔ 하십시오.

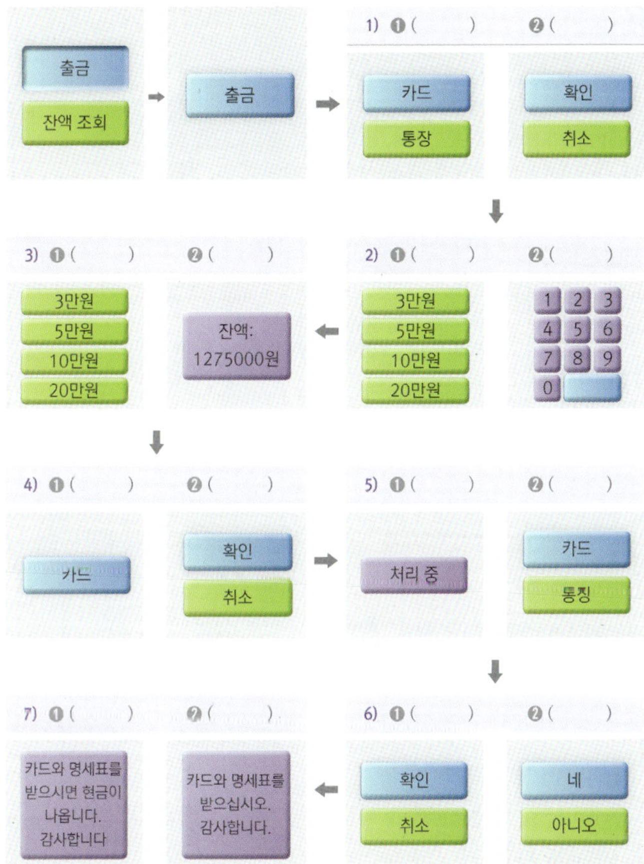

3 What do you need and what should you know when making a withdrawal or checking your balance at an ATM?

현금 자동 인출기에서 출금을 하거나 잔액 조회를 할 때 필요한 것과 알아야 하는 것은 무엇입니까?

1) 필요한 것:

2) 알아야 하는 것:

4 Share your experience using an ATM in Korea.

한국에서 현금 자동 인출기를 이용한 경험을 이야기하십시오.

1 Korean banks offer products such as bankbooks and cards for foreigners. Look at the following and discuss which you would like to apply for as shown in the example.

한국의 은행에는 외국인을 위한 통장과 카드 등의 상품이 있습니다. 다음을 보고 어떤 상품에 가입하고 싶은지 보기 와 같이 이야기하십시오.

상품명	상품 특징
다이렉트 해외 송금 계좌 서비스	· 계좌에 입금 시 바로 해외 송금 가능 · 해외에 송금할 때, 한국으로 송금받을 때 수수료 50% 할인
환전 우대 계좌 서비스	· 원화, 외화 동시 예금 가능 · 환전 시 수수료 50% 할인
즐거운 Y 체크 카드	· 전국 편의점 5% 할인 · 연세 도넛, Y아이스크림 10% 할인
와이패스 체크 카드	· 대중교통 할인 · 휴대 전화 요금 할인

보기

가: 지금까지 쓰던 체크 카드 유효 기간이 얼마 안 남았는데 새 카드를 만들어 볼까?

나: 너는 버스하고 지하철을 많이 타니까 대중교통 할인이 되는 카드를 만드는 게 어때? 교통비를 아끼는 데 도움이 될 거야.

가: 좋은 생각이다! 그리고 고향에서 송금을 받을 때 수수료를 깎아 주는 계좌도 하나 만들어야겠어.

나: 나도 너랑 같이 은행에 가서 카드를 바꿔 볼까? 나는 편의점하고 디저트 가게에 자주 가니까 그런 곳에서 할인을 받을 수 있는 카드를 만들어 볼래.

가: 그럼 지금 은행에 가자.

2 Your foreign friend wants to visit your hometown and make a bankbook and card. Explain to your friend what they need to prepare.

외국인 친구가 여러분의 고향에 가서 통장과 카드를 만들고 싶어 합니다. 무엇을 준비해야 하는지 알아보고 친구에게 설명하십시오.

문화

공과금 자동 납부기

은행에 가면 현금 자동 인출기 옆에 공과금 자동 납부기가 놓여 있는 것을 볼 수 있습니다. 이전에는 집 관리비나 가스 요금, 수도 요금, 전화 요금을 낼 때 창구에서 번호표를 뽑고 오래 기다려야 했습니다. 하지만 이제는 공과금 자동 납부기가 있어서 은행 통장이나 카드가 있으면 줄을 서지 않고 바로 납부할 수 있습니다. 최근에는 신용 카드나 인터넷 뱅킹으로도 더 간편하게 낼 수 있게 되었습니다.

1. 공과금 자동 납부기에서 무엇을 할 수 있습니까?

2. 여러분 나라에서는 공과금을 어떻게 냅니까?

8과 / 전화

01 전화해서 어디쯤 왔냐고 물어봐

Learning Objective

To use cell phones

Grammar

간접인용(-는다고 하다, 이라고 하다, -냐고 하다, -으라고 하다)

Vocabulary

Mobile Phones

MP3_15

- 제임스와 다니엘은 지금 무엇을 하고 있습니까?
- 사람들이 약속 시간을 지키지 못하게 됐을 때 보통 어떻게 합니까?

다니엘: 리사같이 약속 시간을 잘 지키는 애가 왜 아직도 안 오지?

제임스: 내가 아까 문자 메시지를 보냈는데 답장이 없네. 네가 전화해서 어디쯤 왔냐고 물어봐.

다니엘: 잠시만.

… 잠시 후 …

제임스: 뭐라고 해?

다니엘: 오다가 길이 미끄러워서 넘어졌다고 하네. 하마터면 심하게 다칠 수도 있었는데 옆 사람이 잡아 줘서 괜찮다고 해.

제임스: 아이고, 다행이네. 그래도 오늘 모임에는 오지 말고 집에 가서 쉬라고 하는 게 좋겠다.

같이 like　지키다 to keep　아까 a (short) while ago　문자 메시지 text message　답장 reply
잠시 for a moment　미끄럽다 to be slippery　넘어지다 to fall down　하마터면 almost　심하다 to be severe
다행이다 thank goodness/what a relief

휴대 전화 관련 어휘

전원을 켜다	알람을 맞추다	와이파이
전원을 끄다	앱/어플을 깔다	데이터
무음	사진을 올리다	
진동	다운로드하다	

어휘 연습

Fill in the blanks as shown in the example.

보기 와 같이 빈칸을 채우십시오.

> **보기**
> 저는 휴대 전화로 음악도 듣고 동영상도 보기 때문에 (데이터를)을/를 많이 써요.

1) 어젯밤에 (   )고 잤는데 아침에 소리를 못 들어서 늦잠을 잤어요.

2) 극장에서 영화를 볼 때는 휴대 전화의 (   )거나 무음으로 해야 합니다.

3) 내일 백화점에 가기 전에 인터넷에서 할인 쿠폰을 (   )어서/아서/여서 가지고 가자.

4) 한국은 지하철과 카페에서 무료로 (   )을/를 이용할 수 있어서 외국에서 여행을 온 사람들이 편하게 다닐 수 있어요.

전원 power　켜다 to turn on　끄다 to turn off　무음 mute　진동 vibration　알람 alarm　맞추다 to set
앱/어플 app/application　깔다 to install　올리다 to upload　다운로드하다 to download

-는다고/ㄴ다고/다고 하다

P56

1 Look at the picture and complete the sentence as shown in the example.

그림을 보고 보기 와 같이 문장을 완성하십시오.

보기

아들이 아버지께 여행이 아주 재미있다고 했어요.

1)

태민이가 ______________________

2)

선희가 ______________________

3)

전화를 받은 사람이 ______________________

4)

리사가 ______________________

02 -냐고 하다, -으라고/라고 하다

P57

2 Look at the picture and complete the sentence as shown in the example.

그림을 보고 보기 와 같이 문장을 완성하십시오.

보기

다니엘이 친구에게 지금 뭐 하냐고 했어요.

1) 

모르는 사람이 전화해서 ______________________

2) 

할아버지께서 ______________________

3) 

제임스가 ______________________

4) 

의사 선생님께서 ______________________

1~3 Read the following and answer the questions.

다음을 읽고 질문에 답하십시오.

저와 지민이는 단짝 친구입니다. 지민이는 아침에 일어나면 저부터 찾습니다. 저는 매일 아침 지민이가 좋아하는 노래를 불러서 지민이를 깨웁니다.

지민이는 언제 어디서나 항상 저와 함께 있고 싶어 합니다. 제가 옆에 없으면 불안해합니다. 우리는 언제나 손을 잡고 다닙니다. 그리고 지민이는 저와 함께 음악을 듣고 동영상을 보는 것을 좋아합니다. 우리는 같이 게임도 자주 합니다.

그런데 지민이가 자꾸 저한테 똑같은 것을 물어봐서 좀 귀찮을 때도 있습니다. 시험 날짜가 언제냐고 묻고, 윤아와의 약속 장소에 어떻게 가냐고 묻고, 카페에서 나오는 노래가 뭐냐고 묻습니다. 제가 친절하게 다 가르쳐 주니까 지민이는 그런 것들을 외우려고 하지 않는 것 같습니다.

하지만 이렇게 생각하기를 싫어하는 지민이가 제 생각은 정말 많이 해 줍니다. 지난주에는 저한테 멋있는 새 옷을 사 주었습니다. 그래서 저도 다음 달 지민이 생일에 축하 메시지도 보내고 커피도 사 주려고 준비하고 있습니다.

여러분, 저와 지민이가 부럽죠?

1 **Who am "I"?**

'저'는 무엇일까요?

2 **Why am "I" best friends with Jimin?**

'저'와 지민이를 왜 단짝 친구라고 합니까?

단짝 best friend　깨우다 to wake (up)　불안하다 to be anxious　손을 잡다 to hold hands
똑같다 to be the same　외우다 to memorize　멋있다 to be stylish/cool　부럽다 to be jealous of

3 Mark “O” if it applies to the reading, and “X” if it does not.

읽은 내용과 같으면 O, 다르면 X 표시하십시오.

1) ‘저’는 지민이와 같은 집에서 지냅니다. (　　　)
2) ‘저’는 지민이가 옆에 없으면 불안합니다. (　　　)
3) 지민이는 모르는 것을 ‘저’에게 자주 물어봅니다. (　　　)

4 Do you also have something you always carry with you? Write an introduction about that item.

여러분도 항상 가지고 다니는 물건이 있습니까? 그 물건을 소개하는 글을 쓰십시오.

1~3 Listen to the following and answer the questions.
다음을 듣고 질문에 답하십시오.

1 1) **Where is Youngsoo?**
영수는 지금 어디에 있습니까?

2) **When are his friends planning to depart?**
친구들이 언제 출발한다고 합니까?

2 1) **Where is Jenny?**
제니는 지금 어디에 있습니까?

2) **What is Mincheol doing right now?**
민철이는 지금 무엇을 하고 있습니까?

3 1) **Who is calling whom?**
누구와 누가 전화를 합니까?

2) **What did the father say?**
아버지께서 뭐라고 하셨습니까?

4 **Who do you often talk to on the phone? What do you talk about?**
여러분은 누구와 자주 전화 통화를 합니까? 무슨 이야기를 합니까?

유행 trend/spread 전하다 to tell

1 **In Korea, there are traffic lights installed on the ground to allow people to safely cross the street while looking at their mobile phones. Discuss an interesting culture related to mobile phone usage as shown in the example.**

한국에는 길을 걸으면서 휴대 전화를 보는 사람이 안전하게 횡단보도를 건널 수 있도록 만든 바닥 신호등이 있습니다. 휴대 전화 사용과 관련된 재미있는 문화를 보기 와 같이 이야기하십시오.

보기

가: 한국에서는 횡단보도 바닥에도 신호등이 있는 걸 자주 보는데 아직도 신기해요.

나: 사람들이 휴대 전화를 보면서 횡단보도를 건너는 게 위험해서 만든 거라고 해요.

가: 좋은 생각이네요. 한국 사람들은 하루 종일 휴대 전화를 보는 것 같아요.

나: 맞아요. 그리고 휴대 전화로 사진 찍는 것도 좋아해요. 식당이나 커피숍에서도 사진 찍는 사람들이 많아요.

가: 그런데 왜 한국 사람들이 사진을 찍을 때마다 '찰칵' 소리가 날까요?

나: 한국에서는 나도 모르게 다른 사람이 나를 찍지 않게 하려고 휴대 전화를 그렇게 만든다고 들었어요.

가: 그래요? 재미있네요.

2 **How much time do you spend on your phone in a day? Talk about what you do on your phone.**

여러분은 하루 동안 휴대 전화를 얼마나 오래 사용합니까? 휴대 전화로 무엇을 하는지 이야기하십시오.

02 야구 시합을 보러 가자고 하는데 같이 갈래?

Learning Objective

To set up an appointment using phones

Grammar

간접인용(-자고 하다, -어 달라고 하다)

Vocabulary

Phone Call

MP3_16

- 수영이는 왜 전화를 한 것 같습니까?
- 전화를 받으면 처음에 무슨 말을 합니까?

리사: 여보세요? 수영아, 웬일이야?

수영: 엠마가 이번 주 수요일 저녁에 잠실 경기장에서 열리는 야구 시합을 보러 가자고 하는데 같이 갈래?

리사: 정말? 나도 그 경기를 보고 싶어서 티켓을 알아봤는데 매진돼서 살 수가 없었어.

수영: 엠마가 연세 자동차에서 일하는 친척한테 미리 표를 구해 달라고 부탁했어.

리사: 우와, 대단하다! 나는 연세 팬이어서 유니폼도 있어. 연세 선수가 친 홈런 볼을 받는 게 소원이야.

수영: 잘됐네. 그럼 수요일에 잠실에서 봐. 그날 경기장 근처가 많이 붐빌 것 같으니까 도착해서 연락하기로 하자.

시합 game/match　자동차 car　구하다 to seek/get　대단하다 to be great　유니폼 uniform
선수 player　소원 wish　경기장 stadium　붐비다 to be crowded

휴대 전화 관련 어휘

전화를 걸다 통화하다 전화를 끊다	문자 메시지를 보내다 음성 메시지를 남기다 영상 통화를 하다	국제 전화 시외 전화 국가 번호 지역 번호	우물 정자 별표

어휘 연습

Fill in the blanks as shown in the example.

보기 와 같이 빈칸을 채우십시오.

저는 부모님과 연락할 때 간단한 내용은 **보기** (문자 메시지로)~~으로/로~~ 보내고 일주일에 한 번쯤은 얼굴을 보면서 1) (　　　　　)을/를 합니다. 그리고 외국에 있는 학교나 회사로 2) (　　　　　)을/를 할 일이 있으면 싸게 통화할 수 있는 앱을 이용합니다. 어떻게 이용하냐고요? 먼저 앱에 가입하고 돈을 충전하세요. 그리고 전화를 걸고 싶은 나라의 3) (　　　　　)와/과 상대방의 전화번호를 누른 후에 우물 정자나 4) (　　　　　) 버튼을 누르면 됩니다.

전화를 걸다 to make a call　통화하다 to talk over the phone　전화를 끊다 to hang up
음성 메시지 voicemail　영상 통화 video call　국제 전화 international call　시외 전화 long-distance call
국가 번호 country code　지역 번호 area code　우물 정자 "#"　별표 "*"

① -자고 하다

P59

1 Look at the picture and complete the sentence as shown in the example.

그림을 보고 보기 와 같이 문장을 완성하십시오.

보기

제임스가 잠깐 쉬자고 합니다.

1)

선생님이 ____________________

2)

제인이 ____________________

3)

선희가 ____________________

4)

제인이 ____________________

-어/아/여 달라고(주라고) 하다 P59

2 **Look at the picture and complete the sentence as shown in the example.**

그림을 보고 보기 와 같이 문장을 완성하십시오.

보기

손님이 물을 달라고 합니다.

1)

아주머니가 ______________________

2)

손님이 ______________________

3)

어떤 학생이 ______________________

4)

선희가 ______________________

과제 1 읽어 봅시다

1~3 **Read the following and answer the questions.**
다음을 읽고 질문에 답하십시오.

저는 한국에 온 지 한 달쯤 됐습니다. 유학 생활이 재미있기는 하지만 가끔 외로울 때가 있습니다.

저는 외로울 때마다 휴대 전화로 부모님과 영상 통화를 합니다. 소리도 깨끗하게 들리고 부모님 얼굴도 잘 보여서 부모님께서 바로 제 옆에 계시는 것 같습니다. 한국 생활이 힘들거나 부모님이 보고 싶을 때 영상 통화를 하면 기분이 좋아집니다. 부모님은 저의 한국 생활에 대해서 궁금해하십니다. 항상 저에게 어떻게 지내냐고 하시고 필요한 것은 없냐고 물어보십니다. 그리고 자주 연락해 달라고 하십니다.

얼마 전에 저는 몸이 많이 아팠습니다. 어머니께서 제 모습을 보고 걱정하실 것 같아서 화장하고 통화를 했는데 어머니 얼굴을 보니까 갑자기 눈물이 났습니다. 어머니가 저를 보고 왜 우냐고 하셔서 저는 너무 보고 싶어서 운다고 했습니다. 울고 있는 저를 보고 어머니도 같이 우셨습니다. 저는 그때 이번 방학에 고향에 갈 거라고 말씀드렸습니다. 어머니는 제가 고향에 가면 맛있는 음식을 많이 만들어 먹자고 하셨습니다. 빨리 방학이 돼서 부모님을 만났으면 좋겠습니다.

1 **What does this person think are the benefits of video calling?**
이 사람이 생각하는 영상 통화의 좋은 점은 무엇입니까?

외롭다 to be lonely　들리다 to hear　보이다 to see　모습 figure/image　화장하다 to put on makeup
눈물 tears　울다 to cry

2 Why did this person put on makeup before having a video call with their parents?

이 사람은 왜 얼마 전에 화장을 하고 부모님과 영상 통화를 했습니까?

---

3 Mark “O” if it applies to the reading, and “X” if it does not.

읽은 내용과 같으면 O, 다르면 X 표시하십시오.

1) 이 사람은 이번 방학을 기다립니다. (　　)
2) 이 사람은 부모님과 통화할 때마다 웁니다. (　　)
3) 이 사람은 유학 생활이 재미없어서 외로워합니다. (　　)

4 Which is more convenient for you, sending text messages or having video calls? Discuss the advantages and disadvantages of text messaging and video calls.

여러분은 문자 메시지를 보내는 것과 영상 통화를 하는 것 중 무엇이 더 편합니까? 문자 메시지와 영상 통화의 좋은 점과 안 좋은 점에 대해서 이야기하십시오.

들어 봅시다

1~3 **Listen to the following and answer the questions.**
다음을 듣고 질문에 답하십시오.

1 1) **Who left the voicemail?**
누가 음성 메시지를 남겼습니니까?

2) **What did they ask for?**
무엇을 해 달라고 했습니까?

2 1) **What is happening on Saturday?**
토요일에 무슨 일이 있다고 합니까?

2) **What will Yoona do?**
윤아가 무엇을 하겠습니까?

3 1) **What did the mother do?**
어머니께서 무엇을 하셨습니까?

2) **What should Minsu do?**
민수는 무엇을 해야 합니까?

4 **Leave a voicemail for your friend.**
친구에게 음성 메시지를 남기십시오.

1 Here are some interesting phone numbers you can find in South Korea. Why do you think these numbers are used? Discuss with your friend as shown in the example.

다음은 한국에서 볼 수 있는 재미있는 전화번호입니다. 왜 이런 번호를 사용할까요? 보기 와 같이 친구와 이야기하십시오.

한국 철도 1544-7788
연세 마트 1234-4949
행복 이사 1234-2424
맛나 치킨 1234-9292
빨리 택배 1234-8282
서울 부동산 1234-4989

보기

가: 어제 기차표 시간을 알아보려고 한국 철도에 전화를 했는데 전화번호 뒤 지리기 재미있었어. 왜 7788일까?

나: 아마 한국어에서 기차가 가는 소리를 '칙칙폭폭'이라고 표현하기 때문에 발음이 비슷한 숫자를 써서 그런 것 같아.

가: 아! 그러고 보니 우리 동네에 있는 마트는 전화번호 뒤 자리가 '4949'인데 '사고 사고'를 숫자로 나타낸 걸까?

나: 그럴 수도 있겠다! 또 재미있는 전화번호가 있는지 알아보자.

2 Introduce any interesting phone numbers in your hometown that hold special meaning.

여러분 고향에도 특별한 의미가 담긴 재미있는 전화번호가 있으면 소개하십시오.

문화

문자 메시지 언어

요즘은 전화 통화보다 문자 메시지를 이용하는 사람이 많습니다. 그리고 문자 메시지의 내용을 재미있고 간단하게 표현하려고 줄임말을 사용하기도 합니다. ‘ㅇㅇ’, ‘ㄴㄴ’처럼 초성만 사용하는 것도 있고 ‘아아’, ‘따아’처럼 단어의 앞글자만 사용하는 줄임말도 있습니다. 또한 감정과 기분을 나타낼 때도 ‘ㅋ ㅋ’나 ‘ㅠㅠ’와 같이 표현하기도 합니다. 이렇게 표현하면 그냥 “재미있다”라고 하거나 “마음이 아프다”라고 이야기하는 것보다 더 생생한 느낌을 줍니다.

ㅇㅇ 응응
ㄴㄴ 노노 (아니 아니)
아아 아이스 아메리카노
따아 따뜻한 아메리카노
ㅋㅋ 크크(웃음 소리)
ㅠㅠ 눈물 흘리는 모습

1. 한국에서는 문자 메시지를 보낼 때 어떤 줄임말을 사용합니까?

2. 여러분 나라에서도 문자 메시지를 보낼 때 줄임말을 많이 사용합니까?

memo 메모

9과 일상생활

01 날마다 손질하기가 귀찮거든요

Learning Objective
To use hair salons or barbershops

Grammar
-거든요, -었었-

Vocabulary
Beauty Parlors and Barbershops

MP3_17

- 리사는 머리를 어떻게 바꿀 것 같습니까?
- 한국에서 미용실에 가 본 적이 있습니까?

미용사: 머리를 어떻게 해 드릴까요? 원하시는 스타일을 말씀해 주세요.

리 사: 끝만 살짝 다듬어 주세요. 날마다 손질하기가 귀찮거든요.

미용사: 제가 보기에는 검정색보다 밝은색 머리가 더 잘 어울리실 것 같은데 염색해 보신 적이 있으세요?

리 사: 대학교 1학년 때 초록색으로 염색했었는데 너무 안 어울려서 그 후로는 전혀 염색을 안 했어요.

미용사: 이번에는 갈색으로 염색해 보세요. 후회하지 않으실 거예요.

리 사: 그럴까요? 그럼 선생님 의견대로 한번 해 볼게요.

살짝 slightly 다듬다 to trim/refine 손질하다 to trim 염색하다 to dye 어울리다 to suit
전혀 completely/not at all 갈색 brown 후회하다 to regret 의견 opinion/suggestion
대로 like.../to follow

미용실, 이발소 관련 어휘

미용실 이발소	빗 드라이어 면도기	앞머리 옆머리 뒷머리	다듬다 염색하다 파마하다 펴다 말리다

어휘 연습

Fill in the blanks as shown in the example.

보기 와 같이 빈칸을 채우십시오.

오늘 친구와 머리를 하러 **보기** (미용실)에 갔다. 친구는 긴 머리를 단발로 짧게 자르고 노란색으로 1) (   )었다/았다/였다. 아주 멋있고 시원해 보였다. 나는 몇 년 동안 계속 파마머리였는데 이번에 스타일을 완전히 바꾸려고 머리를 다시 2) (   )고 어려 보이고 싶어서 3) (   )도 잘라 봤다. 마지막에 미용사 선생님이 드라이어로 머리를 예쁘게 4) (   )어/아/여 주셨는데 머리 모양이 너무 마음에 들어서 집에 그냥 가기가 아까울 정도였다. 그래서 친구와 사진을 찍고 집에 돌아왔다.

미용실 beauty parlor 이발소 barbershop 빗 comb 드라이어 dryer 면도기 razor 앞머리 bangs 옆머리 side of the head 뒷머리 back of the head 파마하다 to perm 펴다 to straighten 말리다 to dry

-거든요

P61

1 Complete the story as shown in the example.

보기 와 같이 이야기를 완성하십시오.

빨간 모자는 빵과 포도주를 들고 할머니 댁에 가고 있었어요. 엄마 보기 심부름이었거든요.(심부름이다) 늑대는 빨간 모자를 보고 어디에 가냐고 물었어요. 1) __________.(궁금하다) 늑대는 먼저 빨간 모자 할머니 댁에 가서 할머니를 잡아먹었어요. 배가 2) __________.(고프다) 그리고 누워서 빨간 모자를 기다렸어요. 빨간 모자도 잡아먹고 3) __________.(싶다) 빨간 모자를 잡아먹은 늑대는 졸려서 잠이 들었어요. 배가 4) __________.(부르다)

-었었/았었/였었- P61

2 Fill in the chart and complete the dialogue as shown in the example.

보기 와 같이 표를 채우고 대화를 완성하십시오.

질문	대답
보기 옛날에 자주 했지만 지금은 하지 않는 운동이 있습니까?	테니스
1) 어렸을 때는 안 먹었는데 지금은 잘 먹는 음식	
2) 전에는 자주 만났는데 요즘은 만나지 않는 친구	
3) 한국에 오기 전에는 했지만 지금은 하지 않는 것	
4) 지금의 고향이 10년 전과 달라진 점	

보기

가: 옛날에 자주 했지만 지금은 하지 않는 운동이 있어요?

나: 네, 옛날에는 테니스를 자주 쳤었는데 요즘은 잘 안 쳐요.

1) 가: 어렸을 때는 안 먹었는데 지금은 잘 먹는 음식이 있어요?

나: ____________________

2) 가: 전에는 자주 만났는데 요즘은 자주 만나지 않는 친구가 있어요?

나: ____________________

3) 가: 한국에 오기 전에는 했지만 지금은 하지 않는 것이 있어요?

나: ____________________

4) 가: 지금의 고향이 10년 전과 어떻게 달라졌어요?

나: ____________________

1~3 Read the following and answer the questions.
다음을 읽고 질문에 답하십시오.

집에서 하는 나만의 스타일링!

파마머리도 염색 머리도,
건강하게 말려 드립니다.

미용실에 가지 않아도,
뒷머리까지 깔끔하게 1) (   )어/아/여 드립니다.

부드럽고 깨끗하게 2) (   )고,
피부는 건강하게 지키세요!
바쁜 아침에 빠르게 충전해서 사용하고,
손쉽게 씻어서 관리하세요!

1 What is the object in the first advertisement?
첫 번째 광고 속의 물건은 무엇입니까?

___

깔끔하다 to be neat/clean 부드럽다 to be smooth/soft 피부 skin 손쉽다 to be easy
관리하다 to manage/handle/take care of

2 From the following, choose the correct words to put into 1) and 2).

다음 중에서 1)과 2)에 들어갈 단어를 골라 알맞게 쓰십시오.

손질하다　　면도하다

1) ______________________　　2) ______________________

3 Mark "O" if it applies to the reading, and "X" if it does not.

읽은 내용과 같으면 O, 다르면 X 표시하십시오.

1) 첫 번째 광고 속의 물건은 미용실에서만 사용할 수 있다. (　　)
2) 두 번째 광고 속의 물건은 씻기 편하다. (　　)
3) 두 번째 광고 속의 물건은 충전을 하지 않아도 사용할 수 있다. (　　)

4 What beauty products do you use when you go out?

여러분은 외출할 때 어떤 미용 제품을 사용합니까?

1~3 Listen to the following and answer the questions.

다음을 듣고 질문에 답하십시오.

1 **What are the two people talking about?**

두 사람은 무엇에 대해서 이야기하고 있습니까?

(　　　　　)에 좋은 (　　　　　) 방법

2 **According to Suzy, when and how many times a day should you wash your face?**

수지는 하루에 몇 번, 언제 얼굴을 씻는 것이 좋다고 했습니까?

____

3 **Mark "O" if it applies to what you heard, and "X" if it does not.**

들은 내용과 같으면 O, 다르면 X 표시하십시오.

1) 얼굴을 오래 씻는 것이 좋다. (　　　)

2) 아침에 얼굴을 씻을 때는 비누를 안 써도 된다. (　　　)

3) 뜨거운 물로 얼굴을 씻어야 얼굴이 깨끗해진다. (　　　)

4 **Talk about skincare methods you know.**

여러분이 알고 있는 피부 관리 방법을 이야기하십시오.

거품을 내다 to make bubbles

1 Look for popular beauty products that people use in Korea and discuss them as shown in the example.

한국에서 사람들이 많이 사용하는 미용 제품을 찾아보고 보기 와 같이 이야기하십시오.

보기

가: 이게 뭐예요?
나: 얼굴 마사지를 해 주는 기계인데 한국 사람들이 많이 사용한다고 해요.
가: 이런 게 집에 있으면 따로 피부 관리를 받으러 다니지 않아도 되겠네요.
나: 맞아요. 전에는 사람들이 마스크 팩이나 화장품만으로 피부 관리를 했었는데 요즘에는 집에서 손쉽게 피부 관리를 할 수 있는 제품들이 많이 나와요.
가: 가격이 비싸지 않으면 하나 사서 써 보고 싶은데요. 저도 피부를 아주 중요하게 생각하거든요.

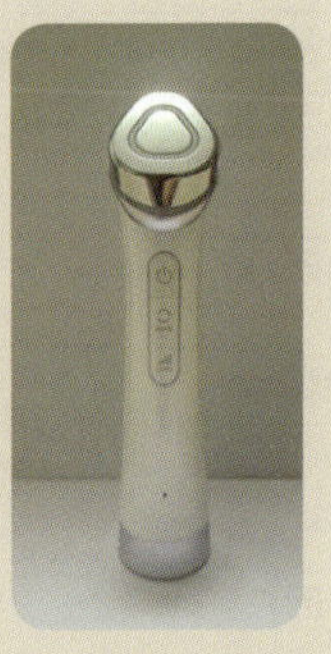

2 Introduce some beauty-related products that are popular these days.

요즘 인기가 있는 미용 관련 제품을 소개하십시오.

9과 일상생활

02 휴대 전화가 자꾸 꺼져서 수리를 받고 싶어요

Learning Objective

To be able to resolve a problem with an object being used

Grammar

피동, -어야지요

Vocabulary

Repairs

MP3_18

- 여기는 어디입니까?
- 물건이 고장 나면 어떻게 합니까?

직원: 어서 오십시오. 고객님. 무엇을 도와 드릴까요?

리사: 휴대 전화가 자꾸 꺼져서 수리를 받고 싶어요.

직원: 제가 좀 살펴보겠습니다. 구입한 지 얼마나 되셨어요?

리사: 일 년 조금 넘었습니다.

직원: 이런 경우는 어댑터 연결 문제일 수도 있고 배터리 문제일 수도 있어요.

리사: 정품이 아닌 어댑터를 사용했는데 그것 때문일까요?

직원: 그럴 수도 있습니다. 어댑터는 정품으로 사용하셔야지요.

고객 customer　수리 repair　살펴보다 to examine　구입하다 to purchase　넘다 to exceed
경우 case　연결 connection　문제 problem　정품 authentic/certified one

수리, 수선 관련 어휘

고장 나다/이상이 생기다

사용 설명서

수리를 맡기다
수선을 맡기다
옷을 줄이다

수리하다
수선하다
굽을 갈다

수리를 받다

어휘 연습

Fill in the blanks as shown in the example.

보기 와 같이 빈칸을 채우십시오.

보기 자동차에 대해서 잘 알면 차가 (고장 났을)~~었을/았을/였~~을 때 직접 고칠 수도 있다.

1) 오래된 집을 깨끗하게 (   )으니까/니까 새집 같아요.

2) 살이 빠져서 입던 바지가 커졌으니까 (   )어서/아서/여서 입어야겠다.

3) 전자 제품에 (   )으면/면 수리를 맡기기 전에 먼저 (   )을/를 읽어 보세요.

4) 이 구두는 아버지께서 선물로 사 주신 거라서 (   )어서/아서/여서 오래 신고 싶어요.

고장 나다 to break 이상 defect/abnormality 생기다 to form/happen 사용 설명서 instructions
수선 to mend/repair 맡기다 to entrust/leave something with 줄이다 to reduce 굽 heel
갈다 to change/replace

1 피동 P63

1 Rewrite the sentence as shown in the example.

보기 와 같이 문장을 바꿔 쓰십시오.

> **보기**
> 창문을 열었어요.
> → 창문이 열려~~어/아/여~~ 있어요.

1) 칠판에 이름을 썼어요.

→ ______________________ 어/아/여 있어요.

2) 꽃병에 꽃을 꽂았어요.

→ ______________________ 어/아/여 있어요.

3) 엄마가 아기를 안았어요.

→ ______________________

4) 그릇을 깼어요.

→ ______________________

-어야지요/아야지요/여야지요

P63

2 Complete the dialogue as shown in the example.

보기 와 같이 대화를 완성하십시오.

> **보기**
> 가: 숙제를 아직 다 못 했는데 피곤해서 자고 싶어요.
> 나: 피곤해도 숙제를 끝내고 자야지요~~어야지요/아야지요/여야지요~~.

1) 가: 오늘 과학 시험이 있는 걸 깜빡 잊어버렸어요.

나: 그런 중요한 일은 ______________ 어야지요/아야지요/여야지요.

2) 가: 부모님과 통화한 지 열흘이 넘었어요.

나: 부모님께 자주 ______________ 어야지요/아야지요/여야지요.

3) 가: 월급을 받은 지 일주일밖에 안 됐는데 벌써 다 썼어요.

나: ______________________________

4) 가: 다음 주 제 생일에 가고 싶은 식당이 있었는데 예약이 다 찼다고 해요.

나: ______________________________

1~3 **Read the following and answer the questions.**
다음을 읽고 질문에 답하십시오.

안 쓰는 휴대 전화기를 모아서 환경 오염을 줄입시다!

이동 통신 회사들은 다음 달 1일부터 중고 휴대 전화기를 모으는 캠페인을 시작한다. 전국의 휴대 전화 매장과 대형 마트에 중고 휴대 전화기를 가져가면 데이터 10기가 무료 이용권을 받을 수 있고 추첨을 통해서 자동차와 컴퓨터를 선물로 받을 기회도 생긴다. 그동안 이동 통신 회사들은 새 전화기를 구입할 때 쓰던 전화기를 가져가면 할인을 해 주었으나 할인 금액이 크지 않아 중고 전화기가 많이 모이지 않았다. 또한 해마다 새로운 전화기가 나와 사람들이 전화기를 자주 바꾸게 되면서 많은 휴대 전화가 버려지고 있다. 이에 따라 이동 통신 회사들이 집에서 잠자는 휴대 전화기를 모아 재활용도 하고 환경 오염도 줄이기 위해서 이러한 캠페인을 하게 되었다고 한다.

1 **What do mobile telecommunication companies give to people who bring in used cell phones?**
이동 통신 회사에서 중고 휴대 전화기를 가져오는 사람에게 무엇을 줍니까?

1) ____________________ 2) ____________________

2 **What is the purpose of this campaign?** 이 캠페인을 하는 목적은 무엇입니까?

1) ____________________ 2) ____________________

3 **Mark "O" if it applies to the reading, and "X" if it does not.**
읽은 내용과 같으면 O, 다르면 X 표시하십시오.

1) 큰 마트에 가서 새 전화기를 사면 할인을 받을 수 있다. ( )
2) 휴대 전화가 자꾸 고장 나서 사람들이 전화기를 새로 산다. ( )
3) 휴대 전화를 파는 곳에서 중고 휴대 전화기를 모을 것이다. ( )

4 **Do people change cell phones often in your hometown? Why?**
여러분 고향에서는 사람들이 휴대 전화를 자주 바꿉니까? 그 이유는 무엇입니까?

환경 오염 environmental pollution 이동 통신 mobile (tele)communication 중고 used/secondhand
캠페인 campaign 대형 large 기가 Giga 무료 free 이용권 voucher 추첨 lucky draw/lottery
기회 chance 재활용 recycling

1~3 **Listen to the following and answer the questions.**
다음을 듣고 질문에 답하십시오.

1 **What can you put in a microwave? ( )**
전자레인지 안에 넣고 돌릴 수 있는 것은 무엇입니까?

① 장갑 ② 전용 그릇
③ 금속 그릇 ④ 뚜껑이 있는 병

2 **Mark "O" if it applies to what you heard, and "X" if it does not.**
들은 내용과 같으면 O, 다르면 X 표시하십시오.

1) 전자레인지에서 음식을 꺼낼 때 조심해야 한다. ( )
2) 세탁기 안에 머리카락이 들어가는 것은 좋지 않다. ( )
3) 세탁기에 세제를 많이 넣으면 깨끗하게 빨래할 수 있다. ( )

3 **Write down two common things to keep in mind when using both products.**
두 제품을 사용할 때 공통적으로 지켜야 하는 것을 두 가지 쓰십시오.

1) ______________ 2) ______________

4 **Find out and discuss how to use electronic devices properly so that they don't break down.**
여러분이 사용하고 있는 전자 제품을 고장 나지 않게 잘 사용하는 방법을 알아보고 이야기하십시오.

전자레인지 microwave 돌리다 to run (a machine) 불 fire 금속 metal 뚜껑 lid
전용 exclusive use 꺼내다 to take out 데다 to burn oneself

해 봅시다

1 Are any of the electronic products you use made by Korean companies? As shown in the example, talk about how you can go to the service center of a Korean electronics company and resolve any issues with the product.

여러분이 사용하는 전자 제품 중에 한국 회사에서 만든 것이 있습니까? 한국 전자 회사의 서비스 센터에 들어가 보고 제품에 이상이 있을 때 어떻게 해결할 수 있는지 보기 와 같이 이야기하십시오.

보기

가: 내가 지금 쓰고 있는 연세 태블릿이 중간에 자꾸 멈추는데 어떻게 해야 해? 서비스 센터에 가서 수리를 받아야 할까?

나: 먼저 연세 서비스 센터 사이트에 들어가 보는 게 어때? 거기에서 사용 설명서나 자주 하는 질문에 대한 답을 찾아보면 수리를 맡기지 않고 쉽게 해결할 수 있는 경우도 있어.

가: 안 그래도 사용 설명서를 찾고 있었는데 사이트에서 다운로드하면 편하겠다.

나: 그리고 간단한 문제는 직접 고칠 수 있는 방법도 알려 주니까 한번 이용해 봐.

가: 응, 알겠어. 그런데 해결이 안 돼서 수리를 받으러 가면 오래 기다려야 할까?

나: 사이트에서 미리 예약을 하고 갈 수 있으니까 걱정하지 마.

2 When electronics break down in your hometown, how do you usually fix the problem?

여러분 고향에서는 전자 제품이 고장 나면 보통 어떻게 문제를 해결합니까?

문화

생활 지수

생활 지수란 날씨가 우리 생활에 미치는 영향의 정도를 숫자로 표현한 것입니다. 일기 예보와 함께 생활 지수를 보면 우리 생활이 더 편리해집니다. 생활 지수에는 불쾌지수, 자외선 지수, 식중독 지수, 세차 지수 등이 있습니다. 예를 들어 불쾌지수는 기온과 습도에 따라서 사람의 기분이 좋고 나쁨을 말해 주는 것으로 기온이 높은 여름에 습도까지 높으면 불쾌지수가 높아지고 불쾌지수가 높은 경우 짜증이 많이 나게 됩니다.

1. 생활 지수는 무엇을 표현한 것입니까?

2. 여러분 나라에도 이런 지수가 있습니까?

10과 실수와 사과

01 너와 같은 마음일 수도 있잖아

Learning Objective

To share experiences about making mistakes

Grammar

-잖아요, -는 편이다

Vocabulary

Mistakes

MP3_19

- 리사는 무엇을 걱정하는 것 같습니까?
- 여러분은 실수를 한 적이 있습니까? 어떤 실수를 했습니까?

제임스: 안색이 안 좋은데 무슨 일 있어?

리 사: 어떡해. 내가 좀 전에 큰 실수를 했어. 친구에게 보내는 메시지에 피터를 좋아한다고 썼는데 그걸 피터에게 보냈어.

제임스: 그게 정말이야? 나는 네가 피터를 좋아할 거라고는 상상도 못 했어.

리 사: 전에 반 친구들하고 같이 노래방에 갔을 때 노래하는 모습이 멋있어서 반했어. 그리고 시간이 흐르면서 점점 더 좋아졌어.

제임스: 먼저 사귀자고 해 봐. 피터도 너와 같은 마음일 수도 있잖아. 두 사람이 사귀면 아주 잘 어울릴 것 같아.

리 사: 나는 소심한 편이어서 직접 고백하지는 못할 것 같아.

안색 complexion　어떡하다 what is one supposed to do　실수 mistake　상상 imagination
반하다 to fall in love　시간이 흐르다 time passes　점점 gradually/more and more
소심하다 to be shy/timid　고백하다 to confess

실수 관련 어휘

실수하다	잘못하다
잃어버리다	잊어버리다
착각하다	오해하다

어휘 연습

Fill in the blanks as shown in the example.

보기 와 같이 빈칸을 채우십시오.

나는 요즘 보기 잘못하는 일이 많다. 어제는 신촌 역 앞에서 걸어가는 사람을 친구로 1) ______________ 고 뛰어가서 인사를 했는데 모르는 사람이었다. 다음부터는 2) ______________ 지 않게 조심해야겠다.

오늘은 엠마가 약속 시간이 30분이나 지났는데 오지 않고 전화도 받지 않았다. 엠마가 약속을 3) ______________ 었다고/았다고/였다고 생각한 나는 잠시 후에 엠마가 약속 장소에 도착했을 때 화를 냈다. 그런데 오는 길에 가방을 4) ______________ 어서/아서/여서 경찰서에 다녀왔다고 하는 엠마의 말을 듣고 5) ______________ 은/ㄴ 것이 미안해졌다.

실수하다 to make a mistake　잘못하다 to make an error/do wrong　잃어버리다 to lose
착각하다 to delude oneself/mistake　오해하다 to misunderstand

-잖아요

P65

1 Fill in the chart and complete the dialogue as shown in the example.

보기 와 같이 표를 채우고 대화를 완성하십시오.

결과	상대가 알고 있다고 생각되는 이유
보기 인기가 많다.	춤을 잘 춘다.
1) 날마다 바쁘다.	아르바이트를 세 개 한다.
2) 두 사람이 친하다.	고향이 같다.
3) 한국말을 잘한다.	
4) 요즘 자주 지각을 한다.	

보기
가: 저 가수는 왜 인기가 많을까?
나: 춤을 잘 추잖아.

1) 가: 영수는 왜 날마다 바빠요?
나: ______________________________잖아요.

2) 가: 두 사람이 아주 친한 것 같아요.
나: ______________________________잖아요.

3) 가: 엠마는 어떻게 저렇게 한국말을 잘할까?
나: ______________________________

4) 가: 리타오는 요즘 아침 수업에 자주 지각을 하네.
나: ______________________________

02 -는/은/ㄴ 편이다

P65

2 Fill in the chart and complete the dialogue as shown in the example.

보기 와 같이 표를 채우고 대화를 완성하십시오.

질문	대답
보기 여행을 자주 가요?	두 달에 한 번
1) 책을 많이 읽어요?	1년에 한두 권
2) 밤을 자주 새우는 편이에요?	일주일에 한 번쯤
3) 기숙사에서 학교까지 멀어요?	
4) 어머니께서 키가 크세요?	

보기

가: 여행을 자주 가요?

나: 네, 두 달에 한 번쯤 가니까~~으니까/니까~~ 자주 가는~~는/은/ㄴ~~ 편이에요.

1) 가: 책을 많이 읽어요?

나: ________________ 으니까/니까 ________________ 는/은/ㄴ 편이에요.

2) 가: 밤을 자주 새우는 편이에요?

나: ________________ 으니까/니까 ________________ 는/은/ㄴ 편이에요.

3) 가: 기숙사에서 학교까지 멀어요?

나: ____

4) 가: 어머니께서 키가 크세요?

나: ____

1~3 Read the following and answer the questions.

다음을 읽고 질문에 답하십시오.

1850년대에 미국의 샌프란시스코에서는 황금이 많이 나왔다. 전국에서 많은 사람이 황금을 찾아서 이곳에 왔고 지낼 곳이 없었던 사람들은 천막에서 살아야 했다. 그때 천막 천을 만들어서 돈을 많이 번 사람이 있었는데 그 사람이 바로 리바이 스트라우스다. 스트라우스는 어느 날 천막 천을 10만 개나 주문받았다. 그런데 한 직원이 주문받은 초록색이 아닌 파란색으로 천을 염색하는 실수를 했다. 스트라우스는 그 천을 팔 수 없어서 큰 어려움에 빠졌다.

그러던 어느 날 그는 광부들이 바지를 꿰매고 있는 것을 보았다. 광부들이 일을 할 때 입던 바지는 천이 약한 편이어서 오래 못 입는 것이 문제였다. 그때 갑자기 그의 머릿속에 잘못 염색해서 남아 있는 파란색 천막 천이 떠올랐다. 스트라우스는 두껍고 튼튼한 천막 천으로 옷을 만들면 광부들이 일할 때 입기 좋을 거라고 생각했다. 그리고 바로 공장으로 달려가서 파란색 천막 천으로 바지를 만들었다. 이 바지는 광부들 사이에서 인기를 얻었고 곧 광부가 아닌 보통 사람들도 입기 시작했다. 특히 영화에 나오는 배우들이 입으면서 더욱 유명해졌고 지금은 누구나 사랑하는 옷인 '청바지'가 되었다.

사람은 누구나 실수를 한다. 그러나 스트라우스처럼 실수를 성공의 기회로 바꾸는 사람은 많지 않다. 실수는 알고 보면 실수가 아닐 수도 있다. 조금만 다르게 생각하면 실수는 더 좋은 기회가 될 수도 있다.

1 **What mistake did Strauss's employee make?**

스트라우스의 직원은 어떤 실수를 했습니까?

황금 gold　천막 tent　천 fabric　파란색 blue　광부 miner　꿰매다 to sew
약하다 to be weak　두껍다 to be thick　튼튼하다 to be sturdy　성공 success

2 Why did miners like jeans?

광부들은 왜 청바지를 좋아했을까요?

다른 옷보다 (　　　　　　)어서/아서/여서 오래 입을 수 있었기 때문이다.

3 Mark "O" if it applies to the reading, and "X" if it does not.

읽은 내용과 같으면 O, 다르면 X 표시하십시오.

1) 실수는 사람의 생각에 따라 좋은 기회가 될 수 있다. (　　)
2) 영화배우가 청바지를 입은 후에 이 옷을 입는 사람이 더 많아졌다. (　　)
3) 스트라우스는 샌프란시스코에서 찾은 황금을 팔아서 큰돈을 벌었다. (　　)

4 Have you also had an experience where you turned a mistake into a positive outcome?

여러분도 실수를 좋은 결과로 바꾼 경험이 있습니까?

들어 봅시다

1~3 Listen to the following and answer the questions.
다음을 듣고 질문에 답하십시오.

1 Why did this person thank the owner of the PC room?
이 사람은 왜 피시(PC)방 사장님께 고맙다고 했습니까?

---

2 What did this person say is good about making (verbal) mistakes?
이 사람은 말실수를 하면 어떤 점이 좋다고 했습니까?

---

3 Mark "O" if it applies to what you heard, and "X" if it does not.
들은 내용과 같으면 O, 다르면 X 표시하십시오.

1) 이 사람은 한국에 있을 때 한두 번 정도 말실수를 했다. ( )
2) 외국어를 잘하고 싶으면 실수를 두려워하지 말아야 한다. ( )
3) 이 사람은 친구 생일 파티에서 친구의 말을 잘못 듣고 웃었다. ( )

4 Have you ever made a mistake when speaking Korean? Talk about a time when you made a slip of the tongue.
여러분은 한국어로 이야기할 때 말실수를 한 적이 있습니까? 말실수를 한 경험에 대해서 이야기하십시오.

기억나다 to remember 피시방 PC bang/internet cafe 선불 prepaid 건배 cheers
깡패 gangster 단어 word 뜻 meaning 절대로 never 두려워하다 to be afraid (of)

1 **In Korea, if you lose something, you can find it at the National Police Agency Lost and Found Center. Go to the website** (https://www.lost112.go.kr/) **and find out how to use it, then discuss it as shown in the example.**

한국에서는 물건을 잃어버리면 경찰청 유실물 센터(https://www.lost112.go.kr/)에서 찾을 수 있습니다. 사이트에 들어가서 이용 방법을 알아보고 보기 와 같이 이야기하십시오.

가: 학교에 오는 길에 버스에 노트북 컴퓨터를 놓고 내렸는데 어떻게 하지?
나: 그럼 먼저 경찰청 유실물 센터에 들어가서 찾아봐.
가: 경찰청 유실물 센터? 거기에서 어떻게 내 컴퓨터를 찾아?
나: 사이트에 들어가면 사람들이 주워서 경찰서에 가져다준 물건들이 올라와 있어. 물건을 잃어버린 날짜, 시간, 장소 같은 걸 알면 더 쉽게 찾을 수 있고.
가: 그럼 한번 들어가 봐야겠다. 그런데 나는 한국어를 잘 못하는데 찾을 수 있을까?
나: 영어로도 찾을 수 있으니까 걱정하지 마.

2 **In your hometown, what do you do if you lose something or pick up something someone else has dropped? Explain the process of depositing and retrieving lost property.**

여러분 고향에서는 물건을 잃어버리거나 다른 사람이 떨어뜨린 물건을 주우면 어떻게 합니까?
분실물을 맡기고 찾는 방법을 설명하십시오.

02 내일 만나지 못하게 되었어

Learning Objective
To apologize for a wrongdoing

Grammar
-어 가지고(이유), -게 되다

Vocabulary
Apologies

MP3_20

- 약속을 취소할 때 어떻게 이야기합니까?
- 잘못한 일이 있을 때 어떻게 사과하는 것이 좋겠습니까?

수영: 여보세요, 이 시간에 웬일이야?

리사: 미안하지만 내일 약속을 미루고 싶어서 전화했어. 집에 일이 생겨 가지고 내일 만나지 못하게 되었어.

수영: 그래? 무슨 큰일이 있는 거야?

리사: 아니, 엄마가 지갑을 잃어버리셨는데 방금 경찰서에서 찾으러 오라고 연락이 왔어. 그런데 우리 엄마가 한국말이 서투르시잖아. 혼자 소통하기 어려우시니까 내가 모시고 가려고 해.

수영: 그럼 당연히 가 봐야겠네. 나하고는 일요일에 만나면 어때?

리사: 좋아. 나 때문에 약속 날짜가 바뀌었으니까 그날 저녁은 내가 살게.

미루다 to delay/postpone　큰일 serious trouble/big deal　방금 just now　경찰서 police station
혼자 alone　소통하다 to communicate　모시다 to accompany/take somebody somewhere
당연히 naturally/of course

사과 관련 어휘

약속을 미루다 약속을 취소하다 약속을 어기다	사과하다 사과를 받아 주다	용서를 구하다 용서하다

어휘 연습

Fill in the blanks as shown in the example.

보기 와 같이 빈칸을 채우십시오.

> 보기
> 집에 급한 일이 생겨서 내일 고향에 돌아가야 해요. 정말 죄송하지만 주말에 만나기로 한 (약속을 취소해야겠어요)~~어야겠어요/아야겠어요/여야겠어요~~.

1) 동생이 내 옷을 말없이 입지 않겠다고 약속했는데 또 ( )어서/아서/여서 화가 났다.

2) 이번 주에 회사 일이 너무 바빠서 못 만날 것 같은데 다음 주로 ( )으면/면 안 될까?

3) 주문한 음식이 잘못 배달돼서 식당에 연락하니까 죄송하다고 ( )은/ㄴ 후에 바로 다시 갖다주었다.

4) 지난주에 전화로 어머니 마음을 아프게 하는 말을 했는데 늦었지만 잘못했다고 말씀드리면서 ( )고 싶다.

취소하다 to cancel 어기다 to break/violate (rule, promise) 사과하다 to apologize
받아 주다 to accept 용서 forgiveness 구하다 to ask for/request

-어/아/여 가지고(이유)

P67

1 Choose the correct option from the following and complete the dialogue as shown in the example.

다음 중에서 알맞은 것을 골라 보기 와 같이 대화를 완성하십시오.

많다 불편하다 비싸다 시끄럽다 있다

가: 내일 시험인데 같이 도서관에 가서 공부할까?

나: 도서관은 의자가 **보기** 불편해~~어/아/여~~ 가지고 오래 앉아 있기 힘들어.

가: 그럼 학교 앞 카페에 가는 건 어때?

나: 카페는 음악 소리 때문에 **1)** ____________ 어/아/여 가지고 공부가 안 돼.

가: 그럼 조용하게 공부할 수 있는 스터디 카페에 가자.

나: 거기는 이용 요금이 **2)** ____________ 어/아/여 가지고 못 가겠어.

가: 음... 그럼 학생회관 2층에 있는 공부방에 갈래?

나: 아는 친구들이 **3)** ____________ 어/아/여 가지고 놀기만 할 것 같아.

가: 그럼 그냥 기숙사 방에 가서 공부해야겠다.

나: 방은 바로 옆에 침대가 **4)** ____________ 어/아/여 가지고 금방 잘 것 같은데….

02 -게 되다

P68

2 Create a sentence as shown in the example.

보기 와 같이 문장을 만드십시오.

보기

교수님의 소개로 무역 회사에 취직했다.

1) 우리 회사에 한국 지사가 생겨서 한국에 와서 일한다.

2) 고등학교 때 한국 친구를 사귀어서 한국어를 배웠다.

3) 회사에서 외국인 직원이 살 수 있는 집을 빌려줘서 거기에서 산다.

4) 밥을 자주 해 먹어서 요리를 잘한다.

보기

가: 선배님은 어떻게 무역 회사에 취직하셨어요?

나: 교수님의 소개로 무역 회사에 취직하게 되었어요.

1) 가: 선배님은 어떻게 한국에서 오셨어요?

나: ______________________________ 게 되었어요.

2) 가: 선배님은 처음에 어떻게 한국어를 배우게 되셨어요?

나: ______________________________ 게 되었어요.

3) 가: 선배님은 지금 살고 있는 집을 어떻게 찾으셨어요?

나: ______________________________

4) 가: 그럼 보통 식사는 어떻게 하세요? 직접 요리를 해서 드세요?

나: 네, ______________________________

1~3 **Read the following and answer the questions.**
다음을 읽고 질문에 답하십시오.

뉴욕에서 출발하는 플로리다행 버스에는 사람이 많았다. 특히 바닷가로 놀러 가는 젊은이들은 여행이 기대가 되어서 큰 소리로 신나게 이야기했다. 그런 사람들 사이에 웃지 않고 조용히 앞만 보고 있는 한 남자가 있었다. 옆에 있던 대학생이 그에게 말을 걸었다.

"저는 플로리다는 처음인데 아주 멋진 곳이라고 들었어요. 아저씨는 어디로 가세요?"

"저는 지난 4년 동안 뉴욕의 감옥에 있었어요. 얼마 전 감옥을 나와서 브런즈윅에 있는 집으로 돌아가는 길입니다."

"그렇군요. 가족은 있으세요?"

"잘 모르겠어요."

"네? 그게 무슨 말씀이세요?"

"3년 전에 감옥에서 아내에게 편지를 보냈어요. 아이들 때문에 혼자 살기가 힘들면 나를 떠나서 다른 사람을 만나도 좋다고 했어요. 그 후로 지금까지 아내한테서 답장이 오지 않았어요."

"그럼 가족을 만나지 못할 수도 있는데 댁으로 가세요?"

"감옥을 나오게 되었을 때 아내에게 마지막으로 편지를 썼어요. 가족과 살던 고향 집에 커다란 참나무가 있는데 나를 용서할 마음이 있으면 그 나무에 노란 손수건을 매 달라고 했어요. 손수건이 보이지 않으면 브런즈윅에 내리지 않고 다른 곳으로 갈 생각입니다."

이야기를 들은 버스 안의 모든 사람은 한마음으로 브런즈윅이 가까워지기를 기다렸다. 그때 사람들이 소리를 지르면서 자리에서 일어났다. 창문 밖으로 보이는 참나무는 수백 개의 노란 손수건으로 덮여 있었다. 기뻐하는 사람들 속에서 남자는 천천히 일어나 버스 문 쪽으로 걸어 나갔다.

1 **Why did the man respond with "I don't know" to the college student's question about having a family?**
남자는 왜 가족이 있냐고 하는 대학생의 질문에 모른다고 대답했습니까?

플로리다 Florida　기대 expectation　멋지다 to be wonderful/cool　감옥 prison　브런즈윅 Brunswick
커다랗다 to be huge　참나무 oak tree　손수건 handkerchief　매다 to tie (up)　소리를 지르다 to shout
덮이다 to be covered

2 What object in this text symbolizes forgiveness?

이 글에서 용서를 의미하는 물건은 무엇입니까?

3 Mark "O" if it applies to the reading, and "X" if it does not.

읽은 내용과 같으면 O, 다르면 X 표시하십시오.

1) 남자는 버스를 타고 플로리다까지 가야 한다. (   )
2) 대학생은 남자가 즐거워 보여서 말을 걸었다. (   )
3) 남자는 아내에게서 3년 동안 연락을 받지 못했다. (   )

4 Share other touching stories you know about apologies and forgiveness.

여러분이 알고 있는 사과와 용서에 대한 감동적인 이야기를 소개하십시오.

과제 2 들어 봅시다

1~4 **Listen to the following and answer the questions.**
다음을 듣고 질문에 답하십시오.

1 **What is this talking about?**
무엇에 대해서 이야기하고 있습니까?

____

2 **What should you not say when apologizing?**
사과할 때 하면 안 되는 말은 무엇입니까?

____

3 **Mark "O" if it applies to what you heard, and "X" if it does not.**
들은 내용과 같으면 O, 다르면 X 표시하십시오.

1) 사과는 짧고 빠르게 하는 것이 좋다. (   )
2) 상대편의 잘못에 대해서도 이야기하는 것이 좋다. (   )
3) 앞으로 잘못하지 않겠다고 약속하는 것도 좋은 사과 방법이다. (   )

4 **What should you be careful about to effectively convey your feelings when apologizing to the other person?**
상대편에게 사과하는 마음을 잘 전하기 위해서 무엇을 주의해야 합니까?

스스로 (to do something)by oneself 인정하다 to admit/acknowledge 구체적으로 specifically
상대편 opponent 빌다 to beg 관계 relationship 표현하다 to express 반면에 on the other hand
느낌 feeling 제대로 properly

1 Read the following and write a letter apologizing to a friend.

다음을 읽고 친구에게 사과하는 편지를 쓰십시오.

윤아에게

윤아야, 밤에 다른 친구들이랑 집에서 파티를 하지 않기로 한 약속을 어겨서 미안해. 어젯밤에 많이 시끄러웠지? 내가 잘못했어. 너하고 한 약속을 가볍게 생각한 건 아닌데 학교를 졸업하고 고향에 돌아가는 친구와 마지막으로 만나는 날이라서 그랬어.

이번만 용서해 줄 수 있을까? 앞으로는 이런 일 없을 거야.

다시 한 번 정말 미안해.

너의 룸메이트 캐서린 씀

__________ 에게

__________ 씀

2 How do people in your hometown apologize? Are there any special words or gifts that can convey the sincerity of an apology?

여러분 고향에서는 사람들이 어떻게 사과를 합니까? 사과의 마음을 잘 전할 수 있는 특별한 말이나 선물이 있으면 이야기하십시오.

문화

실수와 사과

한국에서 친구에게 사과를 할 때는 진심어린 말과 함께 '사과'를 선물로 주면서 미안한 마음을 전하기도 합니다. '사과'와 '사과하다'라는 단어의 소리가 똑같은 것을 이용해서 사과하는 상황을 좀 유머러스하게 만들 수 있기 때문입니다. 친구의 화난 마음을 풀어주려고 재미있는 선물을 하는 것입니다.

한국에서는 머리를 숙이는 것도 죄송하다는 마음을 표현하는 제스처입니다. 윗사람에게 사과를 할 때 진심 어린 말과 함께 머리를 숙임으로써 앞으로는 이와 같은 일이 다시 일어나지 않도록 노력하겠다는 반성의 의미를 강하게 전달할 수 있습니다.

1. 한국에서는 사과를 할 때 왜 사과를 선물합니까?

2. 여러분 나라에서는 사과를 할 때 어떤 선물이나 제스처를 주로 사용합니까?

Workbook 201

YONSEI KOREAN for college students

1과 01 인턴으로 일한 지 얼마나 되셨습니까?

어휘

■ **Choose the correct vocabulary and write it inside the ( ) parentheses.**
알맞은 어휘를 골라 ( ) 안에 쓰십시오.

중　정도　경영학　대해서　적응하다

보기 저는 한국 경제에 (대해서) 공부하고 싶어요.

1) 영업부에서 일한 지 삼 년 ( ) 됐습니다.
2) 제임스 씨는 한국 생활에 잘 ( )고 있어요.
3) 저는 ( )을/를 전공한 후에 무역 회사에서 일하고 싶어요.
4) 김 과장님은 지금 회의 ( )인데요. 잠시 후에 다시 연락해 주세요.

-은/ㄴ 지

1 Rewrite the sentence as shown in the example.
보기 와 같이 문장을 바꿔 쓰십시오.

보기 한국에 옵니다. / 일 년 됐습니다. → 한국에 온 지 일 년 됐습니다.

1) 태권도를 배웁니다. / 한 달 됐어요. →
2) 가족을 만납니다. / 이 년 됐습니다. →
3) 기숙사에서 삽니다. / 일주일 됐습니다. →
4) 고향 음식을 먹습니다. / 오래됐어요. →

2 Create a dialogue as shown in the example.
다음을 보고 보기 와 같이 대화를 만드십시오.

질문	대답
보기 언제부터 한국말을 배웠습니까?	6개월 전
1) 언제 고등학교를 졸업했습니까?	
2) 언제 고향 집에 전화했습니까?	
3) 언제 휴대 전화를 샀습니까?	
4) 언제 극장에서 영화를 봤습니까?	

보기
가: 한국말을 배운 지 얼마나 됐어요?
나: 한국말을 배운지 6개월 정도 됐어요.

1) 가: ______________________
   나: ______________________

2) 가: ______________________
   나: ______________________

3) 가: ______________________
   나: ______________________

4) 가: ______________________
   나: ______________________

■■ -을/ㄹ 것 같다 , -는/은/ㄴ 것 같다

3 Choose the correct option from the following and rewrite the sentence as shown in the example.

다음 중에서 알맞은 것을 골라 보기 와 같이 문장을 바꿔 쓰십시오.

한국 역사를 잘 알 것이다 　 오후에 비가 올 것이다
독일 사람이다 　 한국 노래를 좋아한다 　 책을 많이 읽었다

보기 수진 씨의 전공은 역사학이에요. → 수진 씨는 한국 역사를 잘 알 것 같아요.

1) 아야코 씨는 한국 노래를 자주 들어요.
   → ______________________

2) 날씨가 흐려요.
   → ______________________

3) 진수 씨는 아는 것이 많아요.
   → ______________________

4) 저 사람들이 독일어로 이야기해요.
   → ______________________

4 Look at the picture and complete the dialogue as shown in the example.

그림을 보고 보기 와 같이 대화를 완성하십시오.

보기

가: 한국 사람인 것 같아요?

나: 아니요, 일본 사람인 것 같아요.

1) 

가: 무슨 동물인 것 같아요?

나: ______________________

2) 

가: 준영 씨가 지금 뭘 하는 것 같아요?

나: ______________________

3) 

가: 리키 씨가 뭘 한 것 같아요?

나: ______________________

4) 

가: 이 식당의 음식이 어떨 것 같아요?

나: ______________________

1과 02 이젠 한국 생활에 많이 익숙해졌습니다

어휘

■ **Choose the correct vocabulary and write it inside the (   ) parentheses.**
알맞은 어휘를 골라 (   ) 안에 쓰십시오.

곳곳　사촌　다녀오다　익숙하다　입학하다

보기 지난 방학에 고향에 (다녀왔어요)~~었어요/았어요/였어요~~.

1) 봄이 되면 (   )에 꽃이 피어서 아름다워요.
2) 대학교에 (   )으려고/려고 준비하는 중이에요.
3) 크리스마스에는 (   )들과 모여서 함께 파티를 해요.
4) 회사 생활이 처음에는 어려웠지만 지금은 (   )어졌어요/아졌어요/여졌어요.

-어지다/아지다/여지다

1 Connect the appropriate options to complete the sentence as shown in the example.
보기 와 같이 알맞은 것을 연결하여 문장을 완성하십시오.

보기 한국말을 잘하다 • ——	• 한국 생활이 재미있다.
1) 시간이 지나다 •	• 조용하다.
2) 문을 닫다 •	• 한국 생활에 익숙하다.
3) 시험 기간이 시작되다 •	• 건강이 나쁘다.
4) 운동을 하지 않다 •	• 도서관에 사람이 많다.

보기 한국말을 잘하면 한국 생활이 재미있어질 거예요.

1) ______________________________
2) ______________________________
3) ______________________________
4) ______________________________

2 Look at the picture and complete the sentence.

그림을 보고 문장을 완성하십시오.

보기

청소를 해서 교실이 <u>깨끗해졌어요.</u>

1) 

컴퓨터 게임을 많이 해서 눈이 ______________ 어졌어요/아졌어요/여졌어요.

2) 

2급 수업이 1급 수업보다 ______________ 어졌어요/아졌어요/여졌어요.

3) 

연습을 많이 해서 말하기 실력이 ______________

____

4) 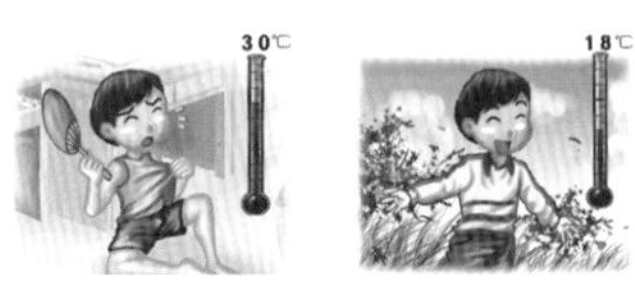

요즘 ______________

-으려고/려고

3 Complete the sentence as shown in the example.

보기 와 같이 문장을 완성하십시오.

보기 수영장에 갑니다. / 수영복을 샀습니다. → <u>수영장에 가려고 수영복을 샀습니다.</u>

1) 내일 아침에 일찍 일어납니다. / 일찍 잡니다.

→ ______________________

2) 책을 빌립니다. / 도서관에 갔어요.

→ ______________________

3) 기차에서 읽습니다. / 잡지를 샀어요.

→ ______________________

4) 점심에 먹습니다. / 샌드위치를 만들고 있어요.

→ ______________________

4 Complete the dialogue as shown in the example.

보기 와 같이 대화를 완성하십시오.

> **보기**
> 가 : 왜 돈을 찾았어요?
> 나 : 하숙비를 내려고~~으려고/려고~~ 돈을 찾았어요.

1) 가: 왜 증명사진을 찍었어요?

나: __________ 으려고/려고 __________

2) 가: 무엇을 사려고 슈퍼마켓에 가요?

나: __________ 으려고/려고 __________

3) 가: 무엇을 하려고 한국말을 공부해요?

나: ______________________

4) 가: 어제 왜 전화했어요?

나: ______________________

2과 01 잘 익은 김치와 돼지고기만 있으면 돼요

어휘

■ **Choose the correct vocabulary and write it inside the (　　) parentheses.**
알맞은 어휘를 골라 (　　) 안에 쓰십시오.

재료　　만드는 법　　썰다　　끓이다　　필요하다

보기 김밥을 만들 (재료를)을/를 사러 슈퍼마켓에 가요.

1) 먼저 채소를 작게 (　　　　)어서/아서/여서 볶으세요.
2) 김치볶음밥은 (　　　　)이/가 간단해서 누구나 만들 수 있어요.
3) 된장찌개를 끓일 때는 감자, 호박, 두부가 (　　　　)어요/아요/여요.
4) 날씨가 추우니까 차를 따뜻하게 (　　　　)어서/아서/여서 마실까요?

❶ -을/ㄹ 때

1 Rewrite the sentence as shown in the example.
보기 와 같이 문장을 바꿔 쓰십시오.

부기 학교에 옵니다. / 버스를 탑니다. → 학교에 올 때 버스를 탑니다.

1) 밥을 먹습니다. / 전화가 왔어요.

→ ________________

2) 머리가 아픕니다. / 이 약을 드세요.

→ ________________

3) 창문을 엽니다. / 다치지 않게 조심하세요.

→ ________________

4) 좋아하는 음악을 듣습니다. / 아주 행복해요.

→ ________________

2 Complete the dialogue as shown in the example.

다음을 보고 보기 와 같이 대화를 완성하십시오.

돈이 많다	맛있는 음식을 먹다	가족과 함께 있다

보기

가: 언제 행복하세요?

나: 가족과 함께 있을 때 행복해요.

공부하다	아르바이트를 하다	날씨가 덥다

1) 가: 언제 힘들어요?

나: ____________________

몸이 아프다	고향 음식을 먹다	주말에 혼자 있다

2) 가: 언제 가족이 보고 싶어요?

나: ____________________

성적이 좋다	친구를 만나서 이야기하다	단 음식을 먹다

3) 가: 언제 기분이 좋아요?

나: ____________________

숙제가 많다	성적이 나쁘다	돈이 없다

4) 가: 언제 스트레스를 받아요?

나: ____________________

-으면/면 되다

3 Complete the sentence as shown in the example.

보기 와 같이 문장을 완성하십시오.

> 보기
> 이 라면은 전자레인지에 넣고 4분만 돌리면~~으면/면~~ 돼요.(4분만 돌리다)

1) 음식은 맛만 ______________ 으면/면 돼요.(있다)

2) 이름과 전화번호만 ______________ 으면/면 돼요.(쓰다)

3) 이제 음식을 그릇에 ______________ 으면/면 돼요.(담다)

4) 이 수프는 뜨거운 물만 ______________ 으면/면 돼요.(넣다)

4 Create a dialogue as shown in the example.

보기 와 같이 대화를 만드십시오.

> 보기
> 가 : 음식은 어떻게 주문해요?
>
> 나: 저기에 있는 키오스크에서 주문하면~~으면/면~~ 돼요.

1) 가: 어디에서 손을 씻어요?

나: 2층에 있는 화장실에서 ______________ 으면/면 돼요.

2) 가: 비빔밥은 어떻게 먹어요?

나: 고추장을 넣고 ______________ 으면/면 돼요.

3) 가: 부전공 신청을 하고 싶은데 신청서를 어디에 내요?

나: 사무실에 가서 ______________

4) 가: 외국인등록증을 만들고 싶은데요. 무엇이 필요해요?

나: ______________

2과 02 그릇을 들고 먹으면 안 돼요

어휘

■ **Choose the correct vocabulary and write it inside the (   ) parentheses.**
알맞은 어휘를 골라 (   ) 안에 쓰십시오.

수저   예절   윗사람   들다   중요하다

오늘 수업 시간에 한국의 식사 보기 (예절)에 대해서 배웠습니다. 여러 가지 **1)** (   ) 은/ㄴ 것이 많았습니다. 밥을 먹을 때는 숟가락과 젓가락을 같이 **2)** (   )고 먹으면 안 됩니다. 또 **3)** (   )이/가 **4)** (   )을/를 드신 후에 식사를 시작해야 합니다. 그리고 다른 사람들이 식사를 끝낼 때까지 앉아서 기다리는 것이 좋습니다.

-어도/아도/여도 되다, 으면/면 안 되다

1 **How should you respond to the following situation?Complete the sentence as shown in the example.**
다음 상황에서 어떻게 말하면 좋을까요? 보기 와 같이 문장을 완성하십시오.

수업 시간인데 배가 아픕니다.

보기 선생님, 화장실에 가도 ~~어도/아도/여도~~ 돼요? (화장실에 가다)

한국 친구와 이야기하는데 단어가 생각나지 않습니다.

1) 민수 씨, ____________ 어도/아도/여도 돼요? (영어로 이야기하다)

배가 고픈데 식탁 위에 피자가 있습니다.

2) 엄마, ____________ 어도/아도/여도 돼요? (이거 먹다)

칠판이 안 보여요.

3) 선생님, ______________ 어도/아도/여도 돼요? (자리를 바꾸다)

숙제를 집에 놓고 왔어요.

4) 선생님, ______________ 어도/아도/여도 돼요? (숙제를 내일 내다)

2 Look at the picture and choose the correct answer from the following to create a sentence as shown in the example.

그림을 보고 다음 중에서 알맞은 것을 골라 보기 와 같이 문장을 만드십시오.

여기에서 담배를 피우다 안으로 들어가다 손을 대다
사진을 찍다 쓰레기를 버리다

보기

여기에서 담배를 피우면 안 돼요.

1)

____

2)

____

3)

____

4)

____

3 **From the following, choose what you can or should not do in high school and complete the sentence as shown in the example.**
다음 중에서 고등학생 때 해도 되는 것과 하면 안 되는 것을 골라서 보기 와 같이 문장을 완성하십시오.

화장을 하다 　 파마를 하다 　 귀걸이를 하다 　 수업 시간에 껌을 씹다
수업 시간에 휴대전화를 사용하다 　 학교에서 담배를 피우다 　 청소년 시기에 이성 교제를 하다

보기 파마를 해도 ~~어도/아도/여도~~ 돼요.

1) ______________ 어도/아도/여도 돼요.

2) ______________ 어도/아도/여도 돼요.

3) ______________ 으면/면 안 돼요.

4) ______________ 으면/면 안 돼요.

4 **Complete the dialogue as shown in the example.**
보기 와 같이 대화를 완성하십시오.

보기
가: 여기 앉아도 돼요?
나: 네, 앉아도 돼요.

1) 가: 신발을 신고 들어가도 돼요?
나: 아니요, ______________

2) 가: 이 옷을 ______________
나: 그럼요, 입어 보세요.

3) 가: 제가 ______________
나: 네, 급하면 먼저 가도 돼요.

4) 가: 선생님, 신청서를 내일 내도 돼요?
나: 아니요, ______________

3과 01 적게 사셔도 적립해 드립니다

어휘

■ **Choose the correct vocabulary and write it inside the (   ) parentheses.**
알맞은 어휘를 골라 (   ) 안에 쓰십시오.

반값 봉투 적립 현금 가져가다

보기 편지를 보낼 때는 (봉투)에 주소와 우편 번호를 써야 합니다.

1) 문 앞에 할인 쿠폰이 있으니까 (   )으세요/세요.
2) 지금 (   )이/가 없는데 인터넷 뱅킹으로 보내 드려도 돼요?
3) 포인트 카드를 주시면 포인트 (   )을/를 도와 드리겠습니다.
4) 집 근처 슈퍼마켓에서 과일을 50% 할인하는 (   ) 세일을 하고 있다.

이요/요

1 Complete the dialogue as shown in the example.
보기 와 같이 대화를 완성하십시오.

보기
가: 주문하시겠어요?
나: 네, 비빔밥 일 인분이요 ~~이요/요~~.(비빔밥 일 인분)

1) 가: 계산은 어떻게 해 드릴까요?
나: ______________________ 이요/요.(카드)

2) 가: 누가 먼저 발표하겠어요?
나: ______________________ 이요/요.(저)

3) 가: 학생회관에 가는데요. 여기에서 왼쪽으로 가야 해요? 오른쪽으로 가야 해요?
나: ______________________

4) 가: 따뜻한 녹차 한 잔하고 커피 한 잔 주세요.
나: 손님, 죄송합니다. 다시 한 번 말씀해 주시겠어요?
가: ______________________

2 Complete the dialogue as shown in the example.

보기 와 같이 대화를 완성하십시오.

가: 어서 오세요. 주문하시겠어요?

나: 네, 아메리카노 한 잔 주세요.

가: 보기 아메리카노 한 잔이요~~이요/요~~?

따뜻한 걸로 드릴까요? 시원한 걸로 드릴까요?

나: 1) ____________ 이요/요.

가: 드시고 가세요?

나: 아니요. 2) ____________ 이요/요.

가: 네, 테이크아웃으로 준비해 드리겠습니다. 계산은 어떻게 하시겠어요?

나: 3) ____________ 이요/요.

가: 카드를 앞쪽에 넣어 주세요.

나: 4) ____________ 이요/요?

가: 네, 거기요. 포인트 적립하세요?

나: 아니요. 괜찮습니다.

-어도/아도/여도

3 Complete the dialogue as shown in the example.

보기 와 같이 대화를 완성하십시오.

보기

가: 택시로 가면 2시까지 도착할 수 있을까요?

나: 아니요, 택시로 가도~~어도/아도/여도~~ 2시까지 도착할 수 없을 거예요.

1) 가: 비가 오면 축구를 안 할 거예요?

나: 아니요, ____________ 어도/아도/여도 ____________

2) 가: 큰 서점에 가면 그 책이 있을까요?

나: 글쎄요, ____________ 어도/아도/여도 ____________

3) 가: 선생님 설명을 들으니까 알겠어요?

나: 아니요, ____________

4) 가: 윤아 씨, 커피를 그렇게 많이 마셔도 잠이 와요?

나: 네, ____________

4 Look at the picture and complete the dialogue as shown in the example.

그림을 보고 보기 와 같이 대화를 완성하십시오.

보기

가: 이거 너무 비싸지 않아요?

나: <u>비싸도 사고 싶어요.</u>

1)

가: 지금 출발해도 늦을 것 같은데 모임에 가지 맙시다.

나: ____________________

2)

가: 마이클 씨는 공부를 열심히 하지 않는 것 같아요.

나: ____________________

3)

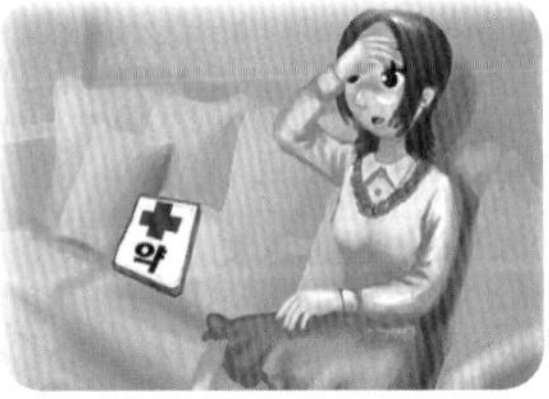

가: 약을 먹으니까 좀 괜찮아졌어요?

나: 아니요, ____________________

4)

가: 일찍 자면 내일 일찍 일어날 수 있을 거예요.

나: 아니요, ____________________

3과 02 광고를 보니까 10만 원짜리가 마음에 들어요

어휘

■ **Choose the correct vocabulary and write it inside the (   ) parentheses.**
알맞은 어휘를 골라 (   ) 안에 쓰십시오.

배달　짜리　꽃바구니　화려하다　마음에 들다

보기 어머니 생신 선물로 (꽃바구니를)을/를 살 거예요.

1) 지금 주문하면 언제 (   )이/가 됩니까?
2) 이 커피숍은 조용해서 (   )어요/아요/여요.
3) 5만 원(   ) 과일 세트에는 보통 무슨 과일이 들어가요?
4) 이 옷은 디자인이 너무 (   )어서/아서/여서 저에게 안 어울릴 것 같아요.

-으니까/니까(발견)

1 **Connect the appropriate options to complete the sentence as shown in the example.**
보기 와 같이 알맞은 것을 연결하여 문장을 완성하십시오.

보기 가까이 가 봤습니다. •	• 건물이 아주 컸습니다.
1) 먹어 봤습니다. •	• 아무도 없었어요.
2) 집에 갔어요. •	• 맛이 없었어요.
3) 가방을 열어 봤습니다. •	• 학교가 보였어요.
4) 10분쯤 걸어갔어요. •	• 지갑이 없었습니다.

보기 가까이 가 보니까 ~~으니까/니까~~ 건물이 아주 컸습니다.

1) ____________ 으니까/니까 ____________

2) ____________ 으니까/니까 ____________

3) ____________

4) ____________

2 Complete the dialogue as shown in the example.

보기 와 같이 대화를 완성하십시오.

> **보기**
> 가: 냉장고에 먹을 것이 있었어요?
> 나: 아니요, 냉장고를 열어 보니까~~으니까/니까~~ 아무것도 없었어요.

1) 가: 아르바이트를 해 봤지요? 어땠어요?
   나: ______________________ 으니까/니까 생각보다 힘들었어요.

2) 가: 새로 나온 학생 식당 메뉴를 먹어 봤지요? 어땠어요?
   나: ______________ 으니까/니까 음식이 아주 맛있었어요. 한번 드셔 보세요.

3) 가: 윤아 씨가 빌려준 책을 읽어 봤어요?
   나: 네, ______________________________

4) 가: 아침에 교실에 갔을 때 누가 있었어요?
   나: ______________________________

-으면/면 좋겠다

3 Complete the dialogue as shown in the example.

보기 와 같이 대화를 완성하십시오.

> **보기**
> 가: 돈이 많으면 무엇을 사고 싶어요?
> 나: 자동차를 사면 ~~으면/면~~ 좋겠어요.

1) 가: 방학에 어디에 가고 싶어요?
   나: ______________ 으면/면 좋겠어요.

2) 가: 점심에 무엇을 먹고 싶어요?
   나: ______________ 으면/면 좋겠어요.

3) 가: 어떤 사람과 사귀고 싶어요?
   나: ______________________________

4) 가: 무엇을 잘했으면 좋겠어요?
   나: ______________________________

4 Create a sentence as shown in the example.

보기 와 같이 문장을 만드십시오.

> 보기
> 피아노를 배우고 있는 학생: "저는 피아노를 잘 치면 좋겠어요."

1) 초등학생: ______________________________

2) 회사원: ______________________________

3) 교수님: ______________________________

4) 나: ______________________________

4과 01 친한 친구들하고 가볍게 식사나 할 생각이야

어휘

■ **Choose the correct vocabulary and write it inside the (   ) parentheses.**
알맞은 어휘를 골라 (   ) 안에 쓰십시오.

별일 평일 다행히 차리다 초대하다

보기 이번 내 생일에 친구들을 많이 (초대할)을/ㄹ 생각이야.

1) 무슨 음식을 이렇게 많이 (   )으셨어요/셨어요?
2) 마이클 씨, (   ) 없으면 이번 주말에 우리 집에 올래요?
3) 약속 시간에 늦을 것 같았는데 (   ) 늦지 않게 도착했어요.
4) (   )에는 회사에 일이 많아서 만나기가 어려우니까 주말에 만나.

-어/아/여, 이야/야

1 Change to casual speech as shown in the example.
보기 와 같이 반말로 바꾸십시오.

보기 이건 아침에 산 김밥이에요. → 이건 아침에 산 김밥이야.

1) 고향에서 온 친구예요? → ______________________.
2) 우리 반 학생이 아니에요. → ______________________.
3) 도서관에서 책을 읽을 거예요. → ______________________.
4) 누구한테 말할 거예요? → ______________________.
5) 제주도는 참 아름다워요. → ______________________.
6) 제 동생은 키가 커요. → ______________________.
7) 저는 날마다 학교에 가요. → ______________________.
8) 오늘은 회사에 가지 않아요. → ______________________.
9) 도서관이나 카페에서 공부해요. → ______________________.
10) 한국에 온 지 얼마나 됐어요? → ______________________.
11) 같이 점심을 먹어요 → ______________________.

2 Change to casual speech as shown in the example.
보기 와 같이 반말로 대답하십시오.

보기
가: 어디에서 살아요?
나: 신촌에서 살아.

1) 가: 주말에 뭐 해요?
   나: ____________________
2) 가: 오늘 거기 날씨가 어때?
   나: ____________________
3) 가: 지금 몇 시예요?
   나: ____________________
4) 가: 시험공부 많이 했어?
   나: 아니, ____________________
5) 가: 이 옷을 살 거예요?
   나: 응, ____________________
6) 가: 배가 고픈데 같이 점심을 먹을까요?
   나: ____________________

-기가 쉽다/어렵다

3 Choose the correct option from the following and complete the sentence as shown in the example.
다음 중에서 알맞은 것을 골라 보기 와 같이 문장을 완성하십시오.

먹다 집중하다 잃어버리다 사고가 나다 건강이 나빠지다

보기 그렇게 쉬지 않고 일만 하면 건강이 나빠지기가 쉬워요.

1) 교실이 시끄러워서 공부에 ____________________
2) 지갑을 손에 들고 다니면 ____________________
3) 이렇게 큰 빵은 아이들이 ____________________
4) 조심해서 운전하지 않으면 ____________________

4 Complete the dialogue as shown in the example.

보기 와 같이 대화를 완성하십시오.

보기

가: 인터넷으로 산 옷이 너무 커서 입을 수가 없어요.

나: 네. 인터넷으로 잘 맞는 옷을 사기가 어려워요.

1) 가: 선생님, 이 주제로 논문을 쓰면 어떨까요?

나: 이 주제로는 논문을 ________________기가 어려워요. 다른 주제를 찾아보세요.

2) 가: 오늘 신은 신발이 불편해서 오래 걸을 수가 없네요.

나: 신발이 불편하면 오래 ________________기가 어렵지요. 좀 쉬세요.

3) 가: 단어를 쉽게 외우는 방법을 알아?

나: 응, 공책에 단어를 쓰면서 외우면 ________________________________

4) 가: 요즘 친구와 한 약속을 자꾸 잊어버려서 걱정이에요.

나: 메모를 하지 않으면 ________________________________

4과 02 큰 행사를 준비해 본 적이 없어서 걱정이야

어휘

■ **Choose the correct vocabulary and write it inside the (   ) parentheses.**
알맞은 어휘를 골라 (   ) 안에 쓰십시오.

걱정　행사　유학생　얻다　비슷하다

보기 우리 학교에는 외국에서 온 (유학생을)을/를 위한 프로그램이 많아요.

1) 이번 시험이 어려울 것 같아서 (   )이/가 돼.

2) 나와 동생은 키가 (   )어서/아서/여서 옷을 같이 입어요.

3) 명동에서 큰 (   )을/를 해서 오늘 그 근처는 교통이 복잡할 거예요.

4) 언어 교환을 할 수 있는 기회를 (   )어서/아서/여서 기쁩니다.

❶ -지 마

1 Change to casual speech as shown in the example.
보기 와 같이 반말로 바꾸십시오.

보기 담배를 피우지 마세요. → 담배를 피우지 마.

1) 계단에서 뛰지 마세요. → ____________________

2) 저를 기다리지 마세요. → ____________________

3) 수업 시간에 떠들지 마세요. → ____________________

4) 아침 일찍 전화하지 마세요. → ____________________

2 Complete the dialogue as shown in the example.

보기 와 같이 대화를 완성하십시오.

> **보기**
> 가: 여기에서 사진을 찍어도 돼?
> 나: 안 돼. 사진을 찍지 마.

1) 가: 음악을 틀어도 돼?

   나: 음, 시끄러우니까 ________________ 지 마.

2) 가: 찌개가 좀 짠데 물을 더 넣을까?

   나: 안 돼. 물을 넣으면 맛이 없어지니까 ________________ 지 마.

3) 가: 엄마, 간식을 먹어도 돼요?

   나: 아니, 곧 저녁을 먹을 거니까 ________________________________

4) 가: 너무 피곤해서 커피를 한 잔 더 마셔야겠어.

   나: ____

-은/ㄴ 적이 있다/없다

3 Look at the picture and complete the sentence as shown in the example.

그림을 보고 보기 와 같이 문장을 완성하십시오.

유치원	초등학교	중학교	고등학교	한국에서

보기	1)	2)	3)	4)
발레를 배웠어요.	상을 받았어요.	같은 반 여학생을 혼자 좋아했어요.	친구들과 캠핑을 갔어요.	불고기를 만들었어요.

> **보기**
> 유치원 때 발레를 배운~~은/ㄴ~~ 적이 있습니다.

1) ________________ 은/ㄴ 적이 있습니다.

2) ________________ 은/ㄴ 적이 있습니다.

3) ________________ 은/ㄴ 적이 있습니다.

4) ________________ 은/ㄴ 적이 있습니다.

4 What experiences have you had in Korea?Look at the following and complete the dialogue as shown in the example.

여러분은 한국에서 어떤 경험을 했습니까? 다음을 보고 보기 와 같이 대화를 완성하십시오.

경험	네	아니요
보기 혼자 여행했어요?	✓	
1) 길을 잃어버렸어요?		
2) 영어를 가르쳤어요?		
3) 한국 친구 집에 가 봤어요?		
4) 한옥에서 자 봤어요?		

보기
가: 한국에 와서 혼자 여행한 적이 있어요?
나: 네, 혼자 여행한 적이 있어요.

1) 가: ______________________
   나: ______________________

2) 가: ______________________
   니: ______________________

3) 가: ______________________
   나: ______________________

4) 가: ______________________
   나: ______________________

5과 01 결혼하고 바로 유학을 떠나기로 해서 좀 서둘렀어

어휘

■ **Choose the correct vocabulary and write it inside the (   ) parentheses.**
알맞은 어휘를 골라 (   ) 안에 쓰십시오.

선배　　오랫동안　　남다　　떠나다　　서두르다

보기 오늘 동창회에서 (오랫동안) 만나지 못한 친구들을 만나서 좋았어요.

1) 급해도 (   )지 말고 천천히 하세요.
2) 한국에서는 (   )에게 반말을 쓰면 안 되지요?
3) 고향을 (   )은/ㄴ 지 벌써 일 년이 넘었네요.
4) 시험이 생각보다 쉬워서 시간이 (   )었어요/았어요/였어요.

-는다/ㄴ다/다, -니?

1 Change to casual speech as shown in the example.
보기 와 같이 반말로 바꾸십시오.

보기 제 고향은 제주도입니다. → 내 고향은 제주도다.

1) 저는 한국 사람입니다. → ____________________
2) 이것은 제 공책이 아닙니다. → ____________________
3) 주말에는 한가합니다. → ____________________
4) 물건 값이 비싸지 않습니다. → ____________________
5) 저는 연세대학교에 다닙니다. → ____________________
6) 매운 음식을 잘 먹습니다. → ____________________
7) 그 사람을 사랑하지 않습니다. → ____________________

8) 공항까지 1시간 걸렸습니다. → ______________________

9) 영어로 이야기하지 않겠습니다. → ______________________

10) 가족사진입니까? → ______________________

11) 그 식당 음식 맛이 어떻습니까? → ______________________

12) 김치를 어떻게 만듭니까? → ______________________

13) 아르바이트가 힘들지 않습니까? → ______________________

2 Change to casual speech as shown in the example.

다음을 보고 보기 와 같이 반말로 바꾸십시오.

보기 오늘은 토요일입니다. 서울에 온 지 일주일이 넘었지만 1) 그동안 시내를 구경한 적이 없었습니다. 2) 오늘 저는 친구와 같이 서울의 여기저기를 구경했습니다. 먼저 명동과 청계천을 구경했습니다. 그리고 예쁜 한복을 빌려 입고 경복궁에 가서 사진을 찍었습니다. 3) 저는 매운 음식을 좋아합니다. 그래서 친구와 같이 매운 떡볶이를 먹었습니다. 아주 맛있었습니다. 다음 주말에는 4) 친구들과 롯데월드에 갈 것입니다. 정말 기대가 됩니다.

보기 오늘은 토요일이다.

1) ______________________

2) ______________________

3) ______________________

4) ______________________

-기로 하다

3 Look at the picture and complete the sentenceas shown in the example.

그림을 보고 보기 와 같이 문장을 완성하십시오.

보기 올해는 꼭 승진하기로 했어요.

1) ______________________ 기로 했어요.

2) ______________________ 기로 했어요.

3) ______________________

4) ______________________

4 Complete the sentence as shown in the example.

다음을 보고 보기 와 같이 문장을 완성하십시오.

유키: 보기 이번 방학 때 제주도로 여행을 갑시다. 어때요?

안나: 좋은 생각이에요. 그럼 비행기 표를 빨리 예매해야겠네요.

유키: 그런데 비행기는 비싸지 않을까요?

안나: 그럼 1) 배를 타고 갑시다. 잠은 어디에서 자는 게 좋을까요?

유키: 2) 게스트하우스가 값도 싸고 친구도 사귈 수 있으니까 게스트하우스에서 잡시다.

안나: 2박 3일로 갈까요? 3박 4일로 갈까요?

유키: 제주도는 3) 구경할 게 많으니까 3박 4일 동안 여행해요.

안나: 로라 씨도 같이 가면 재미있을 것 같아요. 4) 로라 씨에게 같이 갈 수 있는지 물어봅시다.

유키: 좋아요.

보기 이번 방학 때 제주도로 여행을 가기로 했어요.

1) ______________________

2) ______________________

3) ______________________

4) ______________________

5과 02 제가 꽃다발을 사 가지고 갈게요

어휘

■ **Choose the correct vocabulary and write it inside the (   ) parentheses.**
알맞은 어휘를 골라 (   ) 안에 쓰십시오.

동창 갑자기 신기하다 유명하다 자랑하다

보기 챗지피티(chatGPT)를 처음 봤을 때 무척 (신기했다)~~었다/았다/였다~~.

1) 우리 할머니는 성공한 큰아버지를 항상 (   )으신다/신다.
2) 어제부터 (   ) 제임스 씨와 연락이 안 돼서 걱정을 하고 있다.
3) 다음 주말에 초등학교 (   ) 모임이 있는데 아주 기대가 되네요.
4) 유리 씨, 서울 근처에 있는 (   )은/ㄴ 관광지 좀 소개해 주세요.

-자, -어라/아라/여라

1 Change to casual speech as shown in the example.
보기 와 같이 반말로 바꾸십시오.

보기 내일 오후 3시에 만납시다. → 내일 오후 3시에 만나자.

1) 점심은 간단하게 먹읍시다. → ____________________
2) 공원에서 좀 걸읍시다. → ____________________
3) 배가 부르니까 더 시키지 맙시다. → ____________________
4) 안녕히 가십시오. → ____________________
5) 시끄러우니까 창문을 닫으십시오. → ____________________
6) 큰 소리로 음악을 듣지 마십시오. → ____________________

2 Complete the dialogue as shown in the example.

보기 와 같이 대화를 완성하십시오.

> **보기**
> 가: 오늘 점심에 뭘 먹을까?
> 나: 학교 앞 한식집에서 비빔밥을 먹자.

1) 가: 갑자기 일이 생겨서 오늘 만날 수 없는데 어떡하지?

   나: 그럼 내일 ________________ 자.

2) 가: 내일 한국어 시험인데 모르는 게 너무 많아.

   나: 그래? 그럼 도서관에 가서 같이 ________________ 자.

3) 가: 콜린 씨가 늦네. 더 기다릴까?

   나: 아니, ________________ 지 말자.

4) 가: 시끄러운데 ________________ 어라/아라/여라.

   나: 네, 선배님. 조용히 할게요.

-아/아/여 가지고

3 Complete the sentence as shown in the example.

보기 와 같이 문장을 완성하십시오.

> **보기**
> 배운 단어로 문장을 만듭니다. / 오세요.
> → 배운 단어로 문장을 만들어~~어/아/여~~ 가지고 오세요.

1) 김밥을 만듭니다. / 공원에 갈 거예요.

   → ________________ 어/아/여 가지고 ________________

2) 한국말을 배웁니다. / 무슨 일을 하고 싶어요?

   → ________________ 어/아/여 가지고 ________________

3) 사진을 찍을 거예요. / 가족에게 보여 줄 거예요.

   → ________________

4) 아르바이트를 해서 돈을 벌었습니다. / 등록금을 냈어요.

   → ________________

4 Complete the dialogue as shown in the example.
보기 와 같이 대화를 완성하십시오.

보기
가: 친구 생일인데 무슨 선물을 사겠습니까?
나: 꽃을 사~~어/아/여~~ 가지고 친구에게 주겠습니다.

1) 가: 음식을 만들기가 귀찮은데 우리 뭐 시켜서 먹을까요?
   나: 네, ________어/아/여 가지고 먹읍시다.

2) 가: 이번 주말에 친구와 소풍을 갈 거예요. 무슨 음식을 준비할까요?
   나: ________어/아/여 가지고 가면 좋을 것 같아요.

3) 가: 돈을 많이 모으면 무엇을 사고 싶어요?
   나: ________________________________

4) 가: 첫 월급을 받아서 뭘 하고 싶어요?
   나: ________________________________

복습 1~5과

말하기

1 【Introducing 소개하기】

Introduce your favorite hometown dish. 좋아하는 고향 음식을 소개하십시오.

- ______, what is your favorite dish from your hometown?
- How does it taste?
- How is that dish made?
- How do you eat it?
- When do you usually eat that dish?

- ______ 씨, 고향 음식 중에서 좋아하는 음식이 뭐예요?
- 맛이 어때요?
- 그 음식은 어떻게 만들어요?
- 그 음식은 어떻게 먹어요

2 【Sharing Experiences 경험 말하기】

Have you ever bought something online? Talk about your experience with online shopping. 인터넷으로 물건을 산 적이 있습니까? 인터넷 쇼핑을 한 경험에 대해서 이야기하십시오.

- Where do you usually shop?
- (If you shop online) Why? What did you order? How was the item when you received it? Discuss the pros and cons of online shopping. Are there any precautions you should take when shopping online?
- (If you shop in stores) Why? What did you buy? Do you often go to the market (department store)? Why do you shop there? Discuss the pros and cons of shopping in stores.

- 보통 어디에서 쇼핑해요?
- (인터넷 쇼핑을 하는 경우) 왜 그렇습니까? 무엇을 주문했어요? 물건을 받아 보니까 어땠어요? 인터넷 쇼핑의 좋은 점과 나쁜 점을 이야기하십시오. 인터넷 쇼핑을 할 때 조심해야 할 점이 있어요?
- (매장에 가서 물건을 사는 경우) 왜 그렇습니까? 무엇을 샀어요? 시장(백화점)에 자주 갑니까? 왜 거기에서 쇼핑합니까? 매장에 가서 물건을 살 때의 좋은 점과 나쁜 점을 이야기하십시오.

3 【Inviting 초대하기】

Invite a friend to a birthday party (school event/club gathering, etc.) using casual language.

생일 파티(학교 행사/동아리 모임 등)에 친구를 반말로 초대하십시오.

쓰기

I Choose the correct option from the example and write the corresponding number.
<보기> 중에서 알맞은 것을 골라 번호를 쓰십시오.

보기 ① 가져가다 ② 다녀오다 ③ 서두르다 ④ 필요하다

1 샌드위치를 만들려면 치즈와 계란이 (   )어요/아요/여요.

2 커피숍에 갈 때 텀블러를 (   )으면/면 할인을 해 줍니다.

3 가족들에게 줄 선물을 사려고 백화점에 (   )었어요/았어요/였어요.

4 친구 결혼식에 늦을 것 같아서 (   )어서/아서/여서 집에서 나갔어요.

II Choose the correct answer to fill in the blank.
(   )에 들어갈 알맞은 것을 고르십시오.

5 가: 저분은 누구세요?

나: 제 (   )이세요/세요. 어머니와 제일 가깝게 지내는 여동생이에요.

① 큰어머니 ② 고모 ③ 이모 ④ 조카

6 가: 이 음식은 어떻게 만들어요?

나: 프라이팬에 기름을 많이 넣고 기름이 뜨거워지면 감자를 넣고 (   ).

① 끓이세요 ② 구우세요 ③ 삶으세요 ④ 튀기세요

7 가: 엘리 씨 결혼식은 어땠어요?

나: 정말 아름다운 결혼식이었어요. 한 친구가 피아노를 치면서 (   )으니까/니까 엘리 씨가 감동을 받아서 울었어요.

① 축가를 부르니까 ② 부케를 던지니까
③ 예물을 교환하니까 ④ 신혼 여행을 가니까

III Among the following two sentences, mark 'O' next to the correct one.
다음 두 문장 중에서 맞는 것에 O 표시하십시오.

8 ① 제 동생은 태권도를 배운 적이 있어요. (   )

② 제 동생은 태권도를 배우는 적이 있어요. (   )

9 ① 이제 한국의 매운 음식에 익숙해했어요. (　　)

② 이제 한국의 매운 음식에 익숙해졌어요. (　　)

10 ① 할아버지께 반말을 하면 안 돼요. (　　)

② 할아버지께 반말을 해도 안 돼요. (　　)

IV Choose the correct answer to fill in the blank.

(　　)에 들어갈 가장 알맞은 것을 고르십시오.

11 학교 행사를 (　　　　) 어려울 것 같아서 걱정이에요.

① 준비해서　② 준비하니까　③ 준비하기가　④ 준비하려고

12 쇼핑몰 홈페이지 광고를 (　　　　) 마음에 드는 물건이 많았어요.

① 봐도　② 봐서　③ 보니까　④ 보려고

13 친구들을 (　　　　) 생일 파티를 하고 싶어요.

① 초대하니까　② 초대하려고　③ 초대하기가　④ 초대해 가지고

14 한국어를 (　　　　) 일 년 됐습니다.

① 전공한 지　② 전공했지만　③ 전공하니까　④ 전공하려고

V Choose the correct answer to fill in the blank.

(　　)에 들어갈 가장 알맞은 것을 고르십시오.

15 가: 한국 음식을 좋아하세요?

나: 네, 정말 좋아해요. 그래서 이번 방학에는 친구와 함께 한국 음식 만드는 법을 (　　　　　　　　).

① 배우면 돼요　② 배우기가 쉬워요

③ 배우기로 했어요　④ 배운 적이 없어요

16 가: 백화점 카드를 만들고 싶은데요. 뭐가 필요하지요?

나: 신분증만 (　　　　　　　　　　).

① 있으면 돼요　② 있어야 해요　③ 있을 거예요　④ 있을 것 같아요

17 가: 학교 축제에 가 본 적이 있어?

나: 아니, (   ).

① 가 봐도 돼 ② 가기가 쉬워 ③ 가 본 적이 있어 ④ 가 본 적이 없어

18 가: 다니엘, 전공 보고서는 다 썼니? 나는 아직 시작도 안 했어.

나: 나도 지금 도서관에서 가서 쓰려고 해. 같이 (   ).

① 보고서를 써라 ② 보고서를 쓰자 ③ 보고서를 쓴다 ④ 보고서를 쓰지 마

VI Using the words and grammar you've learned, write a text with the following title (10 sentences or more).

배운 단어와 문법을 사용해서 다음 제목으로 글을 쓰십시오. (10문장 이상)

19

오늘은 날씨가 좋습니다. (X) 오늘은 날씨가 좋아요. (X)
오늘은 날씨가 좋아. (X) 오늘은 날씨가 좋다. (O)

Title : My Major
제목: 나의 전공

듣기

MP3_21

[1-2] Listen and choose the correct answer based on the response.
듣고 이어지는 대답으로 알맞은 것을 고르십시오.

1 (　)

① 그림 동아리에 가입하면 돼요.
② 그림 동아리에 가입한 것 같아요.
③ 그림 동아리에 가입하기로 했어요.
④ 그림 동아리에 가입한 지 일 년 됐어요.

2 (　)

① 네, 그릇을 들고 먹으면 돼요.
② 네, 그릇을 들고 먹으면 안 돼요.
③ 아니요, 그릇을 들고 먹어도 돼요.
④ 아니요, 그릇을 들고 먹으면 안 돼요.

[3-4] Listen to the following and answer the questions.
다음을 듣고 질문에 답하십시오.

3 **Where does this person work? (　)**
이 사람은 어디에서 일합니까?

① 은행　② 잡지사　③ 여행사　④ 무역회사

4 **Which store will this person go to? (　)**
이 사람은 어느 매장에 가겠습니까?

① 유제품　② 냉동식품　③ 생활용품　④ 주방 용품

[5-6] Listen and choose the right thing for the man to do.
듣고 남자가 할 행동으로 맞는 것을 고르십시오.

5 (　)

① 불고기 만드는 법을 가르친다.
② 불고기를 만들 외국인을 찾는다.
③ 불고기에 들어가는 채소를 씻는다.
④ 불고기를 만드는 요리 수업을 신청한다.

6 (　)

① 생일 축하 카드를 쓴다.
② 반 친구들에게 연락한다.
③ 제임스에게 파티 이야기를 한다.
④ 제임스에게 줄 케이크를 사러 간다.

[7-8] Listen to the following and answer the questions.
다음을 듣고 질문에 답하십시오.

7 What are the two people talking about? (　　)
두 사람은 무엇에 대해서 이야기하고 있습니까?

① 생활 용품을 사는 방법　　② 비싼 선물을 사는 이유
③ 명절에 선물을 하는 풍습　　④ 가족들과 먹을 수 있는 음식

8 Choose the appropriate answer for the man's central thought. (　　)
남자의 중심 생각으로 적당한 것을 고르십시오.

① 추석에는 고마운 사람에게 줄 선물을 꼭 사야 한다.
② 하숙집 아주머니께 고향의 비싼 물건을 선물로 드리는 것이 좋다.
③ 생활할 때 자주 사용하는, 비싸지 않은 물건을 선물하는 것이 좋다.
④ 고마운 마음을 전하기 위해서 백화점에서 선물을 사서 드려야 한다.

[9-10] Listen to the following and answer the questions.
다음을 듣고 질문에 답하십시오.

9 Choose the answer that matches what you heard. (　　)
들은 내용과 같은 것을 고르십시오.

① 주문한 물건이 배달되지 않았다.
② 두 사람은 지금 쇼핑을 하고 있다.
③ 미선은 시장에 가는 것을 좋아한다.
④ 미선은 홈쇼핑으로 물건을 산 적이 있다.

10 Choose the statement that does not relate to Jeonghee's thoughts on home shopping. (　　)
홈쇼핑에 대한 정희의 생각으로 맞지 않은 것을 고르십시오.

① 집까지 물건을 배달해 주니까 좋다.
② 텔레비전을 보면서 쇼핑을 하니까 구경할 것이 많다.
③ 텔레비전 화면으로 물건을 보고 살 수 있어서 편리하다.
④ 홈쇼핑으로 물건을 가면 직접 시장에 가지 않아도 된다.

[11-13] Listen to the following and answer the questions.
다음을 듣고 질문에 답하십시오.

11 What is this person doing? (　　)
이 사람은 무엇을 하고 있습니까?

① 음악회에 올 사람들을 초대하고 있다.
② 음악회를 하기 전에 인사를 하고 있다.
③ 음악회를 준비하는 방법을 소개하고 있다.
④ 음악회가 끝나고 갈 뒤풀이 장소를 알아보고 있다.

12 What kind of gathering/meeting is this story about? (　　)
이 이야기의 모임은 어떤 모임일까요?

① 동호회　　② 동창회　　③ 동아리　　④ 동문회

13 Choose the answer that matches what you heard. (　　)
들은 내용과 같은 것을 고르십시오.

① 이 모임에 있는 사람들은 직업이 다양하다.
② 수업이나 회사일이 없는 휴일에 연습을 했다.
③ 악기를 연주한 사람들만 뒤풀이에 갈 수 있다.
④ 음악회를 하는 사람들은 모두 음악을 전공했다.

읽기

I [1-3] Read the following and answer the questions.
다음을 읽고 질문에 답하십시오.

이번 주 수요일은 우리 반 친구 리사의 생일입니다. 저는 리사의 생일에 리사를 (㉠) 놀라게 해 주고 싶습니다. 그래서 요즘 파티 준비를 하는데 리사가 모르게 파티를 계획하기가 아주 어렵습니다.

"이번 주 수요일이 내 생일인데 그날 시간 있어? 같이 저녁이나 먹을까?"

리사가 이런 말을 할 때마다 우리는 모두 대답을 잘 하지 않습니다.

"글쎄, 요즘 내가 좀 바빠."

저는 이렇게 대답을 할 때마다 가슴이 (㉡)합니다. 그리고 (㉢) 리사의 얼굴을 보면 웃음이 나기도 합니다.

리사에게 줄 선물도 예쁘게 포장하고 식당도 예약했습니다. 우리는 리사가 식당에 도착하면 폭죽을 (㉣) 노래를 부르려고 합니다. 그런데 어떻게 리사를 자연스럽게 식당까지 데리고 갈 수 있을까요?

1 What word or phrase does not fit in the blank? (　　)
( ) 안에 들어갈 말로 맞지 않은 것은 무엇입니까?

① ㉠ 깜짝　　② ㉡ 두근두근
③ ㉢ 기뻐하는　　④ ㉣ 터뜨리고

2 Choose the option that matches the content of the text above. (　　)
위 글의 내용과 같은 것을 고르십시오.

① 리사는 생일을 혼자 보낼 것 같습니다.
② 리사는 생일에 우리를 만나고 싶어 합니다.
③ 우리는 생일 파티 준비가 어렵지 않습니다.
④ 우리는 리사의 집에서 생일 파티를 하려고 합니다.

3 Choose the option that does not match the conversation Lisa's friends are having. (　　)
리사의 친구들이 하는 대화로 맞지 않은 것을 고르십시오.

① "리사에게 줄 선물을 준비할 거야."
② "리사가 도착하기 전에 폭죽을 터뜨리자."
③ "이번 주 수요일에 리사에게 깜짝 파티를 해 주자."
④ "리사를 파티 장소에 데리고 올 방법을 찾아야 해."

II [4-6] Read the following and answer the questions.
다음을 읽고 질문에 답하십시오.

㉠ ____________. 한국 음식은 국물이 많기 때문에 숟가락과 젓가락을 사용해요. 하지만 숟가락과 젓가락을 한 손에 같이 들고 먹으면 안 돼요. 밥을 먹을 때는 그릇을 상 위에 놓고 숟가락으로 먹어요. 일본 사람들은 밥을 젓가락으로 먹기 때문에 밥그릇을 들고 먹어야 해요. 중국에는 튀긴 음식과 볶은 음식이 많은데 그런 음식은 대부분 기름이 많고 뜨겁기 때문에 중국 젓가락은 한국 젓가락보다 길어요.

음식 문화는 날씨와 관계가 많아요. 노르웨이는 겨울이 긴 나라예요. 그래서 사람들은 고기나 생선에 소금을 뿌려서 말린 후에 추운 겨울에도 오랫동안 먹을 수 있는 음식을 만들었어요. 인도네시아는 날씨가 더워서 익히지 않은 음식은 쉽게 상할 수 있기 때문에 볶은 음식이 많아요.

이렇게 다른 나라의 다양한 음식과 그 배경을 알면 그 나라의 ㉡ ______ 을/를 더 잘 이해할 수 있어요. 다른 나라의 ㉡ ______ 을/를 잘 알고 싶으면 그 나라의 음식을 드셔 보세요.

4 **Choose the correct answer to fill in ㉠_____. (　　)**
㉠ ______ 에 들어갈 알맞은 것을 고르십시오.

① 음식 문화를 이해하는 것은 어려워요.
② 음식을 먹는 방법은 나라마다 아주 다양해요.
③ 다른 나라 음식을 먹을 때는 조심해야 합니다.
④ 날씨 때문에 나라마다 음식이 다양해졌습니다.

5 **Choose the correct answer to fill in ㉡_____. (　　)**
㉡ ______ 에 들어갈 알맞은 것을 고르십시오.

① 날씨　　② 요리　　③ 그릇　　④ 문화

6 **Select all the answers that match the content you read. (　　,　　)**
읽은 내용과 같은 것을 모두 고르십시오.

① 볶은 음식은 상하기 쉽습니다.
② 노르웨이는 겨울이 길기 때문에 고기와 생선을 먹습니다.
③ 생선에 소금을 뿌려서 말리면 오랫동안 먹을 수 있습니다.
④ 중국 음식을 먹을 때는 한국 젓가락보다 긴 젓가락이 필요합니다.

III [7-9] Read the following and answer the questions.
다음을 읽고 질문에 답하십시오.

리타에게

안녕, 잘 지내고 있지? 나도 한국에서 건강하게 잘 지내고 있어.

한국 생활은 재미있지만 친구가 많지 않아서 가끔 외로워. ㉠ ______ 친구를 만날 수 있는 동아리에 들어가려고 찾고 있었는데 고향 선배님이 여행 동아리를 소개해 줬어. 이 동아리는 한국의 작은 도시나 시골을 여행하고 싶어 하는 사람들이 모인 동아리야. 나는 아직 한국에서 여행을 해 본 적이 없어서 이 동아리에 들기로 했어.

여행 동아리에 들어가면 취미가 같은 사람을 많이 만나고 또 한국 문화를 배울 수 있는 기회도 더 많아질 것 같아. 한국 사람들과 여행하니까 한국말 연습도 많이 할 수 있을 것 같아서 기대가 돼. ㉡ ______ 좋은 경치와 맑은 공기 속에서 맛있는 한국 음식도 많이 먹으면 좋겠어.

또 연락할게. 잘 지내.

서울에서 제니

7 Choose the option that matches the content of the text above. (   )
위 글의 내용과 같은 것을 고르십시오.

① 제니는 한국에서 여행을 한 적이 있다.
② 제니는 여행 중에 한국 음식을 먹고 싶어 한다.
③ 제니는 동아리 회원들과 대도시를 여행할 것 같다.
④ 제니는 동아리를 직접 찾아본 후에 이 여행 동아리에 들어갔다.

8 Choose the correct answers to fill in ㉠______ and ㉡______. (   )
㉠ ______ 과 ㉡ ______ 에 들어갈 알맞은 것을 고르십시오.

① ㉠ 그래서 ㉡ 그리고
② ㉠ 그래서 ㉡ 그런데
③ ㉠ 그렇지만 ㉡ 그리고
④ ㉠ 그렇지만 ㉡ 그리고

9 Choose the option that was not mentioned as a positive aspect of the trip in the text above. (   )
위 글에서 말한 여행의 좋은 점이 아닌 것을 고르십시오.

① 한국말을 배울 수 있다.
② 한국의 문화를 알 수 있다.
③ 아름다운 자연을 볼 수 있다.
④ 편하고 싸게 여행할 수 있다.

Ⅳ [10-12] Read the following and answer the questions.
다음을 읽고 질문에 답하십시오.

5월 3일 토요일 맑음

(가) 나는 백화점보다 시장을 더 좋아한다. 시장에는 여러 가지 물건도 많고 여기저기 돌아다니면 좋은 물건을 싸게 살 수 있기 때문이다. 백화점은 물건을 고르기가 편리하지만 물건 값이 좀 비싸다.

(나) 또 백화점은 보통 오전 열 시 반부터 저녁 여덟 시까지만 문을 여는데 시장은 밤에 가도 물건을 살 수 있다. 시장에는 백화점과 다르게 현금을 내면 물건 값을 깎아 주는 가게도 있다. 또 손님들을 위해서 재미있는 공연을 하는 시장도 있다.

(다) 오늘 나는 친구와 같이 옷을 사러 동대문 시장에 갔다. 남대문 시장에는 가 본 적이 있지만 동대문 시장은 처음이었다. 밤에 가면 공연도 보고 더 싸게 살 수 있을 것 같아서 밤에 갔다. 사람들이 쇼핑몰 앞에서 노래도 하고 춤도 추고 있었는데 아주 재미있었다. 나는 노란 모자와 보라색 스웨터를 샀고 친구는 하얀 블라우스와 검은색 긴 바지를 샀다. 우리는 예쁜 옷을 싸게 사서 기분이 좋았다.

10 What is being discussed in (가)? (　　)
(가)에서 무슨 이야기를 하고 있습니까?

① 물건 고르기가 편리한 장소
② 좋은 물건을 살 수 있는 방법
③ 백화점보다 시장이 좋은 이유
④ 시장에 있는 여러 가지 물건들

11 Choose the option that is not discussed in (나). (　　)
(나)에서 이야기하지 않은 것을 고르십시오.

① 시장의 문 닫는 시간
② 백화점의 문 여는 시간
③ 물건을 싸게 사는 방법
④ 공연을 볼 수 있는 장소

12 Choose the answer that is different from the content of (다). (　　)
(다)의 내용과 다른 것을 고르십시오.

① 이 사람은 동대문 시장에 가 본 적이 있다.
② 이 사람은 옷을 사고 싶어서 동대문 시장에 갔다.
③ 이 사람은 동대문 시장에서 모자와 스웨터를 샀다.
④ 이 사람과 친구는 동대문 시장에서 산 옷이 마음에 들었다.

memo 메모

6과 01 울산까지 어떻게 가는지 알아?

어휘

■ **Choose the correct vocabulary and write it inside the (   ) parentheses.**
알맞은 어휘를 골라 (   ) 안에 쓰십시오.

절　　좌석　　들르다　　이용하다　　편안하다

보기 저는 매일 아침 수업 전에 커피숍에 (들러서)~~어서/아서/여서~~ 커피를 사 가지고 교실에 가요.

1) 새로 산 침대가 좋아서 요즘 (　　　　　)게 잘 자요.
2) 음식을 배달시킬 때 앱을 (　　　　　)으면/면 편리합니다.
3) 비행기를 탈 때에는 (　　　　　) 번호를 잘 보고 앉아야 합니다.
4) 한국에 불교가 들어온 지 1700년 정도 되어서 곳곳에 오래된 (　　　　　)이/가 많다.

-는지/은지/ㄴ지 알다/모르다

1 Complete the dialogue as shown in the example.
보기 와 같이 대화를 완성하십시오.

보기 가: 영수 씨가 어디에 사는지~~는지/은지/ㄴ지~~ 알아요?
나 : 네, 영수 씨는 신촌에 살아요.

1) 가: 요즘 무슨 드라마가 재미있는지 알아요?
나: 아니요, ______________________________는지/은지/ㄴ지 몰라요.

2) 가: ______________________________는지/은지/ㄴ지 알아요?
나: 네, 잠깐만요. 리에 씨 전화번호는 010-1234-5678이에요.

3) 가: ______________________________
나: 네, 저녁에 큰 행사가 있어서 공원에 사람이 많은 것 같아요.

4) 가: ______________________________
나: 아파서 수업에 못 온 것 같아요.

2 Complete the dialogue as shown in the example.

다음을 보고 보기 와 같이 대화를 완성하십시오.

이름: 김윤호

직업: 가수

보기 생일: 2005년 3월 15일

1) 태어난 곳: 서울

2) 가족: 아버지, 어머니, 형

3) 학교: 연세대학교 국어국문학과 졸업

4) 좋아하는 음식: 떡볶이, 피자

보기

가: 김윤호 씨 생일이 언제인지~~는지/은지/ㄴ지~~ 알아요?

나: 네, 알아요. 2005년 3월 15일이에요.

1) 가: ______________________ 는지/은지/ㄴ지 알아요?

나: ______________________

2) 가: ______________________ 는지/은지/ㄴ지 알아요?

나: ______________________

3) 가: ______________________

나: ______________________

4) 가: ______________________

나: ______________________

❶❶ -는 길이다

3 Complete the sentence as shown in the example.
보기 와 같이 문장을 완성하십시오.

> 보기
> 학교 → 화장품 가게에 들르다 → 지하철역
> 학교에서 지하철역에 가는 길에 화장품 가게에 들렀어요.

1) 회사 → 헬스클럽에 들러서 운동하다 → 집

_______________ 는 길에 _______________

2) 명동 → 종로에 있는 서점에 들르다 → 광화문

_______________ 는 길에 _______________

3) 캘리포니아 → 라스베이거스를 여행하다 → 뉴욕

____

4) 교실 → 친구를 만나다 → 기숙사

____

4 Complete the dialogue as shown in the example.
보기 와 같이 대화를 완성하십시오.

> 보기
> 가: 지금 어디야? 수업이 없으면 같이 점심 먹자.
> 나: 그래, 좋아. 나는 지금 도서관에서 숙제를 하고 기숙사에 가는 길이야.

1) 가: 클레어 씨, 어디 가세요?

나: _______________ 는 길이에요.

2) 가: 지금 _______________ 는 길인데 뭐 부탁할 거 있어?

나: 집에 휴지가 없으니까 좀 사 와.

3) 가: 그 커피를 어디에서 샀어요?

나: _______________ 는 길에 _______________

4) 가: 보통 저녁을 어디에서 드세요?

나: _______________ 는 길에 _______________

6과 02 가까워 보이는데 버스를 타야 합니까?

어휘

■ **Choose the correct vocabulary and write it inside the ( ) parentheses.**
알맞은 어휘를 골라 ( ) 안에 쓰십시오.

위치 놀이공원 웬만하면 밀리다 지나다

보기 시험이 끝났으니까 주말에 친구들과 (놀이공원)에 가서 신나게 놀고 싶어요.

1) 요즘 빨래가 많이 (   )어서/아서/여서 입을 옷이 없다.
2) 지금 먹을 것이 그 빵밖에 없으니까 맛이 없어도 (   ) 그냥 먹어.
3) 기차 출발 시간이 10분이나 (   )었는데/았는데/였는데 왜 아직도 안 가요?
4) 친구의 현재 (   )을/를 찾아 주는 앱을 쓰면 친구가 지금 어디에 있는지 바로 알 수 있다.

-어/아/여 보이다

1 Look at the picture and complete the sentenceas shown in the example.
그림을 보고 보기 와 같이 문장을 완성하십시오.

보기

키가 큰 친구 옆에 있으니까 내 키가 작아 ~~어/아/여~~ 보여요.

1)

벽 색깔을 바꾸니까 __________ 어/아/여 보여요.

2)

머리를 자르니까 __________ 어/아/여 보여요.

3) 

안경을 끼니까 ________ 어/아/여 보여요.

4) 

예쁜 잔에 담으니까 ________ 어/아/여 보여요.

2 Complete the dialogue as shown in the example.

보기 와 같이 대화를 완성하십시오.

한나: 지민 씨, 어서 오세요. 집 찾기가 힘들었지요? 보기 피곤해 보여요. (피곤하다)

지민: 괜찮아요. 이 아파트가 지하철역에서 1) ________ (가깝다) 마을버스를 안 탔는데 생각보다 머네요.

한나: 아, 그랬어요? 그런데 유진 씨는 같이 안 왔어요?

지민: 아까 사무실에서 보니까 2) ________ (바쁘다) 저 먼저 왔어요.

한나: 맞아요. 요즘 유진 씨가 영업부 일 때문에 바쁜 것 같아요.

지민: 어, 이거 한나 씨 결혼사진이군요. 두 분이 정말 3) ________ (행복하다).

리에: 고맙습니다. 이거 제가 만든 잡채인데 좀 드세요.

양견: 와! 아주 4) ________ (맛있다).

-다가

3 Connect the appropriate options to complete the sentence as shown in the example.

보기 와 같이 알맞은 것을 연결하여 문장을 완성하십시오.

보기 공부를 한다.	졸리다.	티브이를 끈다.
1) 명동에 산다.	재미없다.	그만둔다.
2) 드라마를 본다.	일이 힘들다.	내려온다.
3) 산에 올라간다.	학교가 멀다.	커피를 마신다.
4) 회사에 다닌다.	다리가 아프다.	신촌으로 이사한다.

보기 공부를 하다가 졸려서~~어서/아서/여서~~ 커피를 마셨어요.

1) ______ 다가 ______ 어서/아서/여서 ______

2) ______ 다가 ______ 어서/아서/여서 ______

3) ______

4) ______

4 Complete the dialogue as shown in the example.

보기 와 같이 대화를 완성하십시오.

보기 가: 열쇠를 어떻게 찾았어요?
나: 청소를 하다가 소파 안쪽에서 찾았어요.

1) 가: 뭘 하다가 다리를 다쳤어요?
나: ______ 다가 ______

2) 가: 왜 도서관에 안 가고 돌아왔어?
나: ______ 다가 ______

3) 가: 태어나서부터 지금까지 계속 서울에서 살았어요?
나: 아니요, ______

4) 가: 왜 아직도 숙제를 다 못 했어요?
나: ______

7과 01 비자를 연장하려면 재학 증명서가 있어야 합니다.

어휘

■ **Choose the correct vocabulary and write it inside the ( ) parentheses.**
알맞은 어휘를 골라 ( ) 안에 쓰십시오.

서류 순서 반드시 뽑다 잊어버리다

보기 한국과 미국은 주소를 쓰는 (순서가)~~이/가~~ 다릅니다.

1) 한국에서는 운전을 할 때 (   ) 안전벨트를 매야 합니다.
2) 어제가 친구 생일이었는데 깜빡 (   )고 축하 인사를 못 했어요.
3) 우리 회사는 사업이 잘돼서 해마다 많은 직원을 새로 (   )는다/ㄴ다.
4) 요즘은 유학을 갈 때 필요한 (   )을/를 우편으로 보내지 않고 인터넷으로 제출할 수 있어서 편하다.

-어/아/여 있다

1 Look at the picture and choose the correct word from the following options to complete the sentence as shown in the example.
그림을 보고 다음 단어 중 알맞은 것을 골라 보기 와 같이 문장을 완성하십시오.

남다 붙다 걸리다 놓이다 열리다

이곳은 수지 씨 방입니다. 옷장 옆에 옷걸이가 있고 옷걸이에 보기 코트가 걸려 ~~어/아/여~~ 있습니다. 벽에는 시계가 걸려 있고 그 아래 바닥에는 가방이 **1)** ________어/아/여 있습니다. 시계 옆에는 가수 사진이 **2)** ________어/아/여 있고 책상 위에는 컴퓨터와 물컵이 놓여 있는데 물컵에는 주스가 **3)** ________어/아/여 있습니다. 옷장 문은 **4)** ________어/아/여 있고 창문은 닫혀 있습니다.

2 Complete the dialogue as shown in the example.

보기 와 같이 대화를 완성하십시오.

보기
가: 어젯밤에 바람이 너무 많이 불지 않았어요?
나: 맞아요. 아침에 밖에 나가 보니까 나뭇가지가 부러져~~어/아/여~~ 있었어요.
(부러지다)

1) 가: 아직도 몸이 안 좋아요?
나: 네, 어제는 너무 아파서 하루 종일 ________어/아/여 있었어요. (눕다)

2) 가: 그 가방에 뭐가 ________어/아/여 있었어요? (들다)
나: 책하고 필통이 있었어요. 다행히 가방 안에 지갑은 없었어요.

3) 가: 지금 약속 장소로 가고 있는데 다른 친구들은 도착했어?
나: 응. 벌써 다 식당에 다 ________ (오다)

4) 가: 왜 그래? 허리가 아파?
나: 응. 오늘 수업이 많아서 다섯 시간 동안 계속 ________ (앉다)

-으려면/려면

3 **Connect the appropriate options to complete the sentence as shown in the example.**
보기 와 같이 알맞은 것을 연결하여 문장을 완성하십시오.

보기 돈을 모은다.	민속촌에 가 보세요.
1) 연극을 본다.	식비를 줄여야 해요.
2) 서울 시내를 구경한다.	7시쯤 일어나야 해요.
3) 아침 수업에 지각하지 않는다.	시티 투어 버스를 타세요.
4) 옛날 한국 사람들의 생활 모습을 안다.	극장이 많은 대학로에 갑시다.

보기
돈을 모으려면~~으려면/려면~~ 식비를 줄여야 해요.

1) ______________ 으려면/려면 ______________

2) ______________ 으려면/려면 ______________

3) ______________

4) ______________

4 **Complete the dialogue as shown in the example.**
보기 와 같이 대화를 완성하십시오.

보기
가: 저는 한국어 듣기를 잘하고 싶어요.
나: 한국어 듣기를 잘하려면 한국 드라마와 영화를 많이 보세요.

1) 가: 떡볶이를 직접 만들어서 먹어 보고 싶어요.
나: ______________

2) 가: 방학에 케이티엑스를 타고 부산에 여행을 갈 건데 좋은 자리에 앉고 싶어요.
나: ______________

3) 가: 내년에는 더 건강해졌으면 좋겠어요.
나: ______________

4) 가: 한국에서 좋은 회사에 취직하고 싶어요.
나: ______________

7과 02 카드를 만드는 데 시간이 얼마나 걸릴까요?

어휘

■ **Choose the correct vocabulary and write it inside the (   ) parentheses.**
알맞은 어휘를 골라 (   ) 안에 쓰십시오.

상품　　이상　　따로　　무겁다　　새롭다

보기 내일 시험에서 80점 (이상을)을/를 받으면 다음 학기에 3급을 공부할 수 있어요.

1) 요즘은 인터넷 쇼핑몰에서 좋은 (   )을/를 싸게 살 수 있다.
2) 가방에 책을 여러 권 넣으면 (   )으니까/니까 전자책을 사용해요.
3) 나는 여행 갈 때 전에 가 본 곳 말고 (   )은/ㄴ 곳에 가는 걸 좋아한다.
4) 저하고 룸메이트는 이번 학기에 수업 시간이 달라서 밥을 같이 못 먹고 (   ) 먹어요.

-는 데

1 Choose the correct option from the following and complete the dialogue as shown in the example.
다음 중에서 알맞은 것을 골라 보기 와 같이 대화를 완성하십시오.

늘다　　배우다　　유학하다　　이해하다　　취직하다

수지: 중국에서 보기 유학하는 데 돈이 얼마나 들었어?
윤아: 한 달에 80만 원쯤 썼어. 너도 중국에 공부하러 가려고?
수지: 응. 중국어를 잘하면 1) __________는 데 도움이 될 것 같아서 다녀오려고 해.
그런데 중국에서 사람들과 편하게 이야기하기까지 얼마나 걸렸어?
윤아: 생활에 꼭 필요한 말을 2) __________는 데 3개월 정도 걸렸어.
수지: 어떻게 하면 중국어가 빨리 늘까?
윤아: 외국어가 3) __________는 데는 그 나라 친구를 많이 사귀는 게 제일 좋은 방법인 것 같아.
수지: 나도 그렇게 해 봐야겠다. 알려 줘서 고마워.
윤아: 그리고 시간이 있을 때 이 책도 한번 읽어 봐. 중국 문화를 4) __________는 데 도움이 될 거야.

2 Complete the dialogue as shown in the example.

보기 와 같이 대화를 완성하십시오.

보기
가: 어떻게 하면 건강하게 스트레스를 풀 수 있을까요?
나: 운동이 스트레스를 푸는 데 제일 좋아요.

1) 가: 김치찌개를 만드는 데 무슨 재료가 들어가요?
나: ______________는 데 ______________

2) 가: 제주도 여행을 하는 데 돈이 얼마나 들까요?
나: ______________는 데 ______________

3) 가: 빨리 감기가 나았으면 좋겠어요.
나: ______________

4) 가: 한국어 읽기 실력을 키우고 싶어요.
나: ______________

11 -던

3 Choose the correct option from the following and complete the sentence as shown in the example.

다음 중에서 알맞은 것을 골라 보기 와 같이 문장을 완성하십시오.

가다　　듣다　　하다　　다니다　　사귀다

보기 이 노래는 제가 고등학생 때 자주 듣던 노래예요.

1) 먼저 퇴근하세요. 저는 ________던 일을 끝내고 갈게요.

2) 여기는 옛날 남자 친구와 자주 ________던 커피숍이에요.

3) 한국어를 배우려고 고향에서 ________던 회사를 그만두고 한국에 왔어요.

4) 요즘 마리아 씨 기분이 안 좋아 보여요. ________던 사람과 헤어진 것 같아요.

4 Complete the dialogue as shown in the example.

보기 와 같이 대화를 완성하십시오.

> **보기**
> 가: 음식이 정말 맛있네요. 고향 음식이에요?
> 나: 네, 어렸을 때 어머니께서 자주 만들어 주시던 음식이에요.

1) 가: 배가 고픈데 뭐 먹을 거 없어?

   나: ____________________ 던 ____________________

2) 가: 이 책은 아주 오래된 것 같은데 부모님 책이에요?

   나: 네, ____________________ 던 ____________________

3) 가: 목이 마른데 이 물 좀 마셔도 돼요?

   나: 안 돼요. ____________________

4) 가: 처음 보는 옷을 입었네요. 새로 샀어요?

   나: 아니요, ____________________

8과 01 전화해서 어디쯤 왔냐고 물어봐

어휘

■ **Choose the correct vocabulary and write it inside the (   ) parentheses.**
알맞은 어휘를 골라 (   ) 안에 쓰십시오.

답장　아까　잠시　지키다　미끄럽다

보기 급한 일이니까 이 이메일을 보면 바로 (답장을)을/를 해 주세요.

1) 5분 안에 도착할 것 같으니까 (   )만 더 기다려 주세요.
2) (   )까지는 안개가 껴서 날씨가 흐렸는데 갑자기 맑아졌네!
3) 눈이 많이 와서 길이 (   )으니까/니까 조심해서 운전하세요.
4) 아무리 바빠도 주말에 등산을 가기로 한 약속은 꼭 (   )을게/ㄹ게.

-는다고/ㄴ다고/다고 하다, -냐고 하다

1 Rewrite the sentence as shown in the example.
보기 와 같이 문장을 바꿔 쓰십시오.

보기 제임스: 저녁을 먹으면 바로 이를 닦아요.
→ 제임스가 저녁을 먹으면 바로 이를 닦는다고 합니다.

1) 민수: 5월 5일은 어린이날이에요.
→

2) 아야코: 어머니는 한국 사람이 아닙니다.
→

3) 에릭: 지금 친구 집에서 살아요.
→

4) 리타오: 호주는 겨울에도 날씨가 따뜻해요.
→

5) 정희: 저는 어렸을 때 발레를 배웠어요.

→ ______

6) 윤아: 여행 가면 예쁜 엽서를 보낼게요.

→ ______

2 Read the following and complete the dialogue as shown in the example.

다음을 읽고 보기 와 같이 대화를 완성하십시오.

> 보고 싶은 리사에게
>
> 리사! 잘 지내니?
> 나는 보기 지금 싱가포르에 있어. 엽서 속의 싱가포르 야경이 아주 멋있지? 1) 사흘 전에 도착했어. 2) 날씨가 좀 덥지만 구경을 다니기에 나쁘지 않아. 날마다 맛있는 음식도 먹고 쇼핑도 하면서 3) 하루하루를 즐겁게 보내. 4) 그리고 여러 나라에서 여행을 온 사람들하고 이야기를 하는 게 참 재미있어.
> 5) 다음에는 너하고 피터노 같이 여행을 다니면 좋겠어.
> 그럼 이만 쓸게. 서울에서 다시 만날 때까지 건강하게 잘 있어.
>
> 싱가포르에서
> 윤아가

리사: 윤아가 여행 중에 엽서를 보냈네!

피터: 그래? 뭐라고 썼어?

리사: 보기 지금 싱가포르에 있다고 해. 1) ______

피터: 거기 날씨는 어떻다고 해?

리시: 2) ______.

피터: 여행이 재미있다고 해?

리사: 응. 3) ______.

4) ______

피터: 나도 싱가포르에 가 보고 싶어.

리사: 안 그래도 5) ______

■■ -냐고 하다, -으라고/라고 하다

3 **Rewrite the sentence as shown in the example.**
보기 와 같이 문장을 바꿔 쓰십시오.

> 보기
> 제임스: 지금 어디 가세요?
> → 제임스가 지금 어디 가냐고 합니다.

1) 엠마: 이번 학기에 듣는 수업 중에서 뭐가 제일 어려워?

→ ______________________

2) 리타오: 음식 맛이 어때요?

→ ______________________

3) 피터: 한국에 온 지 얼마나 됐어?

→ ______________________

4) 리에: 친구들이 기다리니까 빨리 오세요.

→ ______________________

5) 선생님: 옆 교실에서 시험을 보고 있으니까 조용히 하세요.

→ ______________________

6) 안내원: 박물관 안에서는 사진을 찍지 마십시오.

→ ______________________

4 Read the following and complete the dialogue as shown in the example.
다음을 읽고 보기 와 같이 대화를 완성하십시오.

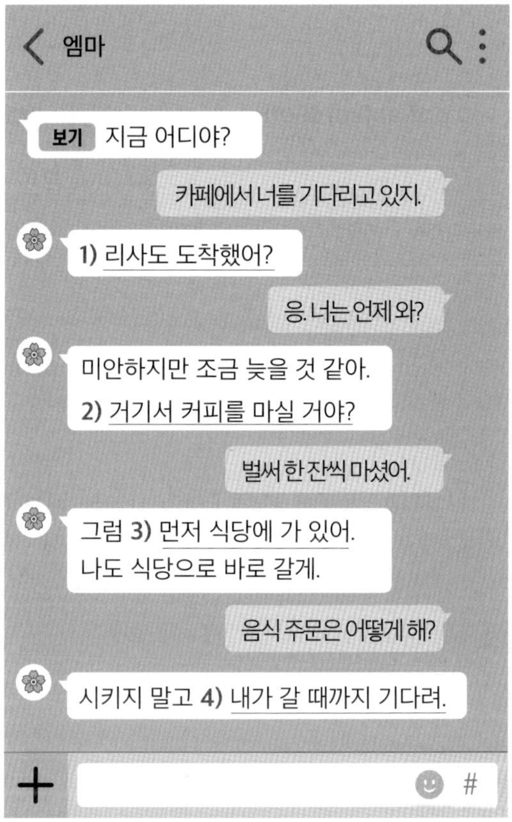

리사: 엠마가 왜 아직 안 오지?

피터: 방금 엠마한테 문자가 왔는데... 보기 지금 어디냐고 해.

리사: 답장했어?

피터: 응. 카페에서 기다리고 있다고 하니까 1) ____________________

리사: 언제쯤 도착한다고 해?

피터: 조금 늦을 것 같다고 해. 우리한테 2) ____________________

리사: 벌써 다 마셨다고 얘기했어?

피터: 응. 3) ____________________ . 엠마도 식당으로 바로 오겠다고 했어.

리사: 그럼 그렇게 하자. 주문을 미리 하면 음식이 너무 빨리 나올까?

피터: 응, 그런데 4) ____________________

8과 02 야구 시합을 보러 가자고 하는데 같이 갈래?

어휘

■ **Choose the correct vocabulary and write it inside the (   ) parentheses.**
알맞은 어휘를 골라 (   ) 안에 쓰십시오.

소원   시합   구하다   붐비다   대단하다

보기 요즘 외국으로 여행을 가는 사람이 많아서 공항이 (붐빌)을/ㄹ 것 같으니까 좀 서두르자.

1) 어떻게 한 번 본 춤을 외워서 똑같이 춰요? 정말 (   )어요/아요/여요!
2) 우리 테니스 (   )을/를 해서 진 사람이 이긴 사람에게 저녁 사 주기로 하자.
3) 제 고향은 눈이 안 와서 한국에서 눈도 보고 스키도 타는 게 (   )이었어요/였어요.
4) 학교 앞에 새로 문을 연 커피숍에서 일할 사람을 (   )는다고/ㄴ다고 하는데 거기서 아르바이트를 해 보는 게 어때?

-자고 하다

1 Rewrite the sentence as shown in the example.
보기 와 같이 문장을 바꿔 쓰십시오.

보기 제임스: 같이 도서관에 가서 공부하자.
→ 제임스가 같이 도서관에 가서 공부하자고 합니다.

1) 민수: 이번 주말에 같이 영화를 봐요.
→

2) 아야코: 집에 먹을 것이 없으니까 배달시켜서 먹읍시다.
→

3) 엠마: 오늘은 날씨가 안 좋으니까 산책하지 말자.
→

4) 리타오: 길이 막히니까 택시를 타지 맙시다.
→

2 Look at the table and complete the dialogue as shown in the example.

표를 보고 보기 와 같이 대화를 완성하십시오.

	로라	남자친구
보기 집	부모님 댁 근처	회사 근처
1) 가구	새로 산다	쓰던 가구를 쓴다
2) 결혼식장	호텔	교회
3) 청첩장	모바일 청첩장	종이 청첩장
4) 신혼여행	스위스	하와이

지선: 결혼 준비는 잘되어 가?

로라: 안 그래도 남자 친구랑 오늘 전화로 한 시간이나 싸웠어.

지선: 무슨 일인데 그래?

로라: 생각이 너무 달라서 힘들어. 먼저 집 문제부터 말하면, 보기 나는 부모님 댁 근처에서 살자고 하는데 남자 친구는 회사 근처에 집을 구하자고 해.

그리고 1) 가구도 ______

지선: 힘들겠다. 결혼식은 어디에서 하기로 했어?

로라: 그것도 아직 못 정했어. 2) ______

지선: 서둘러야겠는데… 결혼식장을 정해야 청첩장도 만들지.

로라: 휴…. 청첩장도 문제야. 3) ______

지선: 그래도 조금만 더 힘내. 결혼식이 다 끝나고 신혼여행을 가면 얼마나 행복하겠어?

리에: 신혼여행은 얘기도 하지 마. 오늘 그것 때문에 남자 친구하고 한 시간이나 싸웠어.

4) ______

지선: 나는 남자 친구도 없지만 벌써부터 결혼하기 싫어지네.

■■ -어/아/여 달라고(주라고) 하다

3 Rewrite the sentence as shown in the example.
보기 와 같이 문장을 바꿔 쓰십시오.

> 보기
> 제임스: 휴지 좀 주세요.
> → 제임스가 휴지를 달라고 합니다.

1) 어머니: 할아버지께 신문 좀 드려라.

→ ______________________________

2) 엠마: 선생님 이메일 주소 좀 알려 줘.

→ ______________________________

3) 학생: 선생님, 다시 한 번 설명해 주세요.

→ ______________________________

4) 리타오: 윤아의 생일 선물로 콘서트 티켓을 사 줘.

→ ______________________________

4 Read the following and complete the dialogue as shown in the example.
다음을 읽고 보기 와 같이 대화를 완성하십시오.

사랑하는 피터에게

엄마가 여행 가기 전에 너에게 부탁할 것이 있어서 메모를 남긴다.
우선 잊어버리지 말고 보기 제시간에 강아지에게 밥을 줘라. 그리고 1) 아빠하고 누나가 퇴근하면 저녁을 좀 차려 줘.
또 내가 급하게 떠나서 여행 중에 갈 식당을 못 찾아봤는데 네가 2) 런던 맛집을 찾아서 메시지로 보내 줘.
참, 어제 인터넷으로 주문한 물건이 있는데 3) 배달이 오면 좀 받아 줘.
집에 4) 무슨 일이 생기면 바로 연락해 줘.
사랑한다. 아들.

엄마가

누나: 이건 무슨 편지야?

피터: 엄마가 여행 가기 전에 나한테 편지를 남기고 가셨어.

누나: 뭐라고 쓰셨는데?

피터: 보기 제시간에 강아지에게 밥을 주라고 하셨어.

그리고 1) ______________________

누나: 와! 그럼 오랜만에 네가 만든 음식을 먹을 수 있겠네. 또 하신 말씀은 없어?

피터: 2) ______________________

누나: 아, 그리고 엄마가 어제 인터넷으로 물건을 시키신 것 같은데.

피터: 응. 3) ______________________

누나: 재미있게 놀고 오시면 좋겠다.

피터: 그런데 우리를 많이 걱정하시는 것 같아.

4) ______________________

9과 01 날마다 손질하기가 귀찮거든요

어휘

■ **Choose the correct vocabulary and write it inside the (   ) parentheses.**
알맞은 어휘를 골라 (   ) 안에 쓰십시오.

의견	살짝	전혀	손질하다	후회하다

보기 저는 채소만 먹고 고기나 생선은 (전혀) 안 먹어요.

1) 삼계탕을 만들려면 먼저 닭을 깨끗하게 (   )어야/아야/여야 해요.
2) 오늘 밀린 숙제를 하면서 어제 놀기만 한 걸 (   )었다/았다/였다.
3) 슈퍼마켓에서 물건을 구경하다가 (   ) 건드렸는데 와르르 떨어져서 깜짝 놀랐다.
4) 다음 주 동아리 모임 뒤풀이를 어디에서 할까요? 좋은 (   )이/가 있으면 이야기 해 주세요.

-거든요

1 Connect the appropriate options to complete the sentence as shown in the example.
보기 와 같이 알맞은 것을 연결하여 문장을 완성하십시오.

보기 지하철을 타는 게 좋아요. •	• 이건 좀 작아요.
1) 이번 주말에는 푹 쉴 거예요. •	• 쓰던 걸 잃어버렸어요.
2) 좀 더 큰 구두를 보여 주세요. •	• 매운 음식을 잘 못 먹어요.
3) 학생증을 새로 만들 수 있어요? •	• 한 번에 가는 버스가 없어요.
4) 음식을 너무 맵지 않게 해 주세요. •	• 평일에 시험 준비 때문에 힘들었어요.

보기 지하철을 타는 게 좋아요. 한 번에 가는 버스가 없거든요.

1) 이번 주말에는 푹 쉴 거예요. ____________________거든요.

2) 좀 더 큰 구두를 보여 주세요. ____________________거든요.

3) 학생증을 새로 만들 수 있어요? ____________________

4) 음식을 너무 맵지 않게 해 주세요. ____________________

2 Complete the dialogue as shown in the example.

보기 와 같이 대화를 완성하십시오.

> **보기**
> 가: 곧 한국어 수업이 있는데 왜 교실에 안 가?
> 나: 금요일에 한국 문화 행사에 가는 대신 오늘은 수업이 없거든.

1) 가: 오늘 아주 피곤해 보여요.

나: ______________________ 거든요.

2) 가: 내일 같이 저녁 먹을까?

나: 미안하지만 내일은 안 되겠어. ______________________ 거든.

3) 가: 왜 이사하고 싶어요?

나: ______________________

4) 가: 왜 이렇게 밥을 조금 먹어?

나: ______________________

■■ -었었/았었/였었-

3 Rewrite the sentence as shown in the example.

다음을 보고 보기 와 같이 문장을 바꿔 쓰십시오.

> 내가 한국에 처음 온 것은 **보기** 5년 전 겨울이었다. 인천 공항에서 밖으로 나왔을 때 **1)** 눈이 왔다. 그래서 **2)** 차가 많이 밀렸다.
> 지난 주말에 그때 살던 동네에 다시 가 봤다. 5년 전에는 동네가 **3)** 조용했고 **4)** 작고 예쁜 집들이 많았는데 지금은 아파트밖에 없다. 그리고 큰길에 가게도 많이 생겨서 전보다 복잡하고 시끄러워졌다.

> **보기**
> 내가 한국에 처음 온 것은 5년 전 겨울이었었다~~었었다/았었다/였었다~~.

1) 인천 공항에서 밖으로 나왔을 때 ______________________ 었었다/았었다/였었다.

2) 그래서 ______________________ 었었다/았었다/였었다.

3) 그때 내가 살던 동네는 ______________________ 었었고/았었고/였었고

4) ______________________ 었었는데/았었는데/였었는데 지금은 시끄러워졌고 아파트가 많이 생겼다.

4 Look at the picture and complete the sentence as shown in the example.

아이가 아빠의 어린시절에 대해서 물었습니다. 다음을 보고 **보기** 와 같이 문장을 쓰십시오.

보기 아빠	1) 할아버지	2) 할머니	3) 큰아버지	4) 아빠 친구
책을 좋아해서 항상 책만 읽었다.	집에서 숙제는 안 하고 게임만 했다.	밥을 잘 안 먹어서 아주 말랐다.	학원에 안 가서 할머니한테 자주 혼났다.	수업에 지각을 자주 했다.

보기
아이: 아빠는 어렸을 때 어땠어요?
아빠: 나는 책을 좋아해서 항상 책만 읽었었어.

1) 할아버지: ______________________

2) 할머니: ______________________

3) 큰아버지: ______________________

4) 아빠 친구: ______________________

9과 02 휴대 전화가 자꾸 꺼져서 수리를 받고 싶어요

어휘

■ **Choose the correct vocabulary and write it inside the (   ) parentheses.**
알맞은 어휘를 골라 (   ) 안에 쓰십시오.

경우　문제　넘다　구입하다　살펴보다

보기 우리 할아버지께서는 90세가 (넘으셨는데)~~으셨는데/셨는데~~ 여전히 건강하시다.

1) 횡단보도를 건널 때는 좌우를 잘 (   )고 건너세요.
2) 정해진 날짜에 시험을 보기 어려운 (   )에는 교수님께 미리 말씀드려야 합니다.
3) 이 청소기는 돌릴 때 소리가 좀 큰데 사용하는 데는 (   )이/가 없어서 계속 쓰고 있다.
4) 저희 편의점에서는 일주일 동안 이 샌드위치를 (   )시는 손님들께 우유를 드리는 행사를 하고 있습니다.

❶ 피동

빈칸에 알맞은 피동사를 쓰십시오.

-이-	보다	쌓다	놓다	쓰다	바꾸다	
-히-	닫다	잡다	찍다	꽂다	먹다	
-리-	듣다	열다	걸다	팔다	물다	풀다
-기-	끊다	씻다	쫓다	안다	뺏다	
-어지다	끄다	켜다	깨다	찢다		

1 Choose the correct answer as shown in the example.

보기 와 같이 알맞은 것을 고르십시오.

보기
바다가 (보는, (보이는)) 방으로 주세요.

1) 모기한테 (물렸을, 물었을) 때 이 약을 바르세요.

2) 저는 운동을 하면 스트레스가 (풀려요, 풀어요).

3) 밸런타인데이에는 초콜릿이 많이 (팔려요, 팔아요).

4) 선물을 사러 백화점에 갔는데 문이 (닫아, 닫혀) 있었어요.

2 Look at the picture and choose the correct word from the following options to complete the sentence as shown in the example.

그림을 보고 다음 단어 중 알맞은 것을 골라 보기 와 같이 문장을 완성하십시오.

걸리다 꽂히다 들리다 보이다 쌓이다

보기
음악 소리가 들린다~~는다/ㄴ다~~.

1) 벽에는 시계가 ____________ 어/아/여 있다.

2) 책장에는 책이 ____________ 어/아/여 있다.

3) 창밖으로 높은 빌딩이 ____________ 는다/ㄴ다.

4) 책상 위에는 책들이 ____________ 어/아/여 있다.

-어야지요/아야지요/여야지요

3 Complete the dialogue as shown in the example.
다음을 보고 보기 와 같이 대화를 완성하십시오.

보기

가: 꼭 좋은 대학교에 합격하고 싶어요.
나: 그럼 열심히 공부해야지요.

1)

가: 건강해지고 싶어요.
나: ______________________

2)

가: 저는 외교관이 되는 것이 꿈이에요.
나: ______________________

3)

가: 자동차로 한국 여기저기를 여행하고 싶어요.
나: ______________________

4)

가: 오래 살고 싶어요.
니: ______________________

4 Complete the dialogue as shown in the example.
보기 와 같이 대화를 완성하십시오.

수 지: 제임스 씨, 7시가 다 됐는데 보기 퇴근해야지요~~어야지요/아야지요/여야지요~~.
제임스: 할 일이 남아서 늦게 퇴근할 것 같아요.
수 지: 저녁은 안 먹어요? 바빠도 1) __________ 어야지요/아야지요/여야지요.
제임스: 내일 아침 회의 준비가 안 끝나서 밥 먹을 시간도 없어요.
수 지: 아직도요? 회의 순비는 2) __________ 어야지요/아야지요/여야지요.
제임스: 낮에 회사 선배랑 반말로 이야기하다가 부장님께 혼나서 일하기가 싫었어요.
수 지: 친한 사이여도 회사 선배한테는 3) ______________________.
제임스: 저도 아는데 친한 사람한테 높임말을 하는 게 적응이 안 돼요. 어제 여자 친구하고 싸워서 기분이 안 좋았는데 부장님께 혼나고 나서 기분이 더 나빠졌어요.
수 지: 여자 친구하고 싸웠어요? 그럼 빨리 4) ______________________.
제임스: 여자 친구가 전화도 안 받고 문자 메시지도 안 읽어서 화해할 방법이 없어요.

10과 01 너와 같은 마음일 수도 있잖아

어휘

■ **Choose the correct vocabulary and write it inside the (　　) parentheses.**
알맞은 어휘를 골라 (　　) 안에 쓰십시오.

상상　　안색　　점점　　고백하다　　어떡하다

보기 (안색이)~~이/가~~ 안 좋은데 어디 아파요?

1) 좋아하는 가수를 직접 만나는 일은 (　　　　)만 해도 기분이 좋아진다.
2) 아무리 빨리 가도 비행기 출발 시간까지 공항에 도착하지 못할 것 같은데 (　　　　)지?
3) 오전까지는 맑았는데 (　　　　) 구름이 끼고 날씨가 흐려지는 걸 보니까 비가 올 것 같아.
4) 그동안 짝사랑하던 사람한테 좋아한다고 (　　　　)었는데/았는데/였는데 그 사람이 제 마음을 받아 줘서 정말 기뻐요.

-잖아요

1 Choose the correct option from the following and complete the sentence as shown in the example.
다음 중에서 알맞은 것을 골라 보기 와 같이 문장을 완성하십시오.

냄새가 나다　　마음이 아프다　　마음이 중요하다　　시간이 늦었다　　첫눈이 오다

보기 울지 마세요. 수지 씨가 계속 우니까 저도 마음이 아프잖아요.

1) 그 우유 마시지 마. 이상한 ______________________ 잖아.
2) 야! 빨리 밖에 나가 보자. ______________________ 잖아!
3) 이제 그만 놀고 집에 들어가. ______________________
4) 꼭 비싼 선물을 살 필요는 없어요. 선물은 ______________________

2 Complete the dialogue as shown in the example.
보기 와 같이 대화를 완성하십시오.

> 보기
> 가: 이 영화는 주말 표가 벌써 매진됐네.
> 나: 유명한 배우들이 많이 나오잖아.

1) 가: 도서관에 학생들이 많네요.
   나: ______________________________ 잖아요.

2) 가: 친구들을 많이 초대했는데 왜 채소와 과일만 많이 사고 고기는 조금밖에 안 사?
   나: ______________________________ 잖아.

3) 가: 캐서린이 그렇게 테니스를 잘 치는지 몰랐어.
   나: ______________________________

4) 가: 수지하고 브라이언이 왜 요즘 같이 안 다녀? 둘이 사귀는 거 아니야?
   나: 몰랐어? ______________________________

02 -는/은/ㄴ 편이다

3 Complete the sentence as shown in the example.
보기 와 같이 문장을 완성하십시오.

> 보기
> 유카 씨는 약속 시간보다 늦는 일이 없습니다.
> → 유카 씨는 약속을 잘 지키는~~는/은/ㄴ~~ 편입니다.

1) 피터 씨는 누나가 두 명, 형이 한 명 있습니다.
   → 피터 씨는 형제가 ______________________________ 는/은/ㄴ 편입니다.

2) 스티븐 씨 집에서 학교까지 1시간 걸립니다.
   → 스티븐 씨 집이 학교에서 ______________________________ 는/은/ㄴ 편입니다.

3) 안드레아 씨는 이번 시험에서 모두 90점을 받았습니다.
   → 안드레아 씨는 이번 시험을 잘 ______________________________ 는/은/ㄴ 편입니다.

4) 제니 씨는 25살에 결혼했습니다.
   → 제니 씨는 일찍 ______________________________ 는/은/ㄴ 편입니다.

4 Complete the sentence as shown in the example.

다음을 보고 보기 와 같이 문장을 완성하십시오.

	대학생 평균	에릭
보기 수업 외 공부 시간	하루 2-3시간	하루 4시간
1) 수면 시간	하루 6-7시간	하루 5시간
2) 커피	하루 1-2잔	하루 3-4잔
3) 용돈	월 50만 원	월 70만 원
4) 휴대 전화 요금	월 5-6만 원	월 3만 원

보기 에릭은 공부를 열심히 하는 편입니다.

1) 에릭은 ______________________________

2) 에릭은 ______________________________

3) 에릭은 ______________________________

4) 에릭은 ______________________________

10과 02 내일 만나지 못하게 되었어

어휘

■ **Choose the correct vocabulary and write it inside the ( ) parentheses.**
알맞은 어휘를 골라 ( ) 안에 쓰십시오.

큰일 당연히 모시다 미루다 소통하다

보기 요즘 우리 가족 중에 아픈 사람이 많아서 정말 (큰일)이다.

1) 나는 하루 종일 숙제를 ( )었다가/았다가/였다가 밤늦게 한다.
2) 수지는 윤아하고 제일 친하니까 윤아 생일 파티에 ( ) 초대받았겠지.
3) 동생은 다른 나라 사람들과 ( )기 위해서 여러 외국어를 배우고 있다.
4) 부모님께서 한국에 오시면 꼭 부모님을 ( )고 제주도로 여행을 가고 싶다.

-어/아/여 가지고

1 Connect the appropriate options to complete the sentence as shown in the example.
보기 와 같이 알맞은 것을 연결하여 문장을 완성하십시오.

보기 요즘 집에 일이 있다.	• 일찍 잤다.
1) 피곤하다.	• 감기에 걸렸다.
2) 눈이 나쁘다.	• 부모님과 매일 통화한다.
3) 목이 마르다.	• 안경을 벗으면 안 보인다.
4) 옷을 얇게 입는다.	• 편의점에 들러서 물을 샀다.

보기 요즘 집에 일이 있어~~어/아/여~~ 가지고 부모님과 매일 통화해요.

1) ________ 어/아/여 가지고 ________

2) ________ 어/아/여 가지고 ________

3) ________

4) ________

2 Complete the dialogue as shown in the example.

보기 와 같이 대화를 완성하십시오.

> **보기**
> 가: 왜 회사를 그만뒀어?
> 나: 일이 너무 힘들어~~어/아~~ 가지고 그만뒀어.

1) 가: 이 많은 옷들을 다 버리는 거야?

나: 응, ______________ 어/아/여 가지고 ______________

2) 가: 왜 이렇게 늦게 도착했어? 올 때 길이 많이 막혔어?

나: 응, ______________ 어/아/여 가지고 ______________

3) 가: 피터가 혼자 노래를 부르네. 무슨 기분 좋은 일이 있어?

나: ______________

4) 가: 수업 시간이 되려면 아직 멀었는데 왜 이렇게 교실에 일찍 가?

나: ______________

-게 되다

3 Choose the correct option from the following and complete the sentence as shown in the example.

다음 중에서 알맞은 것을 골라 보기 와 같이 문장을 완성하십시오.

아르바이트를 하다　　요리를 잘하다　　장학금을 받다
친구들을 많이 사귀다　　한국어를 배우다

> **보기**
> 대학교 1학년 때 여러 동아리에 들어갔어요. 그래서 친구들을 많이 사귀게 되었어요.

1) 지난 학기에 시험을 잘 봤어요. 그래서 ______________ 게 되었어요.

2) 한국 드라마와 영화를 좋아해요. 그래서 ______________ 게 되었어요.

3) 방학 때 여행을 가려면 돈이 필요해요. 그래서 ______________

4) 어렸을 때 부모님께서 아주 바쁘셨어요. 그래서 ______________

4 Complete the dialogue as shown in the example.

보기 와 같이 대화를 완성하십시오.

> 보기
> 가: 어떻게 한국에 오게 되었어요?
> 나: 우리 학교에 교환 학생 프로그램이 있어서 한국에 오게 되었어요.

1) 가: 어떻게 그렇게 한국어를 잘하게 되었어요?

   나: ______________________________ 게 되었어요.

2) 가: 어떻게 태권도를 시작하게 되었어요?

   나: ______________________________ 게 되었어요.

3) 가: 어떻게 방송국에서 일하게 되었어요?

   나: ______________________________

4) 가: 왜 갑자기 고향에 돌아가요?

   나: ______________________________

복습 6~10과

말하기

1 【Sharing Experiences 경험 말하기】

Talk about your experiences using public institutions (immigration office, bank, district office cultural center, Seoul Global Center, etc.)

공공 기관(출입국 관리 사무소, 은행, 구청 문화 센터, 서울 글로벌 센터 등)을 이용한 경험에 대해서 이야기하십시오.

- What did you do there?
- How was your experience using these institutions? Were there any inconveniences?
- Are there any differences from the public institutions in your hometown?

- 거기에서 무엇을 했어요?
- 이용해 보니까 어땠어요? 불편한 점은 없었어요?
- 여러분 고향의 공공 기관과 다른 점이 있어요?

2 【Looking at the Map and Explaining 약도 보고 설명하기】

1) Do you know how to get to Yonsei University? (We are in front of ____.)
2) Do you know how to get to subway line 2 Sinchon Station (Yonsei University, Yonsei Hospital, department store, bookstore) from the bakery (flower shop, hair salon, etc.)?

1) 연세대학교에 어떻게 가는지 아세요? (우리는 지금 ________ 앞에 있습니다.)

2) 빵집 (꽃집, 미용실 등)에서 지하철 2호선 신촌역 (연세대학교, 연세병원, 백화점, 서점)에 어떻게 가는지 아세요?

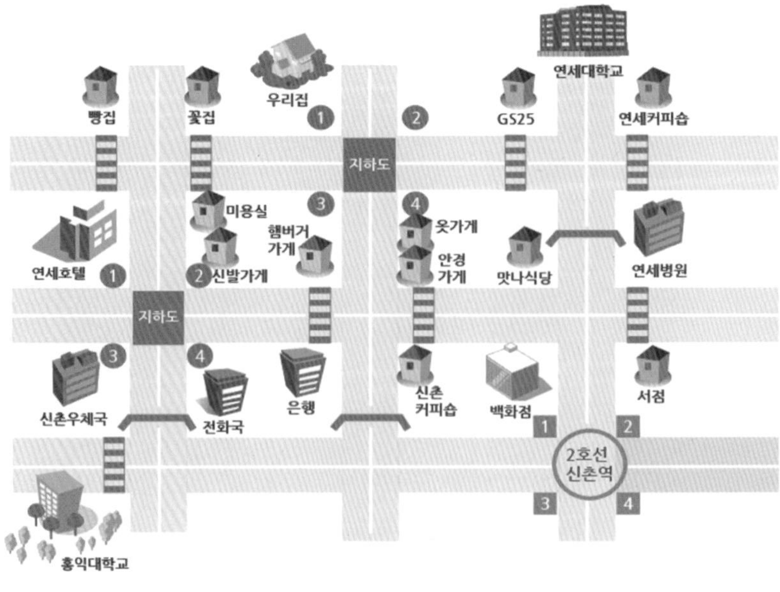

3 【Using Indirect speech 간접화법으로 말하기】

1) When you came to Korea, what did your parents/professors/friends say to you?
What was your response?
2) When you call your parents/hometown friends, what do they say to you?
What is your response?

1) 한국에 올 때 부모님/ 교수님/ 친구가 ______ 씨에게 뭐라고 했어요?
그래서 ______ 씨는 뭐라고 했어요?

2) 부모님/ 고향친구에게 전화하면 부모님/ 고향 친구가 뭐라고 해요?
그래서 ______ 씨는 뭐라고 했어요?

쓰기

I [1-4] Choose the correct option from the example and write the corresponding number
<보기> 중에서 알맞은 것을 골라 번호를 쓰십시오.

보기 ① 밀리다 ② 붐비다 ③ 새롭다 ④ 잊어버리다

1 친구와 한 약속을 깜빡 ( )었어요/았어요/였어요.

2 조금 전에 이 근치에서 사고가 나서 차가 많이 ( )네요.

3 최근 다양한 기능이 있는 ( )은/ㄴ 휴대 전화가 나와서 인기라고 해요.

4 출입국 관리 사무소는 비자를 연장하려고 온 사람들로 언제나 ( )어요/아요/여요.

II [5-7] Choose the correct answer to fill in the blank.
( )에 들어갈 알맞은 것을 고르십시오.

5 가: 미선 씨 집에 어떻게 가요?
나: 신촌 지하철 역 앞에서 5번 ( )를 타세요. 집까지 5분쯤 걸려요.
① 국내선 ② 고속버스 ③ 모범택시 ④ 마을버스

6 가: 제임스, 오랜만이다. 은행에는 무슨 일로 왔어?
나: 오늘 환율이 좋아서 ( )을/를 하려고 왔어.
① 환전 ② 입금 ③ 출금 ④ 송금

7 가: 듣기 시험 시간입니다. 시끄러우면 안 되니까 휴대 전화의 ( )으세요/세요.

나: 알겠습니다, 선생님.

① 전원을 켜세요. ② 전원을 끄세요. ③ 알람을 맞추세요. ④ 어플을 까세요.

III [8-10] Among the following two sentences, mark 'O' next to the correct one.

다음 두 문장 중에서 맞는 것에 O 표시하십시오.

8 ① 핸드폰이 깨졌는데 어떻게 하지요? ( )

② 핸드폰을 깨졌는데 어떻게 하지요? ( )

9 ① 학생증을 만든 데 시간이 얼마나 걸려요? ( )

② 학생증을 만드는 데 시간이 얼마나 걸려요? ( )

10 ① 어머니께서 한국에 도착하면 연락해 달라고 하셨어요. ( )

② 어머니께서 한국에 도착하면 연락해 주라고 하셨어요. ( )

IV [11-14] Choose the correct answer to fill in the blank.

( )에 들어갈 알맞은 것을 고르십시오.

11 조금 전까지 제가 ( ) 커피가 안 보이네요.

① 마시는 ② 마시던 ③ 마시다가 ④ 마시려고

12 어제 밤늦게까지 보고서를 썼어. 잠을 못 ( ) 지금 너무 피곤해.

① 자려고 ② 자려면 ③ 자 보여서 ④ 자 가지고

13 여기에서 30미터쯤 똑바로 ( ) 우회전을 하면 승강장이 보일 거예요.

① 가다가 ② 가려고 ③ 가지만 ④ 가는데

14 어렸을 때는 채소를 안 ( ) 지금은 잘 먹습니다.

① 먹었으면 ② 먹었어도 ③ 먹었었는데 ④ 먹었으니까

V [15-18] Choose the correct answer to fill in the blank.
( )에 들어갈 알맞은 것을 고르십시오.

15 가: 사무실에 들어가니까 예쁜 꽃이 꽃병에 ( ).
나: 어제 선희 씨가 꽃을 사 가지고 와서 제가 꽂았어요. 향기도 좋지요?
① 꽂혀 있었어요 ② 꽂아 있었어요 ③ 꽂고 있었어요 ④ 꽂아 보였어요

16 가: 엠마 씨가 왜 안 오지요? 전화해서 어디쯤 왔냐고 물어볼까요?
나: 조금만 더 기다려 봐요. 이 시간에는 길이 많이 ( ).
① 막혀야지요 ② 막히거든요 ③ 막혀 보여요 ④ 막히게 돼요

17 가: 제임스한테서 메시지가 왔어?
나: 응, 버스가 안 와서 조금 늦는다고 했어. 음식이 나오면 기다리지 말고 먼저 ( ).
① 먹냐고 했어 ② 먹자고 했어 ③ 먹으라고 했어 ④ 먹는다고 했어

18 가: 크리스 씨, 미안해요. 지금 회사에 급한 일이 생겨서 오늘 약속을 ( ).
나: 괜찮아요. 다음에 만나요.
① 지키지 못하거든요 ② 지키지 못하잖아요
③ 지키지 못했었어요 ④ 지키지 못하게 됐어요

VI Using the words and grammar you've learned, write a text with the following title (10 sentences or more).

배운 단어와 문법을 사용해서 다음 제목으로 글을 쓰십시오. (10문장 이상)

19

오늘은 날씨가 좋습니다. (X)　오늘은 날씨가 좋아요. (X)
오늘은 날씨가 좋아. (X)　오늘은 날씨가 좋다. (O)

Title : Benefits of Using a Cell Phone
제목: 휴대 전화 사용의 좋은 점

듣기

MP3_22

[1-2] Listen and choose the correct answer based on the response.
듣고 이어지는 대답으로 알맞은 것을 고르십시오.

1 ( )

① 내일 두 시에 와 주세요.
② 내일 두 시에 갈 거라고 했어요.
③ 내일 두 시에 만나자고 할 거예요.
④ 내일 두 시에 가겠다고 전해 주세요.

2 ( )

① 열심히 배우게 됐습니다.
② 한국어를 전공하게 됐습니다.
③ 한국 드라마를 자주 봐서 잘하게 됐습니다.
④ 한국어를 잘하기 위해서 한국어학당에 다니게 됐습니다.

[3-4] Listen to the following and answer the questions.
다음을 듣고 질문에 답하십시오.

3 **Where is this place? ( )**
여기는 어디입니까?

① 백화점　② 서비스 센터　③ 가전제품 매장　④ 휴대전화 가게

4 **Where is the bank? ( )**
은행은 어디에 있습니까?

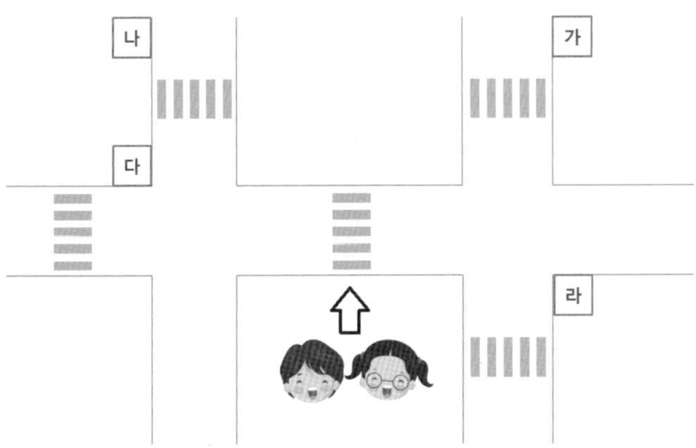

① 가　② 나　③ 다　④ 라

[5-6] Listen and choose the right thing for the man to do.
듣고 남자가 할 행동으로 맞는 것을 고르십시오.

5 ( )

① 친구에게 전화를 건다.
② 걸어가다가 버스를 탄다.
③ 걸어서 약속 장소에 간다.
④ 5분 동안 친구들을 기다린다.

6 ( )

① 인천 역에서 갈아탈 것이다.
② 서울 역에서 출발할 것이다.
③ 시청 역에서 2호선을 탈 것이다.
④ 2호선에서 1호선으로 갈아탈 것이다.

[7-8] Listen to the following and answer the questions.
다음을 듣고 질문에 답하십시오.

7 **What is the most appropriate title for the content you heard? ( )**
들은 내용의 제목으로 가장 적당한 것은 무엇입니까?

① 세탁기 관리 방법
② 세탁을 시작하는 방법
③ 세제를 사용하는 방법
④ 세탁기 문을 닫는 방법

8 **Choose the answer that is different from what you heard. ( )**
들은 내용과 다른 것을 고르십시오.

① 세탁기를 오래 사용하는 방법이 있다.
② 세탁기 문을 닫지 않고 세탁기를 돌리면 안 된다.
③ 옷에 머리카락이 붙어 있으면 세제를 많이 넣어야 한다.
④ 세탁기를 잘못 사용하면 위험할 수 있으니까 조심해야 한다.

[9-10] Listen to the following and answer the questions.
다음을 듣고 질문에 답하십시오.

9 **Choose the answer that matches what you heard. ( )**
들은 내용과 같은 것을 고르십시오.

① 박민수 씨는 부장님과 직접 통화했다.
② 박민수 씨는 다시 메시지를 보낼 것이다.
③ 우물 정자를 누르면 녹음을 시작할 수 있다.
④ 메시지를 녹음하려면 별표나 우물 정자를 눌러야 한다.

10 Why did Park Minsu contact the department manager? (　　)
박민수 씨는 왜 부장님에게 연락했습니까?

① 신입사원 환영회 날짜를 바꾸려고
② 신입사원 교육 날짜를 알려 드리려고
③ 내일 부장님께 전화를 드리고 만나려고
④ 이번 주 금요일에 영업부 회의를 하려고

[11-13] Listen to the following and answer the questions.
다음을 듣고 질문에 답하십시오.

11 What is this person talking about? (　　)
이 사람은 무엇에 대해 이야기하고 있습니까?

① 외국인이 한국에서 운전을 잘 하는 방법에 대해 이야기하고 있다.
② 외국인이 한국에서 운전면허를 따는 방법에 대해 이야기하고 있다.
③ 한국에서 운전면허 필기시험을 보는 방법에 대해 이야기하고 있다.
④ 한국에서 운전할 때 가지고 다녀야 하는 서류에 대해 이야기하고 있다.

12 Among the following, who can drive in Korea? (　　)
다음 중 한국에서 운전을 할 수 있는 사람은 누구입니까?

① 국제운전면허증을 잃어버린 제임스
② 지난달에 고향에서 국제운전면허증을 발급받은 리사
③ 지난주에 한국의 운전면허 필기시험에 합격한 크리스
④ 고향에서 국제운전면허증을 발급받은 지 일 년이 넘은 엠마

13 Choose the answer that is different from what you heard. (　　)
들은 내용과 다른 것을 고르십시오.

① 유학생이 한국 생활을 할 때 필요한 정보를 안내하고 있다.
② 유학생이 고향에서 발급받은 국제운전면허증은 유효 기간이 있다.
③ 유학생이 한국에서 운전면허를 따려면 네 과목의 시험에 합격해야 한다.
④ 유학생이 한국 운전면허증을 발급받을 때는 국제운전면허증과 사진이 필요하다.

읽기

[1-3] Read the following and answer the questions.
다음을 읽고 질문에 답하십시오.

서울 시티 투어 버스를 타 본 적이 있어요? 저는 지난 일요일에 친구와 같이 서울의 중심지를 도는 서울 시티 투어 버스를 탔어요. 이 버스는 오전 9시 30분부터 오후 6시까지 다니는데 표를 한 번 사면 하루 종일 이용할 수 있어요. 또 (㉠)에도 탈 수 있어서 쉬는 날에 서울 시내를 구경할 때 (㉡) 이용할 수 있어요. 우리는 9시 반에 광화문 역에서 출발하는 버스를 탔어요. 이 버스에는 외국어 안내 서비스가 있어서 여러 언어로 설명을 들을 수 있었어요.

"다음 정류장은 남산 한옥 마을입니다. (㉢) 분은 벨을 눌러 주세요. 버스는 1시간마다 있습니다."

우리는 안내 방송을 듣고 한옥 마을 앞에서 내렸어요. 거기에서 한복을 입고 사진도 찍고 떡도 먹어 봤어요. 한 시간 뒤에 다시 버스를 타고 동대문 시장에 가서 쇼핑을 한 후 대학로에서 점심을 먹었어요. 대학로 근처에는 창경궁과 창덕궁 등 여러 고궁이 있는데 모두 걸어서 구경할 수 있는 거리에 있었어요. 창덕궁에서 버스를 타고 마지막으로 간 곳은 청와대였어요. 청와대에서 집으로 돌아가는 길에는 걸어서 서촌을 구경하고 거기에서 저녁도 먹었어요.

하루 안에 버스나 지하철을 여러 번 갈아타고 여기저기를 구경하기가 어려운데 서울 시티 투어 버스가 있어서 (㉣). 특히 서울의 유명한 관광지가 어디에 있는지 잘 모르는 사람들이 이용하기에 좋은 것 같아요. 다음에는 서울 시티 투어 버스의 다른 코스도 타 보고 싶어요.

1 What word or phrase does not fit in the blank? ( )
( ) 안에 들어갈 말로 맞지 않은 것은 무엇입니까?

① ㉠ 공휴일 ② ㉡ 편하게 ③ ㉢ 내리실 ④ ㉣ 불편했어요

2 Choose the option that matches the content of the text above. ( )
위 글의 내용과 같은 것을 고르십시오.

① 이 사람은 서촌에서 밥을 먹고 집으로 돌아갔다.
② 이 사람이 버스에서 처음 내린 곳은 광화문이었다.
③ 이 사람은 창덕궁에서 한복을 입고 사진을 찍었다.
④ 이 사람은 창경궁에서 창덕궁까지 버스를 타고 갔다.

3 Choose the answer that is not appropriate as a response to a friend after sightseeing on the Seoul City Tour Bus. ( )
이 사람이 서울 시티 투어 버스로 구경을 한 후에 친구에게 한 말로 적당하지 않은 것을 고르십시오.

① "지하철로 서울을 구경하는 것보다 더 편리해."
② "다음에는 다른 서울 시티 투어 버스를 타 보고 싶어."
③ "이 버스는 표를 한 번 사면 하루에 여러 번 탈 수 있어."
④ "버스에서 한국어만 들을 수 있어서 한국어 연습에 도움이 돼."

II [4-6] Read the following and answer the questions.
다음을 읽고 질문에 답하십시오.

저는 외로울 때마다 휴대 전화로 부모님과 영상 통화를 합니다. 소리도 깨끗하게 들리고 부모님 얼굴도 잘 보여서 마치 부모님께서 바로 제 옆에 계시는 것 같습니다. 한국 생활이 힘들거나 부모님이 보고 싶을 때 영상 통화를 하면 기분이 좋아집니다. 부모님은 저의 한국 생활에 대해서 궁금해하십니다. 항상 저에게 어떻게 지내냐고 하시고 필요한 것은 없냐고 물어보십니다. 그리고 자주 연락해 달라고 하십니다.

얼마 전에 저는 몸이 많이 아팠습니다. 어머니께서 제 모습을 보고 걱정하실 것 같아서 화장하고 통화를 했는데 어머니 얼굴을 보니까 갑자기 눈물이 났습니다. 어머니가 저를 보고 왜 우냐고 하셔서 저는 너무 보고 싶어서 운다고 했습니다. 울고 있는 저를 보고 어머니도 같이 우셨습니다. 저는 그때 이번 방학에 고향에 갈 거라고 말씀드렸습니다. 어머니는 제가 고향에 가면 맛있는 음식을 많이 만들어 먹자고 하셨습니다. 빨리 방학이 돼서 부모님을 만났으면 좋겠습니다.

4 Choose what was not said by this person's mother. (　　)
이 사람의 어머니께서 하신 말씀이 아닌 것을 고르십시오.

① "왜 울어?"
② "자주 연락해 줘."
③ "필요한 것은 없니?"
④ "너무 반가워서 울어."

5 Why does this person make internet video calls with their parents? Choose the option that is not the reason. (　　)
이 사람은 부모님과 왜 인터넷 화상 통화를 합니까? 이유가 아닌 것을 고르십시오.

① 기분이 좋아지기 때문에
② 몸이 자주 아프기 때문에
③ 소리가 잘 들리기 때문에
④ 부모님이 옆에 계시는 것 같기 때문에

6 Choose the answer that matches this person's story. (　　)
이 사람에 대한 이야기로 맞는 것을 고르십시오.

① 어머니께서 우셔서 같이 울었다.
② 방학이 되면 어머니께서 오실 것이다.
③ 방학에 어머니께 맛있는 음식을 만들어 드릴 것이다.
④ 어머니께서 걱정하실 것 같아서 화장을 하고 통화를 했다.

III [7-9] Read the following and answer the questions.
다음을 읽고 질문에 답하십시오.

7월 10일 월요일 맑음

니는 오늘 통장하고 체크 카드를 만들려고 학교에 있는 은행에 갔다. 고향에서 쓰던 신용 카드로 한국에서 결제가 안 될 때도 있어서 그동안 좀 불편했다.

은행 안은 사람이 많아서 좀 복잡했다. 내가 번호표를 뽑아야 하는 것을 모르고 그냥 창구 앞에 서서 기다리니까 은행 안내원이 번호표를 뽑아서 나에게 주었다. 번호표를 보니까 내 앞에 기다리는 사람이 스무 명쯤 있었다. 기다리는 것이 지루할 것 같았는데 기다리는 동안 잡지도 보고 텔레비전 뉴스도 보니까 시간이 빨리 갔다. 의자에 앉아서 잡지를 보다가 직원이 내 번호를 불러서 창구로 갔다.

통장과 체크 카드를 만드는 데 외국인 등록증이 필요한데 나는 외국인 등록증을 안 가지고 갔다. 은행 직원은 친절하게 "외국인 등록증이 없으면 학생증과 여권을 보여 주세요." 하고 말했다. 나는 학생증과 여권을 보여 줬다. 그리고 서류에 이름과 연락처를 쓰고 서명했다. 조금 기다리니까 통장과 체크 카드가 모두 나왔다.

나는 한국말을 못해서 걱정했는데 쉽게 통장과 카드를 만들 수 있어서 기분이 좋았다. 직원이 친절하고 일을 생각보다 빨리 처리해 줬다. 한국의 은행은 서비스가 좋은 것 같다.

7 What is the most appropriate title for the text above? (　　)
위 글의 제목으로 가장 적당한 것을 고르십시오.

① 서비스가 좋은 은행　② 체크 카드와 신용 카드
③ 은행에서 지켜야 할 예절　④ 통장을 만들 때 필요한 서류

8 This is what the person did at the bank. Write the numbers in order.
이 사람이 은행에서 한 일입니다. 순서대로 번호를 쓰십시오.

① 체크 카드를 받았다.　② 학생증을 보여 줬다.　③ 서류에 서명했다.
④ 텔레비전을 봤다.　⑤ 번호표를 받았다.

(⑤) → (　) → (　) → (　) → (　)

9 Choose the option that matches the content of the text above. (　　)
위 글의 내용과 같은 것을 고르십시오.

① 이 사람은 어제 예금을 하려고 은행에 갔다.
② 이 사람은 순서를 기다리는 것이 지루하지 않았다.
③ 이 사람은 은행 안내원에게 번호를 뽑아 달라고 했다.
④ 이 사람은 외국인 등록증과 학생증을 가지고 은행에 갔다.

Ⅳ [10-12] Read the following and answer the questions.
다음을 읽고 질문에 답하십시오.

오래 전부터 저는 외국 생활을 해 보고 싶었습니다. 그래서 대학교를 졸업한 후에 한국어도 배우고 한국 문화도 경험해 보고 싶어서 한국에 왔습니다. 한국에 처음 왔을 때는 한국말을 하나도 못하고 한국 문화에도 익숙하지 않아서 걱정을 많이 했습니다.

한국말을 배울 때 제일 어려운 점은 발음이었습니다. 어느 날 저는 햄버거 가게에 들어가서 salad를 주문하려고 했습니다. 메뉴판에는 '샐러드'라고 쓰여 있었지만 저는 영어 발음으로 "salad"라고 했습니다. 그러니까 주문 받은 점원은 사이다를 한 잔 저에게 주었습니다.

택시를 탔을 때도 비슷한 문제가 생겼습니다. 저는 택시를 탄 후에 신촌에 가 달라고 말했지만 운전기사 아저씨는 저를 시청 앞에 내려 주었습니다. 저는 다시 버스를 타고 신촌까지 갔지만 약속 시간에 삼십 분이나 늦었습니다.

하지만 (㉮) 문제가 생기면 혼자서 방법을 찾아볼 때도 있고 친구에게 도와 달라고 부탁할 때도 있습니다. 한국어와 한국 생활에 익숙해져서 이제는 한국 친구들과 함께 시간을 보내면서 즐겁게 생활하고 있습니다.

10 What is the correct description for this person? (　　)
이 사람에 대한 설명으로 맞는 것은 무엇입니까?

① 일 때문에 한국에 오게 되었다.
② 오래 전에 외국생활을 한 적이 있다.
③ 한국에 처음 왔을 때 어려움이 많았다.
④ 지금은 문제가 생길 때마다 친구에게 부탁한다.

11 Choose the appropriate sentence to fill in (㉮). (　　)
(㉮)에 들어갈 문장으로 적당한 것을 고르십시오.

① 요즘도 그런 실수를 많이 해서 힘듭니다.
② 아직도 한국말 때문에 불편한 점이 많습니다.
③ 지금도 문제가 생기면 방법을 찾기가 어렵습니다.
④ 이제는 한국말 실력이 좋아져서 실수를 많이 하지 않습니다.

12 Select all the answers that match the content you read. (　　,　　)
위 글의 내용과 같은 것을 모두 고르십시오.

① 이 사람은 한국어로 말할 때 발음 실수를 많이 했었다.
② 이 사람은 한국에 오기전에 한국말을 공부한 적이 있다.
③ 이 사람은 한국말을 잘하지 못해서 시청 앞에 간 적이 있다.
④ 이 사람은 한국 문화에 익숙하지 않아서 샐러드를 먹지 못했다.

대학생을 위한 연세한국어

YONSEI KOREAN

for college students

201

부록

KOREAN LANGUAGE INSTITUTE

YONSEI UNIVERSITY PRESS

대학생을 위한 연세한국어

YONSEI KOREAN

for college students

201

부록

KOREAN LANGUAGE INSTITUTE

YONSEI UNIVERSITY PRESS

부록

모범답안

1과 소개

01. 인턴으로 일한 지 얼마나 되셨습니까?

▶ **어휘 연습**

1) 역사학
2) 신문방송학
3) 천문우주학
4) 의학

▶ **문법 연습**

1. 1) 대학교에 입학한 지 7년 됐습니다.
2) 대학교를 졸업한 지 3년 됐습니다.
3) 취직한 지 3년 됐습니다.
4) 과장이 된 지 1년 6개월 됐습니다.

2. 1) 아니요, 자는 것 같아요.
2) 아니요, 열심히 안 한 것 같아요.
3) 네, 더울 것 같아요.
4) 기분이 나쁜 것 같아요.

▶ **읽어 봅시다**

1. 여행사에 취직하고 싶어서 이 글을 썼습니다.
2. 여러 나라의 이야기를 알고 싶어서 책을 많이 읽었습니다.
3. 1) ○ 2) X 3) X

▶ **들어 봅시다**

1. 1) 미국, 경제학, 바이올린 연주
2) 러시아, 신문방송학, 축구
2. 1) X 2) ○ 3) ○
3. ①

02. 이젠 한국 생활에 많이 익숙해졌습니다

▶ **어휘 연습**

1) 네 명이에요. 부모님과 동생이 한 명 있어요.
2) 아니요, 저는 오빠가 한 명 있어요.
3) 어머니를 제일 보고 싶어요.
4) 네, 저는 사촌 동생과 자주 연락해요.

▶ **문법 연습**

1. 1) 단 음식을 많이 먹으면 건강이 나빠질 거예요.
2) 팩을 하면 피부가 좋아질 거예요.
3) 청소를 하면 집이 깨끗해질 거예요.
4) 에어컨을 켜면 시원해질 거예요.

2. 1) 좋아하는 가수의 콘서트를 보려고
2) 내일 생일인 친구에게 주려고
3) 요즘 운동을 하려고
4) 한국에서 대학원에 다니려고

▶ **읽어 봅시다**

1. ④
2. 알래스카에 있는 작은 도시입니다. 지하철도 없고 교통도 복잡하지 않습니다.
3. 1) ○ 2) ○ 3) X

▶ **들어 봅시다**

1. 1) 대학생 2) 디자인
2. 성격이 밝고 아주 재미있는 사람이에요.
3. 1) X 2) X 3) ○

2과 한국 음식

01. 잘 익은 김치와 돼지고기만 있으면 돼요

▶ **어휘 연습**

1) 채소
2) 소고기와 / 돼지고기와
3) 튀긴 / 볶은
4) 삶아서 / 쪄서

▶ **문법 연습**

1. 1) 피곤할 때 단 음식을 먹어요.
2) 심심할 때 유튜브를 봐요.
3) 버스를 기다릴 때 음악을 들어요.
4) 기분이 좋지 않을 때 산책을 해요.

2. 1) 끓이면
2) 3분만 기다리면
3) 그냥 오면 돼요.
4) 아이디만 만들면 돼요

▶ **읽어 봅시다**

1. 특별한 날에 먹는 음식(생일날 먹는 음식과 결혼식 날 먹는 음식)에 대해서 이야기를 했습니다.
2. 언제 국수를 먹여 줄 거예요?
언제 국수를 먹을 수 있어요?
3. ① 미역국 ② 국수

▶ 들어 봅시다

1. 불고기

2. (④) (②) (③) (⑤)

3. 1) ○ 2) X 3) X

02. 그릇을 들고 먹으면 안 돼요

▶ 문법 연습

1. 1) 한글로 써도 돼요.
2) 마시면 안 돼요.
3) 네, 질문해도 돼요. / 아니요, 질문하면 안 돼요.
4) 네, 버려도 돼요. / 아니요, 버리면 안 돼요

2. 1) 팝콘을 먹어도 돼요.
2) 영화를 봐도 돼요.
3) 떠들면 안 돼요.
4) 꽃다발을 선물로 주면 안 돼요.

▶ 읽어 봅시다

1. ① 밥그릇을 들고 먹어요
② 젓가락이 길어요.
③ 겨울이 길어요.
④ 날씨가 더워서 음식이 쉽게 상할 수 있어요.

2. 1) ○ 2) ○ 3) X

3. 다른 나라의 문화를 알고 싶으면 그 나라의 음식을 먹어 보는 것이 좋아요.

▶ 들어 봅시다

1. ②

2. ④

3. 1) ○ 2) X 3) X

3과 쇼핑

01. 적게 사셔도 적립해 드립니다

▶ 어휘 연습

1) 생활용품 매장
2) 음료 매장
3) 냉동식품 매장
4) 주방 용품 매장

▶ 문법 연습

1. 1) 빨간색 가방이요.
2) 다음 주까지요.
3) 초밥이요.
4) 녹차요.

2. 1) 힘들어도
2) 아무리 아파도
3) 사람이 많아도 지하철을 탑니다.
4) 날씨가 추워도 공원에서 운동을 합니다.

▶ 읽어 봅시다

1. 시장을 더 좋아합니다. 시장은 여러 가지 물건도 많고 여기저기 돌아다니면 좋은 물건을 싸게 살 수 있기 때문입니다.

2. 1) X 2) X 3) ○

3. 1) 시 2) 백 3) 시 4) 시

▶ 들어 봅시다

1. ①

2. 천

3. ③

4. 1) X 2) ○ 3) X

02. 광고를 보니까 10만 원짜리가 마음에 들어요

▶ 어휘 연습

1) 사랑하는 사람에게 초콜릿을 선물할 거예요.
2) 동생에게 화장품을 선물할 거예요.
3) 사촌 누나에게 현금을 줄 거예요.
4) 친구에게 넥타이를 선물할 거예요.

▶ 문법 연습

1. 1) 교실에 들어가니까 아무도 없었어요.
2) 지갑을 보니까 돈이 없었어요.
3) 아침에 일어나니까 10시였어요.
4) 냉장고를 열어 보니까 음식이 없었어요.

2. 1) 지금 집에 가서 푹 쉬면 좋겠습니다.
2) 좋은 회사에 취직하면 좋겠습니다.
3) 친구가 미국에서 건강하게 잘 지내면 좋겠습니다.
4) 내일 날씨가 맑으면 좋겠습니다.

▶ 읽어 봅시다

1. 백화점은 물건 값이 너무 비쌌고 시장은 물건을 고르기가 어려워서 사지 않았습니다.

2. 1) X 2) ○ 3) ○

3. 1) ②, ④
   2) ③, ⑤
   3) ①, ⑤, ⑥

▶ 들어 봅시다

1. ②
2. ① 축하 카드 준비하기 ② 친구들에게 연락하기
   ③ 직접 만든 케이크
3. ③
4. 꽃다발이에요. 들고 다니기가 귀찮아서 사람들이 좋아하지 않는 것 같아요.

4과 모임

01. 친한 친구들하고 가볍게 식사나 할생각이야

▶ 어휘 연습

1) 촛불을 끌
2) 박수를 쳤어요.
3) 폭죽을 터뜨려서
4) 케이크를 잘라서

▶ 문법 연습

1. 1) 친구를 만났어
   2) 어디에서 왔어?
   3) 같이 가.
   4) 지금 이야기해.
   5) 일찍 올게.
   6) 내 친구야.
   7) 9시까지 올 거야.
2. 1) 뛰
   2) 사
   3) 넘어지
   4) 이해하

▶ 읽어 봅시다

1. 리사가 모르게 생일 파티를 준비하는 것이 어렵기 때문입니다.
2. 1) X   2) X   3) ○
3. 리사

▶ 들어 봅시다

1. 존댓말을
2. 1) 뭐야?   2) 귀엽네.
3. 1) ○   2) ○   3) X

02. 큰 행사를 준비해 본 적이 없어서 걱정이야

▶ 어휘 연습

1) 입학식
2) 오리엔테이션
3) 신입생 환영회가
4) 축제

▶ 문법 연습

1. 1) 저는 한복을 입어 본 적이 있습니다.
   2) 저는 닭갈비를 먹어 본 적이 없습니다.
   3) 저는 무서운 꿈을 꾼 적이 있습니다.
   4) 저는 한국 드라마를 본 적이 있습니다.
2. 1) 피아노를 치지
   2) 돌아다니지
   3) 텔레비전을 보지 마.
   4) 컴퓨터 게임을 하지 마.

▶ 읽어 봅시다

1. 전공이 아시아 역사라서 한국어를 배웁니다.
2. 영어를 배우고 싶은 사람, 역사에 관심이 있는 사람, 주말에 만날 수 있는 사람을 찾고 있습니다.
3. 1) ○   2) ○   3) X

▶ 들어 봅시다

1. 마음에 드는 동아리가 너무 많아서 (어디에 들어가야 할지 몰라서) 고민에 빠졌습니다.
2. 1) ○   2) X   3) X
3. 유명한 식당에 갈 수 있고 축제 때 여러 나라 음식을 만들어 볼 수 있습니다.

5과 초대

01. 결혼하고 바로 유학을 떠나기로 해서 좀 서둘렀어

▶ 어휘 연습

1) 예물을 교환합니다.

2) 기념 촬영을 합니다.
3) 부케를 던집니다.
4) 피로연을 합니다.

▶ **문법 연습**

1. 1) 매일 신문을 읽는다.
2) 날씨가 덥다.
3) 에릭은 미국 사람이다.
4) 언제 한국에 왔니?

2. 1) 우리는 산으로 여행을 가기로 했어요.
2) 가: 케이팝 콘서트를 볼까요? 피아노 연주회를 볼까요?
나: 케이팝 콘서트를 보는 게 어때요?
가: 좋아요.
➜ 우리는 케이팝 콘서트를 보기로 했어요.
3) 가: 커피를 마실까요? 맥주를 마실까요?
나: 맥주를 마시는 게 어때요?
가: 좋아요.
➜ 우리는 맥주를 마시기로 했어요.
4) 가: 야구를 볼까요? 농구를 볼까요?
나: 야구를 보는 게 어때요?
가: 좋아요.
➜우리는 야구를 보기로 했어요.

▶ **읽어 봅시다**

1. 기쁘기도 하고 섭섭하기도 했습니다.
2. 결혼식에서 부케를 받으면 6개월 안에 결혼을 해야 하는데 아직 남자 친구가 없어서 걱정을 했습니다.
3. 1) ○ 2) ○ 3) X

▶ **들어 봅시다**

1. ③
2. 1) 세제 2) 현금 3) 책 4) 금반지
3. 1) X 2) ○ 3) X

02. 제가 꽃다발을 사 가지고 갈게요

▶ **어휘 연습**

1) 동호회/동아리
2) 회원
3) 동창회를
4) 송별회를

▶ **문법 연습**

1. 1) 같이 놀이공원에 가자.
2) 날씨가 추우니까 나가지 말자.
3) 천천히 말해라.
4) 건강에 나쁜 음식을 먹지 마라.

2. 1) 꽃다발을 사 가지고 어머니께 드렸어요.
2) 돈을 모아 가지고 컴퓨터를 샀어요.
3) 보고서를 써 가지고 학교에 갔어요.
4) 한국어를 배워 가지고 여행사에 취직했어요.

▶ **읽어 봅시다**

1. 서울 자동차 쇼를 소개하는 안내문입니다.
2. ③
3. (ㄱ): 장소 (ㄴ): 날짜와 시간

▶ **들어 봅시다**

1. 고등학교 동문회
2. 등산하기, 운동하기, 노래방 가기, 술 마시기
3. 그림 동호회
4. ④

6과 대중교통

01. 울산까지 어떻게 가는지 알아?

▶ **어휘 연습**

1) 승강장 2) 콜택시
3) 마을버스 4) 고속버스

▶ **문법 연습**

1. 1) 이 한자를 어떻게 읽는지 아세요?
2) 어느 마트가 물건 값이 싼지 아세요?
3) 이 음식 이름이 뭔지 아세요?
4) 오늘 리사 씨가 왜 학교에 안 왔는지 아세요?

2. 1) 가는
2 오는
3) 다녀오는
4) 마중 나가는 길이에요.

▶ **읽어 봅시다**

1. 서울 시티 투어 버스
2. 한옥 마을 → 동대문 시장 → 대학로 → 고궁 → 청와대 → 서촌
3. 1) O 2) X 3) X

▶ 들어 봅시다

1. 청량리까지 갑니다.
2. 타는 곳과 열차 사이가 넓습니다.
3. 오른쪽 문으로 내려야 합니다.
4. 5호선으로 환승해야 합니다.
5. 아니요, 이번 역이 종착역이어서 모두 이 열차에서 내려야 합니다.

02. 가까워 보이는데 버스를 타야 합니까?

▶ 어휘 연습

1) 주차 금지
2) 버스 전용 차로
3) 일방통행
4) 유턴

▶ 문법 연습

1. 1) 저는 토마토 주스가 더 많아 보입니다.
2) 왼쪽 깨끗한 방이 더 좋아 보입니다.
3) 아주 친절해 보이세요.
4) 좀 비싸 보여요.

2. 1) 샤워를 하다가 전화가 와서 받았습니다.
2) 일을 하다가 피곤해서 커피를 마셨습니다.
3) 리사 씨가 제임스 씨와 이야기를 하다가 울었습니다.
4) 잠을 자다가 새벽에 큰 소리가 나서 일어났어요.

▶ 읽어 봅시다

1. 1) 정확한 역 이름을 알아야 합니다.
2) 몇 번 출구로 나가야 하는지 알아야 합니다.

2. 1) X 2) O 3) O

3. 1) 연세대학교에 가고 싶은데 어느 역에서 내려야 합니까?
2) 연세대학교에 가고 싶은데 몇 번 출구로 나가야 합니까?

▶ 들어 봅시다

1. ③
2. ②
3. ③
4. 아현, 4, 횡단보도가, 왼, 왼

7과 공공 기관

01. 비자를 연장하려면 재학 증명서가 있어야 합니다

▶ 어휘 연습

1) 외국인 등록증을
2) 주민 등록증과
3) 여권과
4) 증명사진을
5) 유효 기간이

▶ 문법 연습

1. 1) 서 있습니다.
2) 앉아 있습니다.
3) 텔레비전이 켜져 있습니다.
4) 벽에 달력이 걸려 있습니다.

2. 1) 한국의 시사 문제에 대해서 잘 알려면 뉴스를 많이 보세요.
2) 대학교에서 장학금을 받으려면 학점이 높아야 돼요.
3) 한국 친구를 많이 사귀려면 동아리에 가입하세요.
4) 서울에서 아름다운 벚꽃을 보려면 4월에 여의도 한강 공원에 가면 돼요.

▶ 읽어 봅시다

1. 서대문 구청 평생 학습 센터에서 요가를 배웁니다.
2. 한국말이 아직 서투른데 요가는 선생님의 말씀을 알아듣지 못해도 다른 학생을 보고 따라 할 수 있어서
3. 1) O 2) X 3) O

▶ 들어 봅시다

1. 외국인 유학생
2. 1) X 2) O 3) O
3. 국제운전면허증

02. 카드를 만드는 데 시간이 얼마나 걸릴까요?

▶ 어휘 연습

1) 이자를
2) 출금을

3) 현금 자동 인출기
4) 환율이

▶ **문법 연습**

1. 1) 비자를 연장하는 데 재학 증명서가 필요합니다.
2) 아기가 자는 데 방해되지 않게 나가서 얘기하자.
3) 프랑스에 가는 비행기표를 사는 데 가지고 있는 돈을 다 썼어.
4) 한국 문화에 적응하는 데 오래 걸리지 않았어요.

2. 1) 형이 치던
2) 내가 어렸을 때 다니던
3) 아버지께서 타시던
4) 아이가 먹던

▶ **읽어 봅시다**

1. 사람이 많아서 복잡했습니다. / 은행 직원이 친절했습니다. / 일을 빨리 처리해 줬습니다.

2. 학생증, 여권

3. 1) O 2) X 3) X

▶ **들어 봅시다**

1. 1) ② 2) ① 3) ②
4) ② 5) ①

2. 1) ① 2) ② 3) ①
4) ② 5) ① 6) ② 7) ①

3. 1) 카드나 통장 2) 비밀번호

8과 전화

01. 전화해서 어디쯤 왔냐고 물어봐

▶ **어휘 연습**

1) 알람을 맞추고
2) 전원을 끄거나
3) 다운로드해서
4) 와이파이를

▶ **문법 연습**

1. 1) 지금 텔레비전을 본다고 했어요.
2) 은행에 사람들이 아주 많다고 했어요.
3) 거기가 학교가 아니라고 했어요.
4) 할아버지께 건강하게 잘 지낸다고 했어요.

2. 1) 여기가 중국집이냐고 물었어요.
2) 한국 생활이 어떠냐고 하셨어요.
3) 내일 한가하면 놀러 오라고 했어요.
4) 담배를 피우지 말라고 하셨어요.

▶ **읽어 봅시다**

1. 휴대 전화

2. 항상 같이 있어서

3. 1) O 2) X 3) O

▶ **들어 봅시다**

1. 1) 버스 정류장에서 약속 장소로 가는 길입니다.
2) 영수가 도착하면 출발한다고 합니다.

2. 1) 회사에 있습니다.
2) 텔레비전을 보면서 커피를 마시고 있습니다.

3. 1) 윤아와 아버지가 전화를 합니다.
2) 감기에 걸리지 않게 조심하라고 하셨습니다.

02. 야구 시합을 보러 가자고 하는데 같이 갈래?

▶ **어휘 연습**

1) 영상 통화를
2) 국제 전화를
3) 국가 번호와
4) 별표

▶ **문법 연습**

1. 1) 오늘은 그만하자고 합니다.
2) 다음에는 기차로 가자고 합니다.
3) 저녁에는 삼겹살을 먹자고 합니다.
4) 이 물건을 사지 말자고 합니다.

2. 1) 아이에게 과자를 주라고 합니다.
2) 택시 기사에게 시내까지 태워 달라고 합니다.
3) 다니엘과 엠마에게 조용히 해 달라고 합니다.
4) 옆에 있는 사람에게 저 할머니를 도와 드리라고 합니다.

▶ **읽어 봅시다**

1. 소리도 깨끗하게 들리고 통화하는 사람 얼굴도 잘 보인다.

2. 몸이 아픈 모습을 보면 어머니께서 걱정하실 것 같아서

3. 1) O 2) X 3) X

▶ 들어 봅시다

1. 1) 한국어 선생님
   2) 메시지를 들으면 선생님에게 문자 메시지를 보내 달라고 하셨다.
2. 1) 제임스 생일 파티
   2) 제임스 선물을 사러 백화점에 갈 것이다.
3. 1) 민수에게 겨울옷을 보내셨다.
   2) 겨울옷을 받으면 어머니께 전화드려야 한다.

9과 일상생활

01. 날마다 손질하기가 귀찮거든요

▶ 어휘 연습

1) 염색했다.
2) 펴고
3) 앞머리
4) 말려

▶ 문법 연습

1. 1) 궁금했거든요.
   2) 고팠거든요.
   3) 싶었거든요.
   4) 불렀거든요.
2. 1) 어렸을 때는 김치를 안 먹었었는데 지금은 잘 먹어요.
   2) 중학교 때 단짝 친구하고 전에는 매일 만났었는데 요즘은 자주 못 만나요.
   3) 한국에 오기 전에는 아르바이트를 했었는데 지금은 안 해요.
   4) 10년 전에는 서울 공기가 좋았었는데 지금은 공기가 안 좋아요.

▶ 읽어 봅시다

1. 드라이어
2. 1) 손질해 2) 면도하고
3. 1) X 2) O 3) X

▶ 들어 봅시다

1. 피부, 세수
2. 하루에 두 번, 아침과 저녁에 씻는 것이 좋다.
3. 1) O 2) O 3) X

02. 휴대 전화가 자꾸 꺼져서 수리를 받고 싶어요

▶ 어휘 연습

1) 수리하니까
2) 옷을 줄여서/수선해서
3) 이상이 생기면, 사용 설명서를
4) 굽을 갈아서

▶ 문법 연습

1. 1) 칠판에 이름이 쓰여
   2) 꽃병에 꽃이 꽂혀
   3) 아기가 엄마에게 안겨 있어요.
   4) 그릇이 깨져 있어요.
2. 1) 메모했어야지요/잊어버리지 말아야지요.
   2) 연락드려야지요.
   3) 돈을 아껴 써야지요.
   4) 인기가 많은 식당은 미리 예약했어야지요.

▶ 읽어 봅시다

1. 1) 데이터 10기가 무료 이용권
   2) 자동차와 컴퓨터를 받을 수 있는 기회
2. 1) 재활용을 하기 위해서
   2) 환경 오염을 줄이기 위해서
3. 1) X 2) X 3) O

▶ 들어 봅시다

1. ②
2. 1) O 2) O 3) X
3. 1) 비어 있을 때 돌리면 안 된다.
   2) 문을 닫고 사용해야 한다.

10과 실수와 사과

01. 너와 같은 마음일 수도 있잖아

▶ 어휘 연습

1) 착각하고
2) 실수하지
3) 잊어버렸다고
4) 잃어버려서
5) 오해한

▶ **문법 연습**

1. 1) 아르바이트를 3개나 하잖아요.
2) 고향이 같잖아요.
3) 어렸을 때 한국에서 살았잖아.
4) 밤늦게까지 게임을 하잖아.

2. 1) 아니요, 1년에 한두 권 읽으니까 적게 읽는 편이에요.
2) 네, 일주일에 한 번쯤 밤을 새우니까 자주 밤을 새우는 편이에요.
3) 네, 걸어서 20분쯤 걸리니까 먼 편이에요.
4) 네, 165cm쯤 되니까 큰 편이세요.

▶ **읽어 봅시다**

1. 초록색으로 염색해야 하는 천막 천을 파란색으로 염색했다.
2. 두껍고 튼튼해서
3. 1) O 2) O 3) X

▶ **들어 봅시다**

1. 사장이 돈을 먼저 내라고 했는데 콜라를 선물로 준다고 생각해서 고맙다고 했다.
2. 실수를 하면서 배운 단어는 절대로 잊어버리지 않기 때문이다.
3. 1) X 2) O 3) X

02. 내일 만나지 못하게 되었어

▶ **어휘 연습**

1) 약속을 어겨서
2) 약속을 미루면
3) 사과한
4) 용서를 구하고

▶ **문법 연습**

1. 1) 시끄러워
2) 비싸
3) 많아
4) 있어

2. 1) 우리 회사에 한국 지사가 생겨서 한국에 와서 일하게
2) 고등학교 때 한국 친구를 사귀어서 한국어를 배우게
3) 회사에서 외국인 직원이 살 수 있는 집을 빌려줘서 거기에서 살게 되었어요.
4) 밥을 자주 해 먹어서 요리를 잘하게 됐어요.

▶ **읽어 봅시다**

1. 남자가 감옥에 있는 동안 가족이 집을 떠났을 수도 있어서
2. 노란 손수건
3. 1) X 2) X 3) O

▶ **들어 봅시다**

1. 사과를 잘하는 방법
2. 기분 나쁘셨으면 사과하겠습니다.
3. 1) X 2) X 3) O

1과 소개

01. 인턴으로 일한 지 얼마나 되셨습니까?

▶ 어휘

1) 정도 2) 적응하고
3) 경영학을 4) 중

▶ 문법

-은/ㄴ 지

1. 1) 태권도를 배운 지 한 달 됐어요.
2) 가족을 만난 지 이 년 됐습니다.
3) 기숙사에서 산 지 일주일 됐습니다.
4) 고향 음식을 먹은 지 오래됐어요.
2. 1) 가: 고등학교를 졸업한 지 얼마나 됐어요?
나: 고등학교를 졸업한 지 이 년 됐어요.
2) 가: 언제 고향 집에 전화했어요?
나: 고향 집에 전화한 지 일주일 됐어요.
3) 가: 언제 휴대 전화를 샀어요?
나: 휴대 전화를 산 지 십 년 됐어요.
4) 가: 극장에서 영화를 본 지 얼마나 됐어요?
나: 극장에서 영화를 본 지 일 년 됐어요.

-을/ㄹ 것 같다 , -는/은/ㄴ 것 같다

3. 1) 아야코 씨는 한국 노래를 좋아하는 것 같아요.
2) 오후에 비가 올 것 같아요.
3) 진수 씨는 책을 많이 읽은 것 같아요.
4) 저 사람들은 독일 사람인 것 같아요.
4. 1) 토끼인 것 같아요.
2) 음악을 듣는 것 같아요.
3) 술을 많이 마신 것 같아요.
4) 맛있을 것 같아요.

02. 이젠 한국 생활에 많이 익숙해졌습니다

▶ 어휘

1) 곳곳 2) 입학하려고
3) 사촌 4) 익숙해졌어요

▶ 문법

-어지다/아지다/여지다

1. 1) 시간이 지나면 한국 생활에 익숙해질 거예요.
2) 문을 닫으면 조용해질 거예요.
3) 시험 기간이 시작되면 도서관에 사람들이 많아질 거예요.
4) 운동을 하지 않으면 건강이 나빠질 거예요.
2. 1) 나빠졌어요.
2) 어려워졌어요.
3) 좋아졌어요.
4) 날씨가 시원해졌어요.

-으려고/려고

3. 1) 내일 아침에 일찍 일어나려고 일찍 잡니다.
2) 책을 빌리려고 도서관에 갔어요.
3) 기차에서 읽으려고 잡지를 샀어요.
4) 점심에 먹으려고 샌드위치를 만들고 있어요.
4. 1) 여권을 새로 만들려고 찍었어요.
2) 우유를 사려고 슈퍼마켓에 가요.
3) 한국에서 취직하려고 한국말을 공부해요.
4) 같이 저녁을 먹자고 하려고 전화했어요.

2과 한국 음식

01. 잘 익은 김치와 돼지고기만 있으면 돼요

▶ 어휘

1) 썰어서 2) 만드는 법이
3) 필요해요. 4) 끓여서

▶ 문법

-을/ㄹ 때

1. 1) 밥을 먹을 때 전화가 왔어요.
2) 머리가 아플 때 이 약을 드세요.
3) 창문을 열 때 다치지 않게 조심하세요.
4) 좋아하는 음악을 들을 때 아주 행복해요.
2. 1) 공부할 때/아르바이트를 할 때/날씨가 더울 때 힘들어요.
2) 몸이 아플 때/고향 음식을 먹을 때/주말에 혼자 있을 때 가족이 보고 싶어요.
3) 성적이 좋을 때/친구를 만나서 이야기할 때/단 음식을 먹을 때 기분이 좋아요.
4) 숙제가 많을 때/성적이 나쁠 때/돈이 없을 때 스트레스를 받아요.

-으면/면 되다

3. 1) 있으면 2) 쓰면
3) 담으면 4) 넣으면
4. 1) 씻으면 2) 비벼서 먹으면

3) 신청서를 내면 돼요.
4) 여권과 사진이 있으면 돼요.

02. 그릇을 들고 먹으면 안 돼요

▶ 어휘

1) 중요한　　2) 들고
3) 윗사람이　　4) 수저를

▶ 문법

-어도/아도/여도 되다, 으면/면 안 되다

1. 1) 영어로 이야기해도
2) 이거 먹어도
3) 자리를 바꿔도
4) 숙제를 내일 내도

2. 1) 사진을 찍으면 안 돼요.
2) 들어가면 안 돼요.
3) 쓰레기를 버리면 안 돼요.
4) 손을 대면 안 돼요.

3. 1) 화장을 해도
2) 이성 교제를 해도
3) 수업 시간에 껌을 씹으면
4) 학교에서 담배를 피우면

4. 1) 신발을 신고 들어가면 안 돼요.
2) 입어 봐도 돼요?
3) 먼저 가도 돼요?
4) 내일 내면 안 돼요.

3과 쇼핑

01. 적게 사셔도 적립해 드립니다

▶ 어휘

1) 가져가세요.　　2) 현금이
3) 적립을　　4) 반값

▶ 문법

이요/요

1. 1) 카드요.　　2) 저요.
3) 왼쪽이요./왼쪽으로요.
4) 따뜻한 녹차 한 잔하고 커피 한 잔이요.

2. 1) 따뜻한 아메리카노요.
2) 테이크아웃이요.
3) 카드요.
4) 여기요?

▶ 문법

-어도/아도/여도

3. 1) 비가 와도 축구를 할 거예요.
2) 큰 서점에 가도 그 책은 없을 거예요.
3) 선생님 설명을 들어도 모르겠어요.
4) 커피를 많이 마셔도 잠을 잘 자요.

4. 1) 늦어도 모임에 가고 싶어요.
2) 열심히 공부하지 않아도 성적이 좋아요.
3) 약을 먹어도 좋아지지 않아요.
4) 저는 일찍 자도 늦게 일어나요.

02. 광고를 보니까 10만 원짜리가 마음에 들어요

▶ 어휘

1) 배달이　　2) 마음에 들어요.
3) 짜리　　4) 화려해서

▶ 문법

-으니까/니까(발견)

1. 1) 먹어 보니까 맛이 없었어요.
2) 집에 가니까 아무도 없었어요.
3) 가방을 열어 보니까 지갑이 없었습니다.
4) 10분쯤 걸어가니까 학교가 보였어요.

2. 1) 아르바이트를 해 보니까
2) 새 메뉴를 먹어 보니까
3) 읽어 보니까 아주 재미있었어요.
4) 아침에 교실에 가니까 에릭 씨가 있었어요.

-으면/면 좋겠다

3. 1) 제주도에 가면
2) 피자를 먹으면
3) 똑똑하고 친절한 사람과 사귀면 좋겠어요.
4) 한국말을 잘했으면 좋겠어요.

4. 1) 친구들과 많이 놀면 좋겠어요.
2) 회사에서 스트레스를 안 받으면 좋겠어요.
3) 학생들이 열심히 공부하면 좋겠어요.
4) 좋은 회사에 취직하면 좋겠어요.

4과 모임

01. 친한 친구들하고 가볍게 식사나 할 생각이야

▶ 어휘

1) 차리셨어요? 2) 별일
3) 다행히 4) 평일

▶ 문법

-어/아/여, 이야/야

1. 1) 고향에서 온 친구야?
2) 우리 반 학생이 아니야.
3) 도서관에서 책을 읽을 거야.
4) 누구한테 말할 거야?
5) 제주도는 참 아름다워.
6) 내 동생은 키가 커.
7) 나는 날마다 학교에 가.
8) 오늘은 회사에 가지 않아.
9) 도서관이나 카페에서 공부해.
10) 한국에 온 지 얼마나 됐어?
11) 같이 점심을 먹어.
2. 1) 친구를 만나.
2) 여기 날씨는 따뜻해.
3) 세 시야.
4) 안 했어.
5) 살 거야.
6) 응, 같이 먹어.

-기가 쉽다/어렵다

3. 1) 집중하기가 어려워요.
2) 잃어버리기가 쉬워요.
3) 먹기가 어려워요.
4) 사고가 나기가 쉬워요.
4. 1) 쓰기가
2) 걷기가
3) 외우기가 쉬워.
4) 약속을 잊어버리기가 쉬워요.

02. 큰 행사를 준비해 본 적이 없어서 걱정이야

▶ 어휘

1) 걱정이 2) 비슷해서
3) 행사를 4) 얻어서

▶ 문법

-지 마

1. 1) 계단에서 뛰지 마.
2) 나를 기다리지 마.
3) 수업 시간에 떠들지 마.
4) 아침 일찍 전화하지 마.
2. 1) 틀지
2) 더 넣지
3) 간식을 먹지 마.
4) 커피를 많이 마시면 잠을 못 지니까 마시지 마.

-은/ㄴ 적이 있다/없다

3. 1) 초등학교 때 상을 받은
2) 중학교 때 같은 반 여학생을 혼자 좋아한
3) 고등학교 때 친구들과 캠핑을 간
4) 한국에서 불고기를 만든
4. 1) 가: 한국에 와서 길을 잃어버린 적이 있어요?
나: 아니요, 길을 잃어버린 적이 없어요.
2) 가: 한국에서 영어를 가르친 적이 있어요?
나: 네, 한국에서 영어를 가르친 적이 있어요.
3) 가: 한국 친구 집에 가 본 적이 있어요?
나: 아니요, 한국 친구 집에 가 본 적이 없어요.
4) 가: 한옥에서 자 본 적이 있어요?
나: 네, 한옥에서 자 본 적이 있어요.

5과 초대

01. 결혼하고 바로 유학을 떠나기로 해서 좀 서둘렀어

▶ 어휘

1) 서두르지 2) 선배
3) 떠난 4) 남았어요.

▶ 문법

-는다/ㄴ다/다, -니?

1. 1) 나는 한국 사람이다.
2) 이것은 내 공책이 아니다.
3) 주말에는 한가하다.
4) 물건 값이 비싸지 않다.
5) 나는 연세대학교에 다닌다.
6) 매운 음식을 잘 먹는다.
7) 그 사람을 사랑하지 않는다.
8) 공항까지 1시간 걸렸다.
9) 영어로 이야기하지 않겠다.
10) 가족사진이니?
11) 그 식당 음식 맛이 어떻니?
12) 김치를 어떻게 만드니?
13) 아르바이트가 힘들지 않니?

2. 1) 그동안 시내를 구경한 적이 없었다.
2) 오늘 나는 친구와 같이 서울의 여기저기를 구경했다.
3) 나는 매운 음식을 좋아한다.
4) 친구들과 롯데월드에 갈 것이다.

-기로 하다

3. 1) 항상 웃는 얼굴로 일하기로
2) 열심히 공부하기로
3) 암벽 등반을 하기로 했어요.
4) 한국어학당에서 한국어를 공부하기로 했어요.
4. 1) 배를 타고 가기로 했어요.
2) 게스트하우스가 값도 싸고 친구도 사귈 수 있으니까 게스트하우스에서 자기로 했어요.
3) 구경할 게 많으니까 3박 4일 동안 여행하기로 했어요.
4) 로라 씨에게 같이 갈 수 있는지 물어보기로 했어요.

02. 제가 꽃다발을 사 가지고 갈게요

▶ 어휘

1) 자랑하신다 2) 갑자기
3) 동창 4) 유명한

▶ 문법

-자, -어라/아라/여라

1. 1) 점심은 간단하게 먹자.
2) 공원에서 좀 걷자.
3) 배가 부르니까 더 시키지 말자.
4) 잘 가라.
5) 시끄러우니까 창문을 닫아라.
6) 큰 소리로 음악을 듣지 마라.
2. 1) 만나자. 2) 공부하자.
3) 기다리지 4) 좀 조용히 해라.

-아/아/여 가지고

3. 1) 김밥을 만들어, 공원에 갈 거예요.
2) 한국말을 배워, 무슨 일을 하고 싶어요?
3) 사진을 찍어 가지고 가족에게 보여 줄 거예요.
4) 아르바이트를 해서 돈을 벌어 가지고 등록금을 냈어요.
4. 1) 피자를 시켜
2) 샌드위치를 준비해
3) 돈을 모아 가지고 컴퓨터를 사고 싶어요.
4) 첫 월급을 받아 가지고 부모님께 드릴 선물을 사고 싶어요.

복습(1-5과)

>> 말하기

1. 제가 제일 좋아하는 고향 음식은 사과 파이예요. 사과를 썰어서 밀가루 반죽 위에 올리고 그 뒤에 시나몬 가루를 뿌려서 오븐에 구워요. 아주 달고 맛있어요. 사과 파이는 친구들과 모여서 파티를 할 때 먹는 음식이에요. 식사 후에 디저트로 먹을 수도 있어요.
2. 온라인 쇼핑몰에서 물건을 산 적이 있어요. 저는 보통 온라인 쇼핑몰에서 물건을 사요. 온라인으로 쇼핑을 하면 집에서 편하게 쇼핑할 수 있어요. 가끔 인터넷 화면에서 본 것과 다른 물건이 배달된 적도 있어요. 하지만 구매 후기와 교환이나 환불 조건을 잘 읽어 보고 사면 마음에 드는 물건을 싸고 편하게 살 수 있어요.
3. 학생: 이번 토요일 저녁에 시간이 있어?
교사: 왜? 무슨 일이 있어?
학생: 이번 토요일이 내 생일이라서 파티를 할 거야. 너를 생일 파티에 초대하고 싶어. 친한 친구들 몇 명 초대해서 저녁이나 먹을 생각이야.
교사: 좋아. 갈게. 시간과 장소를 알려 줘.
학생: 토요일 저녁 6시에 도서관 앞에서 모이기로 했어.
교사: 응, 초대해 줘서 고마워.

>> 쓰기

Ⅰ 1. ④ 2. ① 3. ② 4. ③
Ⅱ 5. ③ 6. ④ 7. ①
Ⅲ 8. ① 9. ② 10. ①
Ⅳ 11. ③ 12. ③ 13. ④ 14. ①
Ⅴ 15. ③ 16. ① 17. ④ 18. ②
Ⅵ 19. 나는 대학교에서 역사학을 전공하고 있다. 나는 어릴 때부터 역사 이야기를 좋아했다. 그래서 역사 책이나 텔레비전 역사 프로그램을 자주 봤다. 다른 나라의 역사 이야기를 들으면 그 나라로 과거 여행을 간 것 같은 느낌이 들었다.
지금은 아시아 역사를 공부하려고 한국에 교환 학생으로 왔다. 아시아 역사 공부를 잘하기 위해서는 한자를 많이 알아야 한다. 하지만 한자는 아무리 외워도 외우기가 정말 어렵다.
한국의 교환 학생 기간이 끝나면 일본이나 중국에 가서 아시아 역사를 더 공부하고 싶다. 앞으로 많은 나라에 가서 다양한 문화를 경험하고 좋아하는 역사학에 대해서 공부하면 좋겠다.

>> 듣기

I **1.** ④

언제부터 그림 동아리에서 활동을 했어요?
Since when have you been active in the drawing club?

2. ④

그릇을 들고 먹어도 돼요?
Can I eat while holding the bowl?

II **3.** ②

제 전공은 국문학입니다. 저는 글쓰기를 좋아해서 글을 쓰는 곳에 취직을 했습니다.
My major is Korean literature. I like writing, so I got a job at a place where I can write.

4. ④

저는 지난주에 한국으로 유학을 왔습니다. 혼자 살기 때문에 필요한 것이 많습니다. 어제 비누와 휴지를 샀습니다. 오늘은 그릇과 수저를 사려고 합니다.
I came to Korea last week to study abroad. Since I'm living alone, I need many things. I bought soap and tissue yesterday. Today, I plan to buy dishes and utensils.

III **5.** ③

여자: 오늘 요리 수업에서는 불고기를 만들어 보겠습니다.
남자: 불고기는 만들기가 어렵지 않아요?
여자: 만드는 법이 쉬워서 외국인들도 쉽게 만들 수 있습니다. 여러분 앞에 불고기를 만들 재료가 있습니다. 먼저 채소를 씻어 봅시다.
Woman: In today's cooking class, we will make bulgogi.
Man: Isn't bulgogi difficult to make?
Woman: The recipe is easy, so even foreigners can make it easily. In front of you are the ingredients for making bulgogi. First, let's wash the vegetables.

6. ①

여자: 콜린 씨, 내일이 제임스 생일인데 우리 깜짝 파티를 해 줄까요?
남자: 네, 그럼 제임스 모르게 생일 파티를 준비합시다.
여자: 좋아요, 제가 케이크를 사 가지고 올까요? 반 친구들에게도 연락할게요.
남자: 그럼 전 제임스에게 줄 특별한 카드를 준비할게요.
Woman: Colin, tomorrow is James birthday. Shall we throw a surprise party?
Man: Yes, then let's prepare a birthday party without James knowing.
Woman: Okay, shall I bring some cake? I'll also contact our classmates.
Man: Then I will prepare a special card and a gift for James.

IV **7.** ③ **8.** ③

7-8
여자: 와, 백화점에 사람이 왜 이렇게 많아요?
남자: 다음 주가 추석이어서 그래요. 한국 사람들은 추석에 고마운 분들께 선물을 하는 풍습이 있어요.
여자: 아, 그래요? 보통 어떤 선물을 드려요?
남자: 비싸지 않은 생활용품이나 가족들과 같이 먹을 수 있는 음식을 많이 사요.
여자: 음... 하숙집 아주머니께 고향에서 가지고 온 커피를 추석 선물로 드리고 싶은 데 비싼 선물이 아니어도 괜찮을까요?
남자: 그럼요. 아주 좋아하실 거예요.
Woman: Wow, why are there so many people in the department store?
Man: It's because next week is Chuseok. Korean people have a custom of giving gifts to those they are grateful for during Chuseok.
Woman: Oh, really? What gifts to they usually give?
Man: They buy a lot of affordable household items and food that you can share with your family.
Woman: Um... I'd like to give the boarding house landlady coffee I brought from my hometown as a Chuseok gift, but is it okay if it's not an expensive gift?
Man: Of course. She'll love it.

9. ③ **10.** ②

9-10
정희: 미선아, 너 홈쇼핑으로 물건을 사 본 적이 있니?
미선: 아니, 없어. 정희 너는?
정희: 나는 홈쇼핑으로 물건을 자주 사. 직접 시장에 가지

않아도 텔레비전에서 보고 살 수 있고 물건을 집까지 배달해 주니까 참 편해.
미선: 그렇지만 물건이 집으로 올 때까지 며칠 기다려야 하는 것은 좀 불편하지 않아? 또 텔레비전으로 보는 것과 진짜 물건은 좀 다를 것 같아.
정희: 그러면 너는 시장에 가는 것을 좋아하겠네.
미선: 응, 시장에 가면 구경할 것이 많아서 재미있어.
Jeonghee (female): Miseon, have you ever bought something through home shopping?
Miseon (female): No, I haven't. What about you, Jeonghee?
Jeonghee: I often buy things through home shopping. It's very convenient because you can buy things by watching them on TV without having to go to the market in person, and they have the good delivered to your home.
Miseon: But isn't it a bit inconvenient having to wait a few days for the items to arrive at your home? Also, I think the actual product might be a little different from what you see on television.
Jeonghee: Then you must like going to the market.
Miseon: Yes, going to the market is fun because there is a lot to see.

11. ② **12.** ① **13.** ①

11-13
여러 가지 일로 바쁘신 중에도 이렇게 저희 음악회를 보러 와 주신 여러분께 감사드립니다. 저희 모임에서 벌써 세 번째 음악회를 하게 되었습니다. 저희들은 음악을 전공한 사람들은 아니지만 음악을 누구보다 사랑합니다. 저희들은 학생, 회사원, 선생님 등 여러 가지 직업을 가지고 있습니다. 공부나 일이 끝나고 저녁마다 모여서 음악회 준비를 했습니다. 연습할 시간이 많지 않았지만 열심히 준비했으니까 즐겁게 들어 주십시오. 그리고 음악회가 끝난 후 뒤풀이가 있으니까 여러분들께서도 이 뒤풀이 시간을 저희와 함께 해 주십시오. 감사합니다.
Although you may be busy with many things, we would like to thank you all for coming to see our concert. This is already the third concert that we've had in our group. We are not people who majored in music, but we love music more than anyone else. We have various professions, such as students, office workers, teachers, and more. After our studies or work, we gathered every evening to prepare for this concert. We didn't have much time to practice, but we prepared diligently, so please enjoy listening. After the concert, there will be an after-party, so we hope you can join us for that as well. Thank you.

>> 읽기

I **1.** ③ **2.** ② **3.** ②

이번 주 수요일은 우리 반 친구 리사의 생일입니다. 저는 리사의 생일에 리사를 (㉠) 놀라게 해 주고 싶습니다. 그래서 요즘 파티 준비를 하는데 리사가 모르게 파티를 계획하기가 아주 어렵습니다.
"이번 주 수요일이 내 생일인데 그날 시간 있어? 같이 저녁이나 먹을까?"
리사가 이런 말을 할 때마다 우리는 모두 대답을 잘 하지 않습니다.
"글쎄, 요즘 내가 좀 바빠."
저는 이렇게 대답을 할 때마다 가슴이 (㉡)합니다. 그리고 (㉢) 리사의 얼굴을 보면 웃음이 나기도 합니다.
리사에게 줄 선물도 예쁘게 포장하고 식당도 예약했습니다. 우리는 리사가 식당에 도착하면 폭죽을 (㉣) 노래를 부르려고 합니다. 그런데 어떻게 리사를 자연스럽게 식당까지 데리고 갈 수 있을까요?
This Wednesday is our classmate Lisa's birthday. I want to (㉠) surprise Lisa on her birthday. So these days, We've been preparing for a party, but it's very difficult to plan one without Lisa knowing.
"This Wednesday is my birthday. Do you have time on that day? Shall we have dinner together?"
Whenever Lisa says something like this, we don't know how to respond.
"Well, I'm a bit busy these days."
My heart is (㉡) whenever I give her this answer. And when I see the look of (㉢) on Lisa's face, I can't help but laugh.
I've wrapped Lisa's gift beautifully and reserved a restaurant. When Lisa arrives, we're going to (㉣) fireworks and sing. But how can we take her to the restaurant naturally?

II **4.** ② **5.** ④ **6.** ③, ④

㉠ ______________. 한국 음식은 국물이 많기 때문에 숟가락과 젓가락을 사용해요. 하지만 숟가락과 젓가락을 한 손에 같이 들고 먹으면 안 돼요. 밥을 먹을 때는 그릇을 상 위에 놓고 숟가락으로 먹어요. 일본 사람들은 밥을 젓가락으로 먹기 때문에 밥그릇을 들고 먹어야 해요. 중국에는 튀긴 음식과 볶은 음식이 많은데 그런 음식은 대부분 기름이 많고 뜨겁기 때문에 중국 젓가락은 한국 젓가락보다 길어요.

음식 문화는 날씨와 관계가 많아요. 노르웨이는 겨울이 긴 나라예요. 그래서 사람들은 고기나 생선에 소금을 뿌려서 말린 후에 추운 겨울에도 오랫동안 먹을 수 있는 음식을 만들었어요. 인도네시아는 날씨가 더워서 익히지 않은 음식은 쉽게 상할 수 있기 때문에 볶은 음식이 많아요.
이렇게 다른 나라의 다양한 음식과 그 배경을 알면 그 나라의 ㉡ ______ 을/를 더 잘 이해할 수 있어요. 다른 나라의 ㉡ ______ 을/를 잘 알고 싶으면 그 나라의 음식을 드셔 보세요.

㉠ ______________ . Korean food uses spoons and chopsticks because it has a lot of soup. However, you shouldn't eat while holding the spoon and chopsticks all in one hand. When you eat, put the bowl on the table and use a spoon. Japanese people eat rice with their chopsticks, so they have to hold their rice bowls. A lot of the food in China is fried and stir-fried, and because most of these dishes are greasy and hot, Chinese chopsticks are longer than Korean chopsticks.
Food culture is closely related to the weather. Norway is a country with long winters. So people sprinkled salt on fish and meat and dried them to make food that could be eaten for a long time even in cold winters. Indonesia has a lot of stir-fried food because uncooked food can spoil easily in hot weather.
You can understand the ㉡ ______ of another country better if you know the country's various foods and their backgrounds. If you want to know the ㉡ ______ of another country well, try the food.

Ⅲ 7. ② **8.** ① **9.** ④

리타에게
안녕, 잘 지내고 있지? 나도 한국에서 건강하게 잘 지내고 있어.
한국 생활은 재미있지만 친구가 많지 않아서 가끔 외로워. ㉠ ______ 친구를 만날 수 있는 동아리에 들어가려고 찾고 있었는데 고향 선배님이 여행 동아리를 소개해 줬어. 이 동아리는 한국의 작은 도시나 시골을 여행하고 싶어 하는 사람들이 모인 동아리야. 나는 아직 한국에서 여행을 해 본 적이 없어서 이 동아리에 들기로 했어.
여행 동아리에 들어가면 취미가 같은 사람을 많이 만나고 또 한국 문화를 배울 수 있는 기회도 더 많아질 것 같아. 한국 사람들과 여행하니까 한국말 연습도 많이 할 수 있을 것 같아서 기대가 돼. ㉡ ______ 좋은 경치와 맑은 공기 속에서 맛있는 한국 음식도 많이 먹으면 좋겠어.

또 연락할게. 잘 지내.

서울에서 제니

Dear Rita,
Hello, how are you? I'm also doing well in Korea. Life in Korea is fun, but I don't have many friends, so I get lonely sometimes. ㉠ ______ I've been looking to join a club where I can meet friends, and a senior from my hometown introduced me to a travel club. This club is for people who want to travel to small cities or the countryside in Korea. I haven't had the chance to travel in Korea yet, so I decided to join this club.
I think that by joining the travel club, I'll meet many people with similar hobbies and have more opportunities to learn about Korean culture. Since I'm traveling with Koreans, I think I can practice my Korean a lot, so I'm looking forward to it. ㉡ ______ it would be great to eat a lot of delicious Korean food with nice scenery and clear air.
I'll be in touch again. Take care.

Jenny
from Seoul

Ⅳ 10. ③ **11.** ① **12.** ①

5월 3일 토요일 맑음
(가) 나는 백화점보다 시장을 더 좋아한다. 시장에는 여러 가지 물건도 많고 여기저기 돌아다니면 좋은 물건을 싸게 살 수 있기 때문이다. 백화점은 물건을 고르기가 편리하지만 물건 값이 좀 비싸다.
(나) 또 백화점은 보통 오전 열 시 반부터 저녁 여덟 시까지만 문을 여는데 시장은 밤에 가도 물건을 살 수 있다. 시장에는 백화점과 다르게 현금을 내면 물건 값을 깎아 주는 가게도 있다. 또 손님들을 위해서 재미있는 공연을 하는 시장도 있다.
(다) 오늘 나는 친구와 같이 옷을 사러 동대문 시장에 갔다. 남대문 시장에는 가 본 적이 있지만 동대문 시장은 처음이었다. 밤에 가면 공연도 보고 더 싸게 살 수 있을 것 같아서 밤에 갔다. 사람들이 쇼핑몰 앞에서 노래도 하고 춤도 추고 있었는데 아주 재미있었다. 나는 노란 모자와 보라색 스웨터를 샀고 친구는 하얀 블라우스와 검은색 긴 바지를 샀다. 우리는 예쁜 옷을 싸게 사서 기분이 좋았다.

May 3rd, Saturday, Sunny
(가) I like the market more than the department store. This is because the market has many things, and if you wander around, you can buy good products at a cheap price. Department stores are convenient for choosing items, but the prices are a bit expensive.
(나) Moreover, Department stores are usually open only from 10:30 AM to 8 PM, but you can buy things at the market even at night.

Unlike department stores, there are stores in the market that offer discounts on items if you pay in cash. There is also a market that puts on fun performances for customers.
(다) Today, I went to Dongdaemun Market to buy clothes with my friend. I've been to Namdaemun Market before, but this was my first time going to Dongdaemun Market. We went at night because we thought we could see performances and buy things at a cheaper price. There were people singing and dancing in front of the shopping mall, and it was very fun. I bought a yellow hat and a purple sweater, and my friend bought a white blouse and black long pants. We felt good because we bought pretty clothes at a low price.

6과 대중교통

01. 울산까지 어떻게 가는지 알아?

▶ 어휘

1) 편안하게 2) 이용하면
3) 좌석 4) 절이

▶ 문법

-는지/은지/ㄴ지 알다/모르다

1. 1) 요즘 무슨 드라마가 재미있는지
2) 리에 씨 전화번호가 몇 번인지
3) 공원에 왜 이렇게 사람이 많은지 알아요?
4) 마리아 씨가 왜 수업에 안 왔는지 알아요?
2. 1) 가: 김윤호 씨가 어디에서 태어났는지 알아요?
나: 네, 알아요. 서울에서 태어났어요.
2) 가: 김윤호 씨 가족이 몇 명인지 알아요?
나: 네, 알아요. 모두 4명이에요.
3) 가: 김윤호 씨가 어느 학교를 졸업했는지 알아요?
나: 네, 알아요. 연세대학교를 졸업했어요.
4) 가: 김윤호 씨가 무슨 음식을 좋아하는지 알아요?
나: 네, 알아요. 떡볶이하고 피자를 좋아해요.

-는 길이다

3. 1) 회사에서 집에 오는 길에 헬스클럽에 들러서 운동했어요.
2) 명동에서 광화문에 가는 길에 종로에 있는 서점에 들렀어요.
3) 캘리포니아에서 뉴욕에 오는 길에 라스베이거스를 여행했어요.
4) 교실에서 기숙사에 돌아가는 길에 친구를 만났어요.
4. 1) 편의점에 가는
2) 슈퍼마켓에 가는
3) 학교에 오는, 버스 정류장 앞 커피숍에서 샀어요.
4) 기숙사에 가는, 학생 식당에서 먹어요.

02. 가까워 보이는데 버스를 타야 합니까?

▶ 어휘

1) 밀려서 2) 웬만하면
3) 지났는데 4) 위치를

▶ 문법

-어/아/여 보이다

1. 1) 방이 더 밝아 2) 어려
3) 똑똑해 4) 커피가 더 맛있어
2. 1) 가까워 보여서 2) 바빠 보여서
3) 행복해 보여요. 4) 맛있어 보여요.

-다가

3. 1) 명동에 살다가 학교가 멀어서 신촌으로 이사했어요.
2) 드라마를 보다가 재미없어서 티브이를 껐어요.
3) 산에 올라가다가 다리가 아파서 내려왔어요.
4) 회사에 다니다가 일이 힘들어서 그만두었어요.
4. 1) 축구를 하다가 다쳤어요.
2) 도서관에 가다가 학생증이 없어서 돌아왔어.
3) 인천에 살다가 고등학교 때 서울로 이사 왔어요.
4) 어제 숙제를 하다가 잠이 들었어요.

7과 공공 기관

01. 비자를 연장하려면 재학 증명서가 있어야 합니다

▶ 어휘

1) 반드시 2) 잊어버리고
3) 뽑는다. 4) 서류를

▶ **문법**

-어/아/여 있다

1. 1) 놓여 2) 붙어
3) 남아 4) 열려

2. 1) 누워 2) 들어
3) 와 있어. 4) 앉아 있었어.

-으려면/려면

3. 1) 연극을 보려면 극장이 많은 대학로에 갑시다.
2) 서울 시내를 구경하려면 시티 투어 버스를 타세요.
3) 아침 수업에 지각하지 않으려면 7시쯤 일어나야 해요.
4) 옛날 한국 사람들의 생활 모습을 알려면 민속촌에 가 보세요.

4. 1) 떡볶이를 만들려면 떡과 고추장이 필요해요.
2) 좋은 자리에 앉으려면 한 달 전쯤 예매해야 해요.
3) 건강해지려면 운동을 하세요.
4) 한국에서 좋은 회사에 취직하려면 공부를 열심히 해야 해요.

02. 카드를 만드는 데 시간이 얼마나 걸릴까요?

▶ **어휘**

1) 상품을 2) 무거우니까
3) 새로운 4) 따로

▶ **문법**

-는 데

1. 1) 취직하는 2) 배우는
3) 느는 4) 이해하는

2. 1) 김치찌개를 만드는 데 김치하고 돼지고기가 필요해요.
2) 제주도 여행을 다녀오는 데 100만 원 정도 들어요.
3) 따뜻한 과일 차를 마시면 감기가 낫는 데 도움이 돼요.
4) 단어를 많이 외우는 것이 한국어 읽기 실력을 키우는 데 도움이 돼요.

-던

3. 1) 하던 2) 가던
3) 다니던 4) 사귀던

4. 1) 어제 먹던 피자가 남아 있어.
2) 아버지께서 읽으시던 책이에요.
3) 제가 마시던 물이에요.
4) 전에 입던 옷이에요.

8과 전화

01. 전화해서 어디쯤 왔냐고 물어봐

▶ **어휘**

1) 잠시 2) 아까
3) 미끄러우니까 4) 지킬게

▶ **문법**

-는다고/ㄴ다고/다고 하다, -냐고 하다

1. 1) 민수가 5월 5일은 어린이날이라고 합니다.
2) 아야코가 어머니는 한국 사람이 아니라고 해요.
3) 에릭이 지금 친구 집에서 같이 산다고 합니다.
4) 리타오가 호주는 겨울에도 날씨가 따뜻하다고 합니다.
5) 정희가 어렸을 때 발레를 배웠다고 해요.
6) 윤아가 여행 가면 예쁜 엽서를 보내겠다고 해요./보낼 거라고 해요.

2. 1) 사흘 전에 도착했다고 해.
2 날씨가 좀 덥지만 구경을 다니기에 나쁘지 않다고 해.
3) 하루하루를 즐겁게 보낸다고 해.
4) 그리고 여러 나라에서 여행을 온 사람들하고 이야기를 하는 게 참 재미있다고 해.
5) 다음에는 나하고 너도 같이 여행을 다니면 좋겠다고 해.

-냐고 하다, -으라고/라고 하다

3. 1) 엠마가 이번 학기에 듣는 수업 중에서 뭐가 제일 어렵냐고 합니다.
2) 리타오가 음식 맛이 어떠냐고 합니다.
3) 피터가 한국에 온 지 얼마나 됐냐고 합니다.
4) 리에가 친구들이 기다리니까 빨리 오라고 합니다.
5) 선생님께서 옆 교실에서 시험을 보고 있으니까 조용히 하라고 하십니다.
6) 안내원이 박물관 안에서는 사진을 찍지 말라고 합니다.

4. 1) 너도 도착했냐고 해.
2) 여기서 커피를 마실 거냐고 해.
3) 먼저 식당에 가 있으라고 해.
4) 엠마가 올 때까지 기다리라고 해.

02. 야구 시합을 보러 가자고 하는데 같이 갈래?

▶ **어휘**

1) 대단해요. 2) 시합을
3) 소원이었어요. 4) 구한다고

-자고 하다

1. 1) 민수가 이번 주말에 같이 영화를 보자고 합니다.
2) 아야코가 집에 먹을 것이 없으니까 배달시켜서 먹자고 합니다.
3) 엠마가 오늘은 날씨가 안 좋으니까 산책하지 말자고 합니다.
4) 리타오가 길이 막히니까 택시를 타지 말자고 합니다.
2. 1) 나는 새로 사자고 하는데 남자 친구는 쓰던 가구를 계속 쓰자고 해.
2) 나는 호텔에서 결혼식을 하자고 하는데 남자 친구는 교회에서 하자고 해.
3) 나는 모바일 청첩장을 만들자고 하는데 남자 친구는 종이 청첩장을 만들자고 해.
4) 나는 스위스로 가자고 하는데 남자 친구는 하와이에 가자고 해.

-어/아/여 달라고(주라고) 하다

3. 1) 어머니께서 할아버지께 신문을 드리라고 하십니다.
2) 엠마가 선생님 이메일 주소를 알려 달라고 해요.
3) 학생이 선생님께 다시 한 번 설명해 달라고 합니다.
4) 리타오가 나에게 윤아의 생일 선물로 콘서트 티켓을 사 주라고 합니다.
4. 1) 아빠하고 누나가 퇴근하면 저녁을 차려 주라고 하셨어.
2) 런던 맛집을 찾아서 메시지로 보내 달라고 하셨어.
3) 배달이 오면 받아 달라고 하셨어.
4) 무슨 일이 생기면 바로 연락해 달라고 하셨어.

9과 일상생활

01. 날마다 손질하기가 귀찮거든요

▶ **어휘**

1) 손질해야 2) 후회했다.
3) 살짝 4) 의견이

▶ **문법**

-거든요

1. 1) 평일에 시험 준비 때문에 힘들었거든요.
2) 이건 좀 작거든요.
3) 쓰던 걸 잃어버렸거든요.
4) 매운 음식을 잘 못 먹거든요.
2. 1) 숙제가 많아서 어제 잠을 못 잤거든요.
2) 친구 생일 파티가 있거든.
3) 동네가 너무 시끄럽거든요.
4) 아까 점심을 많이 먹어서 배가 부르거든.

-었었/았었/였었-

3. 1) 눈이 왔었다.
2) 차가 많이 밀렸었다.
3) 조용했었고
4) 작고 예쁜 집들이 많았었는데
4. 1) 집에서 숙제는 안 하고 게임만 했었어.
2) 밥을 잘 안 먹어서 아주 말랐었어.
3) 학원에 안 가서 할머니한테 자주 혼났었어.
4) 수업에 지각을 자주 했었어.

02. 휴대 전화가 자꾸 꺼져서 수리를 받고 싶어요

▶ **어휘**

1) 살펴보고 2) 경우
3) 문제가 4) 구입하시는

▶ **문법**

피동

-이-: 보이다, 쌓이다, 놓이다, 쓰이다, 바뀌다
-히-: 닫히다, 잡히다, 찍히다, 꽂히다, 먹히다
-리-: 들리다, 열리다, 걸리다, 팔리다, 물리다, 풀리다
-기-: 끊기다, 씻기다, 쫓기다, 안기다, 뺏기다
-어지다: 꺼지다, 켜지다, 깨지다, 찢어지다

1. 1) 물렸을　　2) 풀려요.
   3) 팔려요.　　4) 닫혀
2. 1) 걸려　　2) 꽂혀
   3) 보인다.　　4) 쌓여

-어야지요/아야지요/여야지요

3. 1) 그럼 운동해야지요.
   2) 그럼 외국어를 잘해야지요.
   3) 그럼 운전면허를 따야지요.
   4) 그럼 담배를 피우지 말아야지요.
4. 1) 밥은 먹어야지요.
   2) 미리 해야지요.
   3) 반말을 하지 말아야지요.
   4) 화해해야지요.

10과 실수와 사과

01. 너와 같은 마음일 수도 있잖아

▶ **어휘**

1) 상상　　2) 어떡하지?
3) 점점　　4) 고백했는데

▶ **문법**

-잖아요

1. 1) 냄새가 나잖아.
   2) 첫눈이 오잖아.
   3) 시간이 늦었잖아.
   4) 마음이 중요하잖아요.
2. 1) 요즘 시험 기간이잖아요.
   2) 고기를 안 먹는 친구들이 많잖아.
   3) 고등학교 때 테니스 선수였잖아.
   4) 얼마 전에 헤어졌잖아.

-는/은/ㄴ 편이다

3. 1) 많은　　2) 먼
   3) 본　　4) 결혼한
4. 1) 잠을 조금 자는 편입니다.
   2) 커피를 많이 마시는 편입니다.
   3) 용돈을 많이 받는 편입니다.
   4) 전화를 적게 쓰는 편입니다.

02. 내일 만나지 못하게 되었어

▶ **어휘**

1) 미루었다가　　2) 당연히
3) 소통하기　　4) 모시고

-어/아/여 가지고

1. 1) 피곤해 가지고 일찍 잤어요.
   2) 눈이 나빠 가지고 안경을 벗으면 안 보여요.
   3) 목이 말라 가지고 편의점에 들러서 물을 샀어요.
   4) 옷을 얇게 입어 가지고 감기에 걸렸어요.
2. 1) 옷이 작아 가지고 못 입어.
   2) 교통사고가 나 가지고 길이 막혔어.
   3) 오늘 여자 친구랑 첫 데이트가 있어 가지고 기분이 좋아.
   4) 오늘 발표가 있어 가지고 미리 가서 준비해야 해.

-게 되다

3. 1) 장학금을 받게
   2) 한국어를 배우게
   3) 아르바이트를 하게 되었어요.
   4) 요리를 잘하게 되었어요.
4. 1) 한국 친구가 많아서 한국어를 잘하게
   2) 친구가 같이 하자고 해서 태권도를 시작하게
   3) 전공이 신문 방송학이어서 방송국에서 일하게 되었어요.
   4) 집에 일이 좀 생겨 가지고 갑자기 고향에 돌아가게 되었어요.

복습(6-10과)

>> 말하기

1. 저는 은행에 가서 체크 카드를 만든 적이 있어요. 은행에 가기 전에는 걱정을 많이 했어요. 그때는 한국에 온 지 얼마 되지 않아서 한국 사람들이 하는 말을 잘 이해할 수 없었거든요. 그래서 은행 홈페이지에서 영어로 되어 있는 안내문을 미리 읽고 필요한 서류를 준비해 가지고 갔어요. 다행히 은행에서 일하시는 분이 아주 친절하셨어요. 일 처리도 아주 빨라서 카드를 만드는 데에 하루 정도 걸렸어요. 제가 만든 체크 카드는 여러 가지 좋은 점이 많아요. 학생증으로 사

용할 수도 있고 제가 자주 가는 커피숍에서 할인도 받을 수 있어서 아주 좋아요.

2. (연세대학교에 어떻게 가는지 알아요? 우리는 지금 신촌역 2번 출구에 있습니다.) 신촌역 2번 출구로 나가서 서점 쪽으로 똑바로 가세요. 횡단보도가 있습니다. 그 횡단보도를 건너면 연세병원이 있어요. 연세병원 쪽으로 똑바로 가면 횡단보도가 있어요. 그 횡단보도를 건너면 연세커피숍이 있어요. 그 연세커피숍 방향으로 똑바로 가면 연세대학교가 있습니다.

3. 한국에 올 때 부모님께서 건강하게 지내라고 하셨어요. (즐겁게 생활하라고 하셨어요. 친구들을 많이 사귀라고 하셨어요. 무슨 일이 있으면 언제든지 연락하라고 하셨어요. 유학이 끝나고 건강하게 만나자고 하셨어요) 그래서 제가 알겠다고 대답했어요. (제가 열심히 공부하겠다고 했어요. 부모님께서도 건강을 조심하라고 말했어요. 제 걱정을 하지 마시라고 말씀드렸어요.)

>> 쓰기

I **1.** ④ **2.** ① **3.** ③ **4.** ②
II **5.** ④ **6.** ① **7.** ②
III **8.** ① **9.** ② **10.** ①
IV **11.** ② **12.** ④ **13.** ① **14.** ③
V **15.** ① **16.** ② **17.** ③ **18.** ④
VI **19.** 휴대 전화는 이제 우리 생활에서 꼭 필요한 물건이 되었다. 우리는 휴대 전화로 사진을 찍어서 친구에게 메시지를 보낼 수 있고 언제든지 좋아하는 영화와 드라마도 볼 수 있다. 다른 나라에 살고 있는 친구들의 소식도 쉽게 알 수 있다. 또 휴대 전화만 있으면 은행에 직접 가지 않고 은행 일을 처리할 수도 있다. 나는 아침부터 저녁까지 휴대 전화와 함께 많은 시간을 보내는 편이다. 휴대 전화로 수업도 듣고 선생님께 숙제를 보낸다. 내가 생각하는 휴대 전화 사용의 제일 좋은 점은 시간과 장소에 상관없이 쇼핑을 할 수 있는 점이다.

>> 듣기

I **1.** ④

김 선생님이 오시면 뭐라고 전해 드릴까요?
What should I tell Prof. Kim when he comes?

2. ③

어떻게 한국어를 잘하게 되었습니까?
How did you become good at Korean?

II **3.** ②

남자: 어떻게 오셨어요?
여자: 전화가 고장 난 것 같아요. 5개월 전에 샀는데, 통화 중에 전화가 자주 끊어져요.
남자: 그래요? 이리 줘 보세요.
여자: 그런데 수리를 맡기면 언제 찾을 수 있어요?
Man: How may I help you?
Woman: I think my phone is broken. I bought it 5 months ago, but it frequently disconnects during calls.
Man: Is that so? Let me take a look.
Woman: If I leave it for repair, when can I get it back?

4. ②

남자: 실례지만 이 근처에 은행이 있습니까?
여자: 네, 있습니다. 길을 건너서 왼쪽으로 가십시오. 사거리에서 오른쪽으로 조금 가면 횡단보도가 있습니다. 횡단보도를 건너서 오른쪽으로 가면 은행이 있습니다.
남자: 감사합니다.
Man: Excuse me, but is there a bank nearby?
Woman: Yes, there is. Cross the street and turn left. There is a crosswalk a little to the right at the intersection. If you cross the crosswalk and turn right, you will find the bank.
Man: Thank you.

III **5.** ③

여자: 여보세요, 영수야, 지금 어디니?
남자: 버스에서 내려서 걸어가고 있어. 5분만 더 기다려 줘.
여자: 알았어. 빨리 와.
남자: 다른 친구들은 모두 왔어?
여자: 그래. 네가 도착하면 바로 출발할 거야.
Woman: Hello. Youngsoo, where are you now?
Man: I got off the bus and am walking. Please wait 5 more minutes.
Woman: Okay, Come quick.
Man: Have all our other friends arrived?
Woman: Yes. We're leaving as soon as you arrive.

6. ④

남자: 여기에서 서울 역에 가려면 어떻게 해야 해요?
여자: 먼저 2호선을 타세요. 2호선을 타고 가다가 시청 역에서 1호선으로 갈아타세요.
남자: 1호선이요?
여자: 네, 인천 쪽으로 가는 1호선을 타셔야 합니다.
Man: How do I get to Seoul Station from here?
Woman: First, take Line 2. While on Line 2, transfer to Line 1 at City Hall Station.
Man: Line 1?
Woman: Yes, you need to take Line 1 heading towards Incheon.

Ⅳ 7. ① 8. ③

7-8
세탁기를 오래 사용하고 싶으십니까? 그럼 옷에 붙어 있는 머리카락이 세탁기에 들어가지 않도록 하세요. 세탁을 할 때 세제를 너무 많이 넣는 것도 좋지 않습니다. 그리고 빈 세탁기를 돌리는 것은 위험하니까 조심하세요. 마지막으로 세탁기 문을 닫고 세탁을 시작하는 것, 꼭 기억하세요!
(Female) Do you want your washing machine to last longer? Then make sure that hairs on your clothes don't get into the washing machine. It's also not recommended to use too much detergent when doing laundry. It's dangerous to run an empty washing machine, so be careful. Lastly, always remember to close the machine door before you start washing!

9. ④ 10. ①

9-10
여자: 삐- 소리 후 메시지를 남겨 주십시오.
삐- 소리가 나면 녹음하시고 끝나면 별표나 우물 정자를 눌러 주십시오.
[삐-]
남자: 부장님, 저 박민수입니다. 영업부 신입사원 환영회 날짜 때문에 연락드렸습니다. 원래 이번 주 금요일에 하기로 했는데 오늘 영업부 회의에서 이야기를 들어 보니까 이번 주 금요일에 신입사원 교육이 있다고 합니다. 환영회 날짜를 언제로 바꾸면 좋을까요? 제가 내일 다시 전화 드리겠습니다. 그럼 안녕히 계십시오.
Woman: Please leave a message after the beep.
When you hear the beep, record your message, and when you're done, press the asterisk (*) or pound (#) key.
[Beep-]
Man: Manager, this is Park Minsu. I'm calling regarding the date of the welcome party for new employees in the sales department. It was originally supposed to be held this Friday, but I heard at the sales department meeting today that there is a new employee training session scheduled for this Friday. When would it be better to reschedule the welcome party? I will call you back tomorrow. Goodbye.

11. ② 12. ② 13. ④

11-13
외국인 유학생을 위한 한국 생활 안내 두 번째 시간입니다. 오늘은 운전면허에 대해서 말씀드리겠습니다. 여러분이 고향에서 발급받은 국제운전면허증은 유효 기간이 1년이기 때문에 한국에 오래 살면서 운전을 하려면 한국에서 발급받은 운전면허증이 반드시 필요합니다. 운전면허를 따기 위해서는 크게 필기와 실기로 이루어진 네 과목의 시험을 모두 통과해야 합니다.
그리고 운전면허 시험에 합격해서 운전면허증을 발급받을 때에는 여권이나 외국인 등록증 그리고 증명사진이 필요합니다. 운전할 때 항상 운전면허증을 가지고 다녀야 하며 필요에 따라 경찰에게 면허증을 보여 줘야 할 때도 있습니다.
그럼 한국에서 안전하고 즐겁게 운전하세요.
(Female) This is the second part of the Guide to Living in Korea for international students. Today, we will talk about driver's license. An international driver's license issued from your home country is only valid for one year, so if you want to drive while living in Korea for a long time, you must have a driver's license issued in Korea. To get your driver's license, you need to pass all four tests, which largely consist of written and performance-based tests.
When you get your license after passing the driver's license test, you need your passport or alien registration card, and an identification photo. You always need to carry your driver's license with you when you drive, and when necessary, show your license to the police.
That being said, drive safely and happily in Korea.

>> 읽기

Ⅰ 1. ④ 2. ① 3. ④

서울 시티 투어 버스를 타 본 적이 있어요? 저는 지난 일요일에 친구와 같이 서울의 중심지를 도는 서울 시티 투어 버스를 탔어요. 이 버스는 오전 9시 30분부터 오후 6시까지

다니는데 표를 한 번 사면 하루 종일 이용할 수 있어요. 또 (㉠)에도 탈 수 있어서 쉬는 날에 서울 시내를 구경할 때 (㉡) 이용할 수 있어요. 우리는 9시 반에 광화문 역에서 출발하는 버스를 탔어요. 이 버스에는 외국어 안내 서비스가 있어서 여러 언어로 설명을 들을 수 있었어요.
"다음 정류장은 남산 한옥 마을입니다. (㉢) 분은 벨을 눌러 주세요. 버스는 1시간마다 있습니다."
우리는 안내 방송을 듣고 한옥 마을 앞에서 내렸어요. 거기에서 한복을 입고 사진도 찍고 떡도 먹어 봤어요. 한 시간 뒤에 다시 버스를 타고 동대문 시장에 가서 쇼핑을 한 후 대학로에서 점심을 먹었어요. 대학로 근처에는 창경궁과 창덕궁 등 여러 고궁이 있는데 모두 걸어서 구경할 수 있는 거리에 있었어요. 창덕궁에서 버스를 타고 마지막으로 간 곳은 청와대였어요. 청와대에서 집으로 돌아가는 길에는 걸어서 서촌을 구경하고 거기에서 저녁도 먹었어요.
하루 안에 버스나 지하철을 여러 번 갈아타고 여기저기를 구경하기가 어려운데 서울 시티 투어 버스가 있어서 (㉣). 특히 서울의 유명한 관광지가 어디에 있는지 잘 모르는 사람들이 이용하기에 좋은 것 같아요. 다음에는 서울 시티 투어 버스의 다른 코스도 타 보고 싶어요.
Have you ever taken the Seoul City Tour Bus? Last Sunday, I took the Seoul City Tour Bus around the center of Seoul with my friend. This bus runs from 9:30 AM to 6 PM, and once you buy a ticket, you can use it all day long. You can also ride the bus on (㉠), so you can use it (㉡) when you want to look around downtown Seoul on your day off. We took the bus departing from Gwanghwamun Station at 9:30 AM. This bus has a foreign language guide service, so you can listen to the information in multiple languages.
"The next stop is Namsan Hanok Village. Please press the bell if you want to (㉢). There is a bus every hour."
We heard the announcement and got off in front of Hanok Village. There, we wore Hanbok, took pictures, and ate rice cakes. After an hour, we took the bus again to go shopping at Dongdaemun Market, then had lunch at Daehak-ro. Near Daehak-ro, there are several ancient palaces, including Changgyeonggung Palace and Changdeokgung Palace, all within walking distance. The last place we went to by bus from Changdeokgung Palace was the Blue House. On the way home from the Blue House, we walked around Seochon and had dinner there.
It is difficult to change buses or subways several times in one day to visit various places, but the Seoul City Tour Bus was (㉣). It seems to be especially efficient for people who don't know where famous tourist attractions in Seoul are. Next time, I want to try other courses of the Seoul City Tour Bus.

II **4.** ④ **5.** ② **6.** ④

저는 외로울 때마다 휴대 전화로 부모님과 영상 통화를 합니다. 소리도 깨끗하게 들리고 부모님 얼굴도 잘 보여서 마치 부모님께서 바로 제 옆에 계시는 것 같습니다. 한국 생활이 힘들거나 부모님이 보고 싶을 때 영상 통화를 하면 기분이 좋아집니다. 부모님은 저의 한국 생활에 대해서 궁금해하십니다. 항상 저에게 어떻게 지내냐고 하시고 필요한 것은 없냐고 물어보십니다. 그리고 자주 연락해 달라고 하십니다.
얼마 전에 저는 몸이 많이 아팠습니다. 어머니께서 제 모습을 보고 걱정하실 것 같아서 화장하고 통화를 했는데 어머니 얼굴을 보니까 갑자기 눈물이 났습니다. 어머니가 저를 보고 왜 우냐고 하셔서 저는 너무 보고 싶어서 운다고 했습니다. 울고 있는 저를 보고 어머니도 같이 우셨습니다. 저는 그때 이번 방학에 고향에 갈 거라고 말씀드렸습니다. 어머니는 제가 고향에 가면 맛있는 음식을 많이 만들어 먹자고 하셨습니다. 빨리 방학이 돼서 부모님을 만났으면 좋겠습니다.
Whenever I feel lonely, I make video calls to my parents on my cell phone. I can hear clearly and see my parents' faces very well, so it's as if my parents are right next to me. When life in Korea gets difficult or I miss my parents, I feel better when I make video calls. My parents are curious about my life in Korea. They always ask how I'm doing and if I need anything. They also ask me to keep in touch frequently.
Recently, I was very sick. I thought my mother might worry when she sees me, so I called after putting on makeup, but when I saw my mother's face, I suddenly burst into tears. She asked me why I was crying and I told her it was because I missed her so much. Once she saw me crying, my mother also started to cry with me. At that moment, I told her I'll be visiting my hometown this vacation. My mother said that when I get back home, we'll make lots of delicious food together. I hope I can meet my parents on vacation soon.

III **7.** ① **8.** ④ → ② → ③ → ① **9.** ②

7월 10일 월요일 맑음
나는 오늘 통장하고 체크 카드를 만들려고 학교에 있는 은행에 갔다. 고향에서 쓰던 신용 카드로 한국에서 결제가 안 될 때도 있어서 그동안 좀 불편했다.
은행 안은 사람이 많아서 좀 복잡했다. 내가 번호표를 뽑아야 하는 것을 모르고 그냥 창구 앞에 서서 기다리니까 은행 안내원이 번호표를 뽑아서 나에게 주었다. 번호표를 보니까 내 앞에 기다리는 사람이 스무 명쯤 있었다. 기다리는 것이 시루할 것 같았는데 기다리는 동안 잡지도 보고 텔레비전 뉴스도 보니까 시간이 빨리 갔다. 의자에 앉아서 잡지를 보다가 직원이 내 번호를 불러서 창구로 갔다.
통장과 체크 카드를 만드는 데 외국인 등록증이 필요한데 나는 외국인 등록증을 안 가지고 갔다. 은행 직원은 친절하게 "외국인 등록증이 없으면 학생증과 여권을 보여 주세요." 하고 말했다. 나는 학생증과 여권을 보여 줬다. 그리고 서류에 이름과 연락처를 쓰고 서명했다. 조금 기다리니까 통장과 체크 카드가 모두 나왔다.
나는 한국말을 못해서 걱정했는데 쉽게 통장과 카드를 만들 수 있어서 기분이 좋았다. 직원이 친절하고 일을 생각보다 빨리 처리해 줬다. 한국의 은행은 서비스가 좋은 것 같다.

July 10th, Monday, Sunny

Today, I went to the bank at school to open a bank account and make a check card. There were times when I couldn't make payments in Korea with the credit card I used back home, so it has been a bit inconvenient.
It was a little complicated because there were many people in the bank. I didn't know I had to get a number, so I just stood in front of the counter and waited until the bank assistant pulled out a number and handed it to me. Looking at the ticket, I could see that there were about 20 people waiting in front of me. I thought waiting would be boring, but time went by quickly because I read magazines and watched the news on television. I was sitting on a chair and reading a magazine, then the bank teller called my number, so I went to the counter.
To make bankbooks and check cards, customers need an alien registration card, but I didn't bring mine with me. The bank teller kindly said, "If you don't have your alien registration card, please show your student ID and passport." I showed them my student ID and passport. I wrote my name and contact information on the document and signed it. After waiting a while, I received both my bankbook and check card.
I was worried because I couldn't speak Korean well, but it felt good to be able to easily make a bankbook and card. The employee was friendly and handled the matter faster than I expected. I think Korean banks have good service.

IV **10.** ③ **11.** ④ **12.** ①, ③

오래 전부터 저는 외국 생활을 해 보고 싶었습니다. 그래서 대학교를 졸업한 후에 한국어도 배우고 한국 문화도 경험해 보고 싶어서 한국에 왔습니다. 한국에 처음 왔을 때는 한국말을 하나도 못하고 한국 문화에도 익숙하지 않아서 걱정을 많이 했습니다.
한국말을 배울 때 제일 어려운 점은 발음이었습니다. 어느 날 저는 햄버거 가게에 들어가서 salad를 주문하려고 했습니다. 메뉴판에는 '샐러드'라고 쓰여 있었지만 저는 영어 발음으로 "salad"라고 했습니다. 그러니까 주문 받은 점원은 사이다를 한 잔 저에게 주었습니다.
택시를 탔을 때도 비슷한 문제가 생겼습니다. 저는 택시를 탄 후에 신촌에 가 달라고 말했지만 운전기사 아저씨는 저를 시청 앞에 내려 주었습니다. 저는 다시 버스를 타고 신촌까지 갔지만 약속 시간에 삼십 분이나 늦었습니다.
하지만 (㉮) 문제가 생기면 혼자서 방법을 찾아볼 때도 있고 친구에게 도와 달라고 부탁할 때도 있습니다. 한국어와 한국 생활에 익숙해져서 이제는 한국 친구들과 함께 시간을 보내면서 즐겁게 생활하고 있습니다.
For a long time, I have wanted to live abroad. So, after graduating from college, I came to Korea to learn the Korean language and experience Korean culture. When I first came to Korea, I was worried because I couldn't speak any Korean and I wasn't familiar with Korean culture.
The most difficult part of learning Korean was the pronunciation. One day, I went to a burger joint and tried to order salad. The menu said "샐러드," but I pronounced it as "salad" in English. So, the waiter who took my order gave me a glass of cider.
I had a similar problem when I took a taxi. After getting in a taxi, I told the taxi driver I wanted to go to Sinchon, but he dropped me off in front of Sicheong(City Hall). I took the bus again to Sinchon, but I was 30 minutes late for my appointment.
However, (㉮) When problems arise, sometimes I try to find a solution on my own and sometimes I ask my friends for help. Now that I have become accustomed to the Korean language and life in Korea, I am spending time with my Korean friends and enjoying my life.

영문 번역

Unit 1

Section 1. How long have you worked as an intern?

유진: 영업부에서 인턴으로 일한 지 얼마나 되셨습니까?
Yoojin: How long have you worked as an intern in the sales department?
지민: 삼 개월 정도 됐어요.
Jimin: It's been about three months.
유진: 지민 씨는 전공이 뭐예요?
Yoojin: What is your major, Jimin?
지민: 경영학을 공부하고 있어요.
Jimin: I'm studying business administration.
유진: 인턴 일은 힘들 것 같은데 어때요?
Yoojin: The internship seems difficult. How is it?
지민: 아직 적응하는 중이에요. 처음에는 영업부 일에 대해서 아는 게 하나도 없어서 고생을 많이 했는데 지금은 배우는 것도 많고 재미있어요.
Jimin: I'm still adjusting. At first, I struggled a lot because I didn't know anything about working in the sales department, but now I'm learning a lot and it's fun.

문법

1. -은/ㄴ 지

· Meaning and Usage

This is added to an action verb to show how much time has passed since a certain action has taken place.

· Form

'-ㄴ 지' is added when the verb stem ends in a vowel or 'ㄹ' while '-은 지' is added when the verb stem ends in a consonant.

Action verb stem ending	Combine with	Example
Consonant	-은 지	먹은 지, 읽은 지
Vowel or ㄹ	-ㄴ 지	만난 지, 만든 지

· Examples

저는 대학교를 졸업한 지 삼 년 됐어요.
It has been three years since I graduated from University.
제 친구는 미국에 간 지 육 개월 됐어요.
It has been six months since my friend left for America.
그 이야기를 들은 지 일주일 됐어요.
It has been one week since I heard that story.
리타오 씨, 기숙사에 산 지 얼마나 됐어요?
Letao, how long have you been living in the dorms?

가: 올리비아 씨, 테니스를 배운지 얼마나 됐어요?
A: Olivia, how long have you been learning tennis?
나: 테니스를 배운 지 일 년 됐어요.
B: It has been one year since I learned to play tennis.

가: 이 회사에서 언제부터 일했어요?
A: How long have you been working for this company?
나: 이 회사에서 일한 지 삼 개월 됐어요.
B: It has been three months since I've been working for this company.

· Note

This is used only with action verbs and cannot be used with descriptive verbs. As it is rhetorically implied that sentences with '-은/ㄴ 지' refer to the past, '-은/ㄴ 지' is not combined with '-었-'.

2. -을/ㄹ 것 같다, -는/은/ㄴ 것 같다

· Meaning and Usage

'-을 것 같다' is added to an action verb and a descriptive verb to express the speaker's assumption about things that have not been experienced or have not happened yet. '-는/은/ㄴ 것 같다' is added to an action verb or a descriptive verb when the speaker is expressing an assumption. To elaborate on '-는/은/ㄴ 것 같다', '-는 것 같다' is added to an action verb when the assumption concerns a current action while '-은/ㄴ 것 같다' is added to an action verb when the assumption concerns an action that has been completed in the past. Additionally, '-은/ㄴ 것 같다' is also used with descriptive verbs when the assumption refers to the conditions and attributes of an object.

· Form

'-을 것 같다' is added when the stem ends in a consonant. '-ㄹ 것 같다' is added when the stem ends in a vowel or ㄹ. '-는 것 같다' is added to action verb stems or 있다 and 없다 stems. For consonant ending stems of descriptive verbs, '-은 것 같다' is added. For vowel or ㄹ ending stems of descriptive verbs, '-ㄴ 것 같다' is added.

영문 번역

Verb stem ending	Combine with	Example
Consonant	-을 것 같다	늦을 것 같다, 많을 것 같다
Vowel, ㄹ	-ㄹ 것 같다	올 것 같다, 알 것 같다

Verb stem ending	Combine with	Example
Action verb, 있다, 없다	-는 것 같다	오는 것 같다, 있는 것 같다
Vowel, ㄹ (descriptive verb)	-ㄴ 것 같다	아픈 것 같다, 먼 것 같다
Consonant (descriptive verb)	-은 것 같다	많은 것 같다

Action Verb stem ending	Combine with	Example
Consonant	-은 것 같다	먹은 것 같다
Vowel, ㄹ	-ㄴ 것 같다	간 것 같다, 만든 것 같다

· Examples

오후에 눈이 올 것 같아요.
I think it will snow in the afternoon.
약속 시간에 늦을 것 같아요.
I think I will be late for my appointment.
비가 오는 것 같아요.
I think it is raining.
동생이 아픈 것 같아요.
I think my brother is sick.
친구가 집에 없는 것 같아요.
I think my friend is not at home.
리타오 씨가 시험을 잘 본 것 같아요.
I think Letao did well on the test.
가: 시험이 어려울 것 같아요?
A: Do you think the test will be difficult?
나: 네, 아주 어려울 것 같아요.
B: Yes, I think it will be very difficult.

가: 레오 씨가 무슨 음식을 만들어요?
A: What kind of food is Leo making?
나: 샌드위치를 만드는 것 같아요.
B: I think he's making a sandwich.

가: 누가 이 카드를 썼어요?
A: Who wrote this card?
나: 아이가 쓴 것 같아요.
B: I think a child wrote it.

▶읽어 봅시다

제 이름은 김민우입니다. 2001년에 강원도에서 태어났습니다. 강원도는 바다와 가까워서 저는 자주 바다에 갔습니다.
'저 넓은 바다 밖은 어떤 곳일까?'
바다는 저를 다른 세계로 부르는 것 같았습니다.
저는 여러 나라의 이야기를 알고 싶어서 책을 많이 읽었습니다. 그리고 책에서 읽은 나라들을 모두 여행하고 싶었습니다. 아르바이트를 해서 모은 돈으로 대학교 1학년 여름 방학 때 처음으로 세계 여행을 했습니다. 저는 춥고 눈이 많이 오는 나라와 따뜻하고 꽃이 피는 나라, 조용한 시골과 복잡한 도시 등 세계 여러 곳을 여행했습니다. 다른 나라에 가면 날씨도 다르고 문화도 다르기 때문에 여행은 더욱 즐거웠습니다. 세계 여행을 시작한 지 5년이 지났고 그동안 저는 세계 20개국을 돌아다녔습니다. 이제 저는 좀 더 넓은 곳에서 일할 준비가 됐습니다. 연세여행사에서 저에게 기회를 주시면 열심히 일할 것을 약속드리겠습니다.
My name is Kim Minwoo. I was born in Gangwon-do in 2001. I used to go to the sea often, as Gongwon-do is close to the sea.
'What is beyond this vast ocean?'
The sea seemed to call me to another world.
I read many books because I wanted to learn about the stories of various countries. I wanted to travel to all the countries I read about. With the money I saved from my part-time job, I traveled the world for the first time during the summer vacation of my first year of college. I traveled to many places around the world, including cold and snowy countries, warm countries where flowers bloom, the quiet countryside, and crowded cities. Travelling was even more enjoyable because different countries had different climates and different cultures. It's been 5 years since I started travelling the world, and during this time I have visited 20 countries. Now I am ready to work in a wider place. If given the opportunity at Yonsei Travel Agency, I promise to work hard.

▶들어 봅시다

세르게이: 미나 씨는 어느 나라에서 왔어요?
미나: 저는 미국에서 왔어요. 세르게이 씨는 러시아 사람이지요?
세르게이: 네, 저는 대학교에서 신문방송학을 공부하고 있어요. 앞으로 좋은 텔레비전 프로그램을 만들고 싶어요. 미나 씨는 전공이 뭐예요?

미나: 저는 경제학을 전공했어요.
세르게이: 그래요? 그럼 졸업 후에 회사에 취직할 거예요?
미나: 네, 저는 한국에서 취직하고 싶어요.
세르게이: 그런데 미나 씨 에스엔에스(SNS)에 있는 사진은 언제 찍은 사진이에요?
미나: 작년 바이올린 연주회에서 찍은 사진이에요. 바이올린을 좋아해서 가끔 연주회도 해요. 세르게이 씨 취미는 뭐예요?
세르게이: 저는 축구를 좋아해서 토요일 아침마다 친구들과 같이 축구를 해요.
미나: 그래요? 저도 축구를 보는 것은 좋아해요.
세르게이: 아, 저는 학교 앞 원룸에 사는데 미나 씨는 어디에서 살아요?
미나: 하숙집에 살아요. 하숙집으로 이사한 지 한 달 됐어요. 그 전에는 기숙사에서 살았어요.
세르게이: 제 친구 피터도 지금 하숙집을 찾고 있는데 미나 씨 하숙집이 좋으면 좀 소개해 주세요.
미나: 그래요? 우리 하숙집 아주머니가 정말 친절하세요. 시간이 있으면 피터 씨하고 같이 와서 구경하셔도 좋을 것 같아요.
Sergei: Mina, what country are you from?
Mina: I am from the United States. You are Russian, right Sergei?
Sergei: Yes. I am studying Journalism and Broadcasting at University. I want to make good television programs in the future. What is you major, Mina?
Mina: I majored in Economics.
Sergei: Really? Are you planning on getting a job at a company after graduation, then?
Mina: Yes, I want to get a job in Korea.
Sergei: By the way Mina, when was the photo on your SNS taken?
Mina: The photo was taken at a violin concert last year. I like the violin so I sometimes play in concerts. What are your hobbies, Sergei?
Sergei: I like soccer, so I play soccer with my friends every Saturday morning.
Mina: Is that so? I also like to watch soccer.
Sergei: Oh, I live in a studio apartment in front of the school, where do you live Mina?
Mina: I live in a boarding house. It's been a month since I moved there. Before that, I lived in a dormitory.
Sergei: My friend Peter is looking for a boarding house right now, so if you like your house, please introduce it to me.
Mina: Really? The lady at our boarding house is very kind. If you have time, it would be great if you could come with Peter to take a look.

Unit 1

Section 2. I'm used to life in Korea now.

수지: 다니엘 씨, 오래간만입니다. 요새 어떻게 지내셨어요?
Suzy: Daniel, long time no see. How have you been lately?
다니엘: 친구도 많이 사귀고 전국 곳곳으로 여행도 많이 다녀왔어요.
Daniel: I made many friends and traveled all over the country.
수지: 한국 생활이 힘들지 않으세요?
Suzy: Isn't life in Korea difficult?
다니엘: 괜찮아요. 이젠 한국 생활에 많이 익숙해졌습니다.
Daniel: It's okay. I'm used to life in Korea now.
수지: 그런데 옆에 계신 분은 누구세요?
Suzy: By the way, who is the person next to you?
다니엘: 미국에서 온 제 사촌 동생입니다. 대학교에 입학하려고 한국말을 공부하고 있어요.
Daniel: This is my cousin from the USA. He is studying Korean to get into university.

문법

1. -어지다/아지다/여지다

· Meaning and Usage

This is added to a descriptive verb to show how the state of the subject has changed into, or in such a way as described by the descriptive verb.

· Form

'-아지다' is added when the descriptive verb stem ends in 'ㅏ, ㅗ'. '-어지다' is added when the descriptive verb stem ends in any other vowel(ㅓ, ㅜ, ㅡ, ㅣ). '-여지다(해지다)' is added when the descriptive verb stem ends with 하-.

Descriptive verb stem ending	Combine with	Example
ㅏ, ㅗ	-아지다	좋아지다, 작아지다
other vowels (ㅓ, ㅜ, ㅡ, ㅣ)	-어지다	커지다
하	-여지다(해지다)	깨끗해지다

· Examples
저는 학교생활이 점점 재미있어져요.
My school life is becoming more and more fun.
요즘 날씨가 많이 추워졌어요.
The weather has become a lot colder these days.
저는 시험이 끝나면 한가해져요.
I have more free time once exams are over.
제임스 씨는 아르바이트를 시작해서 좀 바빠졌어요.
James has become somewhat busier since he started his part-time job.

가: 요즘 날씨가 어때요?
A: How is the weather these days?
나: 날씨가 따뜻해졌어요.
B: The weather has become warmer.

가: 에릭 씨, 회사 일이 어렵지 않아요?
A: Eric, isn't the work at your company difficult?
나: 처음에는 어려웠지만 지금은 많이 익숙해졌어요.
B: It was difficult in the beginning, but now I've gotten used to it.

2. -으려고/려고

· Meaning and Usage
This is added to an action verb to show the intention or purpose of the action stated in the sentence.

· Form
'-려고' is added when the verb stem ends with a vowel or 'ㄹ'. '-으려고' is added when the verb stem ends with a consonant.

Action Verb stem ending	Combine with	Example
Consonant	-으려고	먹으려고, 읽으려고
Vowel or ㄹ	-려고	만나려고, 만들려고

· Examples
에릭 씨가 친구를 만나려고 커피숍에 가요.
Eric is going to the coffee shop to meet his friend.
윤아 씨, 누구와 같이 먹으려고 김밥을 사요?
Yuna, with whom are you planning to eat the gimbap you are buying?
저는 어머니께 드리려고 선물을 샀어요.
I bought a gift to give to my mom.
레오 씨는 불고기를 만들려고 소고기를 샀어요.
Leo bought some beef to make bulgogi.

가: 존 씨, 왜 잡지를 샀어요?
A: John, why did you buy the magazine?
나: 비행기에서 읽으려고 잡지를 샀어요.
B: I bought the magazine to read it on the airplane.

가: 하늘 씨, 무엇을 하려고 도서관에 갔어요?
A: Haneul, what brought you to the library?
나: 책을 빌리려고 도서관에 갔어요.
B: I went to the library to borrow a book.

· Note
'-으려고/려고' is used with an action verb and not a descriptive verb. The subject for both the clause prior to and after '-으려고/려고' must be the same. It is typical that the subject is omitted in the clause after '-으려고/려고'. '-으려고/려고' is not combined with the past tense '-었-' or the future form '-겠-.' An imperative clause cannot follow at the end of a sentence using '-으려고/려고'.

▶읽어 봅시다

이분은 알래스카에서 온 캐서린 씨입니다. 한국에 온 지 일 년 되었고 내년까지 한국에 있을 계획입니다. 지금은 한국 회사에서 일하고 있습니다. 가족은 부모님과 동생 한 명이 있습니다. 동생은 고등학생이기 때문에 부모님과 함께 알래스카에서 살고 있습니다. 캐서린 씨의 고향은 알래스카에 있는 작은 도시입니다. 그래서 지하철도 없고 교통도 복잡하지 않습니다. 처음에는 한국의 지하철과 버스를 타는 것이 어려웠지만 지금은 괜찮아졌습니다. 캐서린 씨는 열 살 때부터 태권도를 배워서 태권도를 아주 잘합니다. 태권도를 더 잘 배우려고 한국어를 공부하기 시작했습니다. 날마다 한국어를 열심히 공부해서 점점 더 실력이 좋아지고 있습니다. 한국 음식도 아주 좋아하는데 특히 매운 돼지갈비를 좋아합니다.
This is Catherine from Alaska. It has been a year since she came to Korea, and she plans to stay until next year. She now works for a Korean company. Her family includes her parents and one younger sibling. Her younger sibling lives in Alaska with her parents because he is in high school. Catherine's hometown is a small city in Alaska. Therefore, there is no subway and transportation is not complicated. At first, she had difficulty taking the subway and bus in Korea, but it's much better now. Catherine has been learning Taekwondo since she was 10 years old, so she is very good at it. She started studying Korean to learn more about Taekwondo. Her skills are gradually improving because she studies Korean

diligently everyday. She also loves Korean food, especially spicy pork ribs.

▶들어 봅시다

이 사진에 있는 사람은 제 언니입니다. 이름은 앤이에요. 언니는 대학교에서 디자인을 전공하는데 아주 재미있고 성격이 밝은 사람이에요. 언니는 자전거 타기를 좋아해서 주말이면 자전거로 여기저기 경치가 아름다운 곳을 다닙니다. 저도 언니한테 자전거를 배워서 한국에 오기 전에 같이 자전거 여행도 했어요. 그리고 언니는 사진 찍기도 좋아해서 사진을 찍으려고 여러 곳을 다닙니다. 멋있는 건물 사진이나 아름다운 풍경 사진을 찍어요. 요즘 바빠서 전화도 자주 못 했는데 갑자기 언니가 보고 싶어지네요.

The person in this photo is my older sister. Her name is Anne. She is majoring in Design at university and is a very funny and bright person. Anne likes to ride bikes, so on weekends, she goes bike riding around all the scenic places. She helped me learn how to ride a bike, so we went on a biking trip together before coming to Korea. My sister also likes to take pictures, so she goes to various places to take them. She photographs cool buildings or beautiful scenery. I haven't been able to call her often because I've been busy these days, and I suddenly miss her very much.

Unit 2

Section 1. All you need is some ripe kimchi and pork.

다니엘: 김치찌개를 만들 때 김치하고 또 뭐가 필요해요?

Daniel: What else do you need besides kimchi to make kimchi stew?

수영: 잘 익은 김치와 돼지고기만 있으면 돼요.

Sooyoung: All you need is some ripe kimchi and pork.

다니엘: 필요한 재료가 많지 않네요.

Daniel: Not many ingredients are needed.

수영: 네, 만드는 법도 간단해요.

Sooyoung: Yes, it's easy to make as well.

먼저 물을 끓인 후에 김치와 돼지고기를 작게 썰어서 넣고 한 번 더 푹 끓이면 돼요. 두부와 파를 넣으면 더 맛있어요.

Boil the water first, then cut the kimchi and pork into small pieces, put them in, and boil it once more. Adding tofu and green onion makes it taste even better.

다니엘: 누구한테서 한국 요리를 배웠어요?

Daniel: Who taught you how to cook Korean cuisine?

수영: 어머니께 배웠어요.

Sooyoung: My mother taught me.

문법

1. -을/ㄹ 때

· Meaning and Usage

This is added to an action verb or a descriptive verb and is used to point to a period of time where a certain situation, time, action or state continues or is on-going. Dividing the sentence into the clause prior to and after '-을/ㄹ 때', the former clause may also describe some condition that is required for some result described in the latter clause to take place. If the former clause ends with a noun, that noun is followed by '때'.

· Form

'-ㄹ 때' is used when the action verb or descriptive verb stem ends with a vowel or 'ㄹ'. '-을 때' is used when the action verb or descriptive verb stem ends with a consonant.

Verb or descriptive verb stem ending	Combine with	Example
Consonant	-을 때	먹을 때, 읽은 때, 작을 때
Vowel or ㄹ	-ㄹ 때	갈 때, 살 때, 아플 때

· Examples

주앙 씨는 친구 집에 갈 때 과일을 가지고 갔어요.

Juang took fruits with him when he went to his friend's house.

배가 아플 때 이 약을 드세요.

Take this medicine when your stomach hurts.

제가 처음 한국에 왔을 때 여섯 살이었어요.

I was six years old when I first came to Korea.

지는 방학 때 고향에 가서 친구를 만났어요.

I went to my hometown and met my friend during vacation.

가: 레오 씨, 언제 그 친구를 만났어요?

A: Leo, when did you meet that friend?

나: 대학교에 다닐 때 그 친구를 만났어요.

B: I met that friend when I was in college.

가: 오늘 날씨가 추워요?
A: Is the weather cold today?
나: 네, 밖에 나갈 때 코트를 입으세요.
B: Yes it is. Wear a coat when you go outside.

2. -으면/면 되다

· Meaning and Usage

This is used with an action or descriptive verb stem to express that matters are satisfactory if the action refered to by the action verb is done or the state refered to by the descriptive verb is achieved.. It is commonly used in the form of 'N만 -으면/면 되다'.

· Form

'-면 되다' is used when the action or descriptive verb stem ends with a vowel or 'ㄹ' and '-으면 되다' is used when it ends with a consonant.

Verb or descriptive verb stem ending	Combine with	Example
Consonant	-으면 되다	받으면 되다, 많으면 되다
Vowel or ㄹ	-면 되다	쓰면 되다, 들면 되다

· Examples

볶음밥을 만드는 법은 간단합니다. 채소와 밥을 같이 볶으면 됩니다.
The recipe for fried rice is simple. Just stir-fry the vegetables and rice together.
병원에 가고 싶으면 횡단보도를 건너서 오른쪽으로 가면 됩니다.
If you want to go to the hospital, cross the crosswalk and just go to the right.
고향에서 가지고 온 휴대 전화를 사용하고 싶은데 어떻게 하면 돼요?
I would like to use the cell phone I brought from my hometown, what should I do?
저는 혼자 살 거니까 방이 넓지 않아도 됩니다. 따뜻하면 됩니다.
The room doesn't need to be large because I'll be living by myself. It just needs to be warm.

가: 돈을 찾고 싶은데 어떻게 해야 해요?
A: I would like to withdraw some money, what should I do?
나: 여기에다가 카드를 넣으면 됩니다.
B: You just need to put your card in here.

가: 시험공부는 교과서 몇 쪽까지 할까요?
A: To what page in the textbook should I study for the test?
나: 80쪽까지 하면 됩니다.
B: You just need to study up until page 80.

▶읽어 봅시다

오늘은 제 생일이기 때문에 친구들을 만났습니다. 친구들은 저에게 이렇게 말했습니다.
"피터 씨, 오늘 미역국을 먹었어요?"
"오늘은 피터 씨 생일이니까 미역국을 먹으러 가요. 한국에서는 생일에 미역국을 먹는 풍습이 있어요."
그래서 우리는 한식집으로 갔습니다. 맛있게 미역국을 먹고 있는데 친구들이 모두 수진 씨에게 이렇게 물었습니다.
"수진 씨, 언제 국수를 먹여 줄 거예요?" 사람들은 계속 그 질문을 했지만 수진 씨는 대답을 하지 않고 얼굴만 빨개졌습니다. 그래서 저는 "수진 씨, 왜 그래요? 국수를 싫어해요? 하고 물었습니다. 친구들은 제 말을 듣고 모두 웃었습니다. 그때 다른 친구가 저에게 설명해 주었습니다.
"피터 씨, 한국에서는 결혼식 날 손님들이 오셨을 때 국수를 대접해요."
저는 수진 씨에게 다시 물어봤습니다.
"수진 씨, 그럼 언제 국수를 먹을 수 있어요?"
"저 다음 달에 결혼해요."
"와, 수진 씨, 무슨 선물을 받고 싶어요? 뭐 필요한 거 없어요?"
"필요한 거 없어요. 결혼식 날에 오셔서 국수만 드시면 돼요."
결혼식 날에 먹는 국수는 특별한 맛일 것 같습니다. 저는 수진 씨의 결혼식에 가서 친구들과 같이 특별한 국수를 먹고 싶습니다.
I met my friends because today is my birthday. My friends said this to me:
"Peter, did you eat seaweed soup today?"
"Today is Peter's birthday, so let's go eat seaweed soup. Eating seaweed soup on birthdays is a custom in Korea."
So, we went to a Korean restaurant. While I was enjoying my seaweed soup, all my friends asked Soojin:
"Soojin, when are you going to feed us noodles?"
People kept asking that question, but Soojin didn't answer. Other than her face turning red, she gave no other reaction. So I asked her, "Soojin, what's wrong? Do you hate noodles?" My friends all burst out in laughter in response to my question. Just then, another friend gave me an explanation.
"Peter, in Korea, we serve noodles to guests on

wedding days."
I asked Soojin again:
"When do we get our noodles then, Soojin?"
"I'm getting married next month."
"Wow, Soojin, what present would you like to receive? Do you need anything?"
"I don't need anything. All you have to do is come to my wedding and eat noodles."
Noodles eaten on wedding days must taste very special. I want to go to Soojin's wedding and eat special noodles with my friends.

▶들어 봅시다

오늘은 한국의 전통 음식을 만들어 보겠습니다. 오늘 만들 음식은 불고기인데요. 만드는 법이 간단해서 외국인들도 쉽게 만들 수 있습니다. 불고기는 소고기로 만들 수도 있고 돼지고기로 만들 수도 있지만 오늘은 소고기로 만들어 보겠습니다. 그럼 재료를 말씀드리겠습니다. 소고기, 양파, 버섯, 파, 마늘이 필요합니다. 양념으로는 간장, 참기름, 설탕, 후추를 준비하세요. 그럼 지금부터 불고기를 만들어 봅시다. 먼저 고기를 얇게 써세요. 그리고 양파와 파도 얇게 써세요. 그다음에 간장, 설탕, 참기름, 후추, 마늘을 넣고 양념장을 만들어 주세요. 고기를 양념장에 넣고 잘 섞으세요. 그리고 프라이팬에 고기와 채소를 넣고 볶으면 불고기가 완성됩니다. 이제 그릇에 담아서 맛있게 먹으면 됩니다.
Today, I will make traditional Korean food. The food I'm going to cook today is bulgogi. It's simple to make, which makes it an easy dish to prepare even for foreigners with little background knowledge on Korean food. Bulgogi can be made with beef or pork, but I will use beef today. Let me tell you the ingredients. You need beef, onion, mushrooms, green onions, and garlic. For the seasoning, prepare soy-sauce, sesame-oil, sugar, and pepper. Now, let's cook some bulgogi. First, cut the meat into thin slices. Cut the onions and green-onions into thin slices as well. Then, add soy-sauce, sugar, sesame-oil, pepper, and garlic to make the marinade. Put the meat in the marinade and mix carefully. Stir-fry the meat and vegetables in a frying pan to complete the bulgogi. Now, put it in a bowl and enjoy.

Unit 2

Section 2. Don't eat while holding the bowl.

제임스: 한국에서는 식사할 때 어떻게 해야 돼요?
James: What should I do when eating in Korea?
선희: 윗사람이 식사를 시작할 때까지 기다려야 해요.
Sunhee: You have to wait until your superiors start eating first.
제임스: 아, 그래요? 또 다른 중요한 식사 예절은 없어요?
James: Oh, really? Are there any other important dining etiquettes?
선희: 그릇을 들고 먹으면 안 돼요.
Sunhee: Don't eat while holding the bowl.
제임스: 그러면 수저를 한 손에 들고 먹어도 돼요?
James: Then can I eat by holding both my spoon and chopsticks in one hand?
선희: 아니요, 숟가락과 젓가락을 한 손에 같이 들고 먹으면 안 돼요.
Sunhee: No. You can't eat with spoon and chopsticks all in one hand.

문법

1. -어도/아도/여도 되나

· Meaning and Usage
This is used after an action verb when trying to express that some action or condition is allowed.

· Form
'-아도 되다' is used when the action verb stem ends with 'ㅏ, ㅗ'. '-어도 되다' is used when the action verb stem ends with 'ㅓ, ㅜ, ㅡ, ㅣ' and '-여도 되다'(해도 되다) is used when it ends with '하-'.

Action verb stem ending	Combine with	Example
ㅏ, ㅗ	-아도 되다	가도 되다, 봐도 되다
Other vowels (ㅓ, ㅜ, ㅡ, ㅣ)	-어도 되다	먹어도 되다, 써도 되다
하	-여도 되다 (해도 되다)	전화해도 되다

· Examples
여기에 있는 음식을 먹어도 돼요.
You may eat the food over here.
엄마, 텔레비전을 켜도 돼요?
Mom, may I turn on the TV?
극장에 생수를 가지고 들어가도 됩니다.
You may bring water into the theater.

학생들이 수업 시간에 영어로 말해도 돼요?
May the students speak in English during class?

가: 여기에 앉아도 됩니까?
A: May I sit here?
나: 네, 앉아도 돼요.
B: Yes, you may sit here.

이 모자를 써 봐도 돼요?
A: May I try on this hat?
나: 네, 써 보세요.
B: Yes, you may.

2. -으면/면 안 되다

· Meaning and Usage

This is used with an action or descriptive verb to show how an action or condition is prohibited or restricted.

· Form

'-면 안 되다' is used when the action or descriptive verb stem ends with a vowel or 'ㄹ' and '-으면 안 되다' is used when it ends with a consonant.

Action or descriptive verb stem ending	Combine with	Example
Consonant	-으면 안 되다	늦으면 안 되다, 작으면 안 되다
Vowel, ㄹ	-면 안 되다	건너면 안 되다, 울면 안 되다

· Examples

교실에서 음식을 먹으면 안 됩니다.
You may not eat food in the classroom.
극장에서 사진을 찍으면 안 됩니까?
Am I not allowed to take pictures in the theater?
건물 안에서 담배를 피우면 안 돼요.
You may not smoke in the building.
술을 마시고 운전하면 안 돼요.
You may not drink and drive.

가: 시험을 볼 때 사전을 봐도 돼요?
A: May I use my dictionary during the test?
나: 아니요, 사전을 보면 안 돼요.
B: No, you may not use the dictionary.

가: 한국 사람 집에 신발을 신고 들어가도 됩니까?
A: May I enter a Korean person's house with my shoes on?
나: 아니요, 신발을 신고 들어가면 안 됩니다.
B: No, you may not wear your shoes and enter the house.

▶읽어 봅시다

음식을 먹는 방법은 나라마다 아주 다양해요. 한국 음식은 국물이 많기 때문에 숟가락과 젓가락을 사용해요. 하지만 한 손에 숟가락과 젓가락을 같이 들고 먹으면 안 돼요. 밥을 먹을 때는 그릇을 상 위에 놓고 숟가락으로 먹어요. 일본 사람들은 밥을 젓가락으로 먹기 때문에 밥그릇을 들고 먹어야 해요. 중국에는 튀긴 음식과 볶은 음식이 많은데 그런 음식은 보통 기름이 많고 뜨겁기 때문에 중국 젓가락은 한국 젓가락보다 길어요.
노르웨이는 겨울이 긴 나라예요. 그래서 사람들은 고기나 생선에 소금을 뿌려서 말린 후에 추운 겨울에도 오랫동안 먹을 수 있는 음식을 만들었어요. 인도네시아는 날씨가 더워서 익히지 않은 음식은 쉽게 상할 수 있기 때문에 볶은 음식이 많아요. 이렇게 다른 나라의 다양한 음식과 그 배경을 알면 그 나라의 문화를 더 잘 이해할 수 있어요. 다른 나라의 문화를 잘 알고 싶으면 그 나라의 음식을 드셔 보세요.
The way we eat food varies greatly from country to country. Korean food uses spoons and chopsticks because it has a lot of soup. However, you shouldn't eat while holding the spoon and chopsticks all in one hand. When you eat, put the bowl on the table and use a spoon. Japanese people eat rice with their chopsticks, so they have to hold their rice bowls. A lot of the food in China is fried and stir-fried, and because most of these dishes are greasy and hot, Chinese chopsticks are longer than Korean chopsticks.
Norway is a country with long winters. So people sprinkled salt on fish and meat and dried them to make food that could be eaten for a long time even in cold winters. Indonesia has a lot of stir-fried food because uncooked food can spoil easily in hot weather. You can understand the culture of another country better if you know the country's various foods and their backgrounds. If you want to know the culture of another country well, try the food.

▶들어 봅시다

제임스: 여기는 뭐가 맛있어요?
선희: 삼계탕이 유명해요. 삼계탕을 먹어 본 적이 있어요?
제임스: 이름은 들어 봤지만 아직 먹어 보지 못했어요.
선희: 삼계탕은 한국 사람들이 여름에 많이 먹는데 건강에 아주 좋은 음식이에요. 오늘 한번 드셔 보세요.
제임스: 좋아요.

선희: 사장님, 여기 삼계탕 두 그릇 주세요.
제임스: 삼계탕은 집에서도 만들 수 있어요?
선희: 그럼요. 생각보다 쉬워요. 닭에 인삼, 마늘, 대추, 찹쌀을 넣고 끓이면 돼요. 간은 소금으로 맞추면 되고요.
식당 주인: 여기 있습니다. 맛있게 드세요.
제임스: 어떻게 먹어요? 손으로 먹어도 돼요?
선희: 네, 그런데 뜨거우니까 조심하세요.

James: What's good here?
Sunhee: Samgyetang is famous. Have you ever eaten it?
James: I've heard of the name, but haven't tried it yet.
Sunhee: Samgyetang is a very healthy dish that Koreans eat a lot in the summer. Try it today.
James: Sure.
Sunhee: Sir(restaurant owner), two bowls of samgyetang, please.
James: Can you make samgyetang at home?
Sunhee: Of course. It's easier than you think. Put ginseng, garlic, jujube, and glutinous rice into the chicken and boil it. You can season it with salt.
Restaurant owner: Here you are. Enjoy your meal.
James: How do you eat it? Can I eat it with my hands?
Sunhee: Yes, but be careful because it's hot.

Unit 3

Section 1. We save your points no matter how little you buy.

리사: 계산 부탁합니다.
Lisa: I'd like to pay, please.
직원: 물건을 봉투에 넣어 드릴까요?
Staff: Would you like your things in a bag?
리사: 아니요. 가방을 갖고 왔어요.
Lisa: No. I brought one.
직원: 현금으로 계산하시겠어요? 카드로 하시겠어요?
Staff: Would you like to pay in cash or by credit card?
리사: 신용 카드요. 그리고 물건 가격이 만 원이 안 되는데 포인트 적립을 받을 수 있을까요?
Lisa: Credit card. The price of the products is less than 10,000 won, but can I still save points?
직원: 물론이지요. 아무리 적게 사셔도 적립해 드립니다. 여기에 사인해 주시고 반값 할인 쿠폰도 한 장 가져가세요.
Staff: Of course. We save your points no matter how little you buy. Please sign here and take one half-price coupon.

문법

1. 이요/요

· Meaning and Usage

The predicate is omitted in sentences using '이요/요'. '이요/요' is attached to the end of a noun and is used when putting rhetorical emphasis on that noun. It is mainly used in oral speech.

· Form

'요' is added when a noun ends in a vowel, '이요' is added when the a noun ends in a consonant.

· Examples

10리터짜리 쓰레기봉투 한 장이요.
One 10-liter garbage bag, please.
아이스 아메리카노하고 따뜻한 카페라테요.
One Iced Americano and a hot latte, please.

가 : 여기 주문이요.
A: Order please.
나 : 네, 뭘로 드릴까요?
B: Yes, what would you like?

가: 이 중에서 뭐가 마음에 들어요?
A: Which of these do you prefer?
나: 저기 왼쪽에 있는 거요.
B: The one over there on the left.

가: 누구하고 뮤지컬을 봤어요?
A: Who did you see the musical with?
나: 친구하고요.
B: With a friend.

· Note

The form '요?' can also be used. This is a sentence ending that is added to a noun when the speaker is repeating what another person said to either confirm whether the speaker heard correctly or to indicate that the speaker has understood what the other person has said.

가: 이 근처에 노래방이 있어요?
A: Is there a karaoke near here?
나: 노래방요?
B: Karaoke?

It can be used following the particle.
가: 신청서가 어디에 있어요?
A: Where is the application form?
나: 책상 위에요.
B: On the desk.

2. -어도/아도/여도

· Meaning and Usage

This is used with an action or descriptive verb. Dividing the sentence into the part prior to and after '-어도/아도/여도', it is used to express how what is described in the latter part is true or valid and is not influenced by what is described in the former part, regardless of whether or not the speaker acknowledges the truth or validity what is described in the former part. It can also be used in the form of '아무리 -어도/아도/여도'.

· Form

'-아도' is used when an action or descriptive verb stem ends with 'ㅏ, ㅗ' and '-어도' is used when it ends with the other vowels 'ㅓ, ㅜ, ㅡ, ㅣ', '-여도'(해도) is used when the verb stem ends with 하-.

Action or descriptive verb stem ending	Combine with	Example
ㅏ, ㅗ	-아도	와도, 작아도
Other vowels (ㅓ, ㅜ, ㅡ, ㅣ)	-어도	읽어도, 커도
하	-여도(해도)	전화해도, 복잡해도

· Examples

책을 여러 번 읽어도 모르겠어요.
I still don't understand even after reading the book many times.
택시를 타고 가도 늦을 것 같아요.
I think I will be late even if I take a taxi to go there.
아무리 바빠도 밥을 먹어야 해요.
No matter how busy you are, you still have to eat.
유키 씨가 똑똑한 사람이어도 이 문제는 어려워할 거예요.
Even though Yuki is an intelligent person, she will still have difficulty with this problem.

가: 좀 피곤한데 숙제를 안 해도 돼요?
A: I'm tired. Can I skip my homework?
나: 피곤해도 숙제는 해야 돼요.
B: You must do your homework even if you're tired.

가: 내일 눈이 오면 레오 씨가 등산을 안 갈까요?
A: Do you think Leo won't go hiking if it snows tomorrow?
나: 아니요, 레오 씨는 눈이 와도 등산을 갈 거예요.
B: No, Leo will still go hiking even if it snows.

▶읽어 봅시다

저는 백화점보다 시장을 더 좋아합니다. 시장에는 여러 가지 물건도 많고 여기저기 돌아다니면 좋은 물건을 싸게 살 수 있기 때문입니다.
백화점은 보통 오전 열 시 반에 문을 여는데 시장은 저녁에 문을 여는 곳도 있습니다. 시장은 백화점과 다르게 현금을 내면 물건 값을 깎아 주기도 합니다.
지난 주말에 저는 친구와 같이 동대문 시장에 갔습니다. 남대문 시장에는 가 봤지만 동대문 시장에는 처음 갔습니다. 밤에 가면 재미있는 공연도 보고 더 싸게 물건을 살 수 있을 것 같아서 밤에 갔습니다. 사람들이 쇼핑몰 앞에서 노래도 하고 춤도 추고 있었는데 아주 재미있었습니다.
"저 노란 모자 좀 보여 주세요."
"이 노란 모자요?"
"네, 그리고 저기에 있는 보라색 스웨터도 보여 주세요."
"네, 이 스웨터는 얇아도 아주 따뜻해요. 한번 입어 보세요."
저는 노란 모자와 보라색 스웨터를 샀고 친구는 하얀 블라우스와 검은색 긴 바지를 샀습니다. 우리는 예쁜 옷을 싸게 사서 기분이 좋았습니다.
I like the market more than the department store. This is because the market has many things, and if you wander around, you can buy good products cheaply.
Department stores usually open at 10:30 AM, but some markets open in the evening. Unlike department stores, the market will give you a discount if you pay in cash.
Last weekend, I went to Dongdaemun Market with my friend. We had been to Namdaemun Market, but this was my first time going to Dongdaemun Market. We went at night because I thought I could see entertaining performances and buy things at a cheaper price. There were people singing and dancing in front of the shopping mall, and it was so much fun.
"Show me that yellow hat, please."
"This yellow hat?"

"Yes, and show me that purple sweater over there."
"Yes, this sweater is thin but very warm. Try it on."
I bought a yellow hat and purple sweater, and my friend bought a white blouse and black long pants. We were happy that we could buy such pretty clothes cheaply.

▶들어 봅시다

1-2

지금부터 바나나를 세일합니다. 조금 전까지 바나나 한 송이에 2000원이었는데, 지금부터 1000원에 드리겠습니다. 어린이와 노인들에게 인기가 많은 바나나가 한 송이에 1000원, 1000원입니다. 어서 오세요.

Starting from now, bananas will be on sale. It was 2,000 won for a bunch of bananas before, but now they'll be sold at 1,000 won. Bananas, popular with children and the elderly, are 1,000 won, 1,000 won a bunch. You are welcome to come by.

3-4

여자: 와, 백화점에 사람이 왜 이렇게 많아요?
남자: 다음 주가 추석이어서 그래요. 한국 사람들은 추석에 고마운 분들께 선물을 드리는 풍습이 있어요.
여자: 아, 그래요? 보통 어떤 선물을 드려요?
남자: 비싸지 않은 생활용품이나 가족들과 같이 먹을 수 있는 음식을 많이 사요.
여자: 음…, 하숙집 아주머니께 고향에서 가지고 온 커피를 추석 선물로 드리고 싶은데 비싼 선물이 아니어도 괜찮을까요?
남자: 그럼요. 아주 좋아하실 거예요.
Woman: Wow, why are there so many people in the department store?
Man: It's because next week is Chuseok. Koreans have a custom of giving gifts to people they are thankful for on Chuseok.
Woman: Oh, really? What kind of gifts do you usually give?
Man: Mostly inexpensive household goods or food that the whole family can enjoy together.
Woman: Well.…. I'd like to give the boarding house lady some coffee from my hometown. Is it okay even if it's not an expensive gift?
Man: Of course. I'm sure she'll love it.

Unit 3

Section 2. I like the 100,000 won one shown in the advertisement.

제임스: 여보세요? 꽃바구니를 하나 주문하고 싶은데요.
James: Hello? I'd like to order a flower basket, please.
꽃집 주인: 어떤 것으로 보내 드릴까요?
Florist: Which one would you like?
제임스: 광고를 보니까 10만 원짜리가 마음에 들어요.
James: I'd like the one worth 100,000 won as shown in the advertisement.
꽃집 주인: 꽃을 선택하실 수 있는데 요즘 많이 나오는 백합으로 만들어 드릴까요?
Florist: You can choose your own flowers. Would you like the lilies that are in season?
제임스: 아니요. 흰색 꽃 말고 빨간색이나 노란색 꽃으로 해 주세요. 되도록 화려하게 만들어 주시면 좋겠어요.
James: No. I'd like red or yellow flowers instead of white. Please make it as fancy as possible.
꽃집 주인: 알겠습니다. 배달받으실 분의 주소를 말씀해 주세요.
Florist: All right. Please tell me the address of the person who will receive the delivery.

문법

1. -으니까/니까(발견)

· Meaning and Usage

This is used with an action verb. Dividing the sentence into the clause prior to and after '-으니까/니까', it is used to state that the speaker discovered what is described in the prior clause as a result of the action mentioned in the latter clause.

· Form

'-으니까' is added when the stem ends in a consonant. '-니까' is added when the stem ends in a vowel or ㄹ.

Action verb stem ending	Combine with	Example
Consonant	-으니까	먹으니까
Vowel, -ㄹ	-니까	보니까, 파니까

· Examples

떡볶이를 먹어 보니까 생각보다 안 매웠어요.
After eating tteokbokki, I realized it wasn't as spicy as I had thought it would be.
냉장고를 여니까 아무것도 없었어요.

I opened the refrigerator to discover that there was nothing inside.
인터넷으로 주문한 옷을 입어 보니까 옷이 작았어요.
I tried on the clothes I ordered online only to find that they were too small.
아침에 일어나니까 10시였어요.
I woke up in the morning to find that it was 10 a.m.

가: 한국 생활이 어때요?
A: How is life in Korea?
나: 혼자 살아 보니까 생각보다 재미있어요.
B: After living alone, I've realized it's more fun than I had expected.

가: 어제 친구가 소개해 준 사람은 잘 만났어요?
A: Did you meet the person your friend set you up with yesterday?
나: 네, 만나 보니까 좋은 사람이었어요.
B: Yes, and he was a good person.

2. -으면/면 좋겠다

· Meaning and Usage

This is used to express the speaker's wishes or hopes. '으면/면 좋겠다' is suffixed to action verbs or descriptive verbs while '이면/면 좋겠다' is suffixed to nouns. To express a strong desire, the form '-었으면/았으면/였으면 좋겠다' may also be used.

· Form

'-으면 좋겠다' is added when the stem ends in a consonant. '-면 좋겠다' is added when the stem ends in a vowel or ㄹ.

Action verb and descriptive verb stem ending	Combine with	Example
Consonant	-으면 좋겠다	먹으면 좋겠다
Vowel, -ㄹ	-면 좋겠다	만나면 좋겠다, 길면 좋겠다

· Examples

저는 대학교를 졸업하고 방송국에서 일하면 좋겠습니다.
After I graduate from college, I hope to work in a broadcasting station.
친구가 내일 여행을 가요. 날씨가 좋으면 좋겠습니다.
My friend is going on a trip tomorrow. I hope the weather is good.
룸메이트가 성격이 좋은 사람이면 좋겠어요.
I hope my roommate has a good personality.
다음 주에 시험이 있습니다. 저는 시험을 잘 봤으면 좋겠습니다.
I have a test next week. I hope I can do well on the test.
가: 유키 씨, 방학에 무엇을 할 거예요?
A: Yuki, what will you do during the vacation?
나: 저는 외국에 여행을 가면 좋겠어요.
B: I wish I could travel to a foreign country.

가: 리타오 씨, 생일에 무슨 선물을 받고 싶어요?
A: Letao, what kind of gift would you like to receive for your birthday?
나: 노트북을 받았으면 좋겠어요.
B: I would like to receive a laptop.

▶읽어 봅시다

저는 지난주에 동생에게 생일 선물로 줄 책상을 사고 싶어서 학교 앞 백화점에 갔습니다. 백화점에서는 물건을 편하게 구경할 수 있었습니다. 그리고 점원들이 친절하게 설명을 해 줘서 좋았습니다. 저는 천천히 구경을 하고 마음에 드는 것을 하나 골랐습니다. 하지만 그 책상은 값이 너무 비싸서 살 수가 없었습니다. 그래서 싼 것을 사려고 시장으로 갔습니다. 시장에 가니까 사람이 많고 복잡해서 물건을 고를 수가 없었습니다. 밤 아홉 시까지 여기저기를 구경했지만 책상을 사지 못하고 그냥 집으로 돌아왔습니다.
집에 돌아왔을 때는 밤 열 시가 넘었습니다. 저는 빨리 책상을 사고 싶어서 인터넷으로 찾아봤습니다. 저는 서랍이 많고 값이 싼 책상을 찾았습니다. 그 책상을 제일 싸게 파는 사이트에 들어가서 다른 사람들의 후기도 읽어 봤습니다. 또 색깔도 살펴본 후에 동생이 좋아하는 하늘색으로 주문했습니다.
오늘 주문한 책상이 배달됐습니다. 생각보다 빨리 와서 놀랐습니다. 그런데 배달된 책상을 보니까 색깔이 인터넷으로 본 것과 조금 달랐습니다. 다른 책상으로 바꿀까 했지만 인터넷으로 산 물건은 교환하는 것이 힘들 것 같아서 그만두었습니다. 이 책상이 동생 마음에 들었으면 좋겠습니다. 그리고 이 책상에서 동생이 열심히 공부하면 좋겠습니다.
I went to the department store in front of the school last week because I wanted to buy a desk for my younger sibling as a birthday present. In the department store, I could browse products comfortably. I also liked how the clerks kindly explained everything. I looked around slowly and picked one that I liked. However, the desk was too expensive to buy. So, I went to the market to buy something cheaper. At the market, it was so crowded and complicated that I couldn't choose anything. I looked around until 9 PM, but ended up just coming back

home without buying a desk.
By the time I got home it was past 10 PM. I wanted to buy a desk quickly, so I searched the internet. I found a cheap desk with lots of drawers. I went to the website that sold the desk at the cheapest price and read other people's reviews. After looking at the color, I ordered sky blue, which is my younger sibling's favorite color.
The desk I ordered was delivered today. I was surprised that it came earlier than I expected. But when I saw the desk, the color was different from what I saw on the internet. I thought about changing it to a different desk, but I gave up because I thought it'd be difficult to exchange things purchased on the internet. I hope my sibling likes this desk. I hope he will sit at this desk and study hard.

▶들어 봅시다

1-2

친구: 유카 씨, 내일이 제임스 생일인데 우리 깜짝 파티를 해 줄까요?
유카: 그럴까요? 그럼 교실에서 제임스 모르게 생일 파티를 준비합시다. 제임스가 깜짝 놀라겠지요?
친구: 네, 제가 친구들에게 연락할게요.
유카: 그럼 전 축하 카드를 준비할게요. 그런데 선물은 뭐가 좋을까요?
친구: 우리가 케이크를 만들어 주는 건 어떨까요?
유카: 직접 만든 케이크요? 좋아요. 특별한 선물이 될 것 같아요.
Friend: Yuka, it's James birthday tomorrow. Shall we throw a surprise party?
Yuka: Shall we? Then let's prepare a birthday party in the classroom without James knowing. James will be so surprised, right?
Friend: Right. I'll contact our friends.
Yuka: Then I'll prepare a congratulatory card. But what about gifts?
Friend: Why don't we bake him a cake?
Yuka: A homemade cake? Nice. I think it'll be a special gift.

3-4

영수: 유경 씨, 뭘 그렇게 보고 있어요?
유경: 이 뉴스가 아주 재미있는데요. 크리스마스에 사람들이 받고 싶어 하지 않는 선물이 뭘까요?
영수: 글쎄요, 잘 모르겠는데요.
유경: 바로 꽃다발이에요.
영수: 네? 꽃다발이요?
유경: 아마 들고 다니기가 귀찮아서 그런 것 같아요. 영수 씨도 크리스마스 때 꽃다발은 선물하지 마세요.
영수: 아, 들어 보니까 알겠네요. 그런데 전 크리스마스 때 선물을 줄 사람이 생겼으면 좋겠네요.
Youngsoo: Yookyung, what are you looking at?
Yookyung: This news is very interesting. What gift do people not want to receive on Christmas?
Youngsoo: Well, I'm not sure.
Yookyung: It's a bouquet of flowers.
Youngsoo: What? A bouquet?
Yookyung: Maybe it's because people feel it bothering to carry it around. Youngsoo, don't give flowers as a gift for Christmas.
Youngsoo: Oh, I understand. But I really hope there will be someone to give my presents for Christmas.

Unit 4

Section 1. I'm thinking of having a light meal with close friends.

선희: 다음 주 수요일에 내 생일 파티를 할 건데 시간 있어? 별일 없으면 우리 집에 와서 저녁 먹고 가.
Sunhee: I'm having my birthday party next Wednesday, do you have time? If you don't have anything particular to do, come over to my house and have dinner.
리사: 응, 다행히 다른 약속이 없어. 친구들을 많이 초대할 거야?
Lisa: Yes, fortunately I have no other appointments. Are you going to invite many friends?
선희: 아니. 평일이어서 많이 모이기가 어려울 것 같아. 친한 친구들하고 가볍게 식사나 할 생각이야.
Sunhee: No. It's a weekday, so it might be difficult to gather more people. I'm thinking of having a light meal with close friends.
리사: 벌써부터 다음 주가 기다려지네. 받고 싶은 선물이 있으면 얘기해.
Lisa: I'm already looking forward to next week. Let me know if there's a present you would like to receive.
선희: 선물은 안 가지고 와도 되니까 좀 일찍 와서 상 차리는 것만 좀 도와줘.
Sunhee: You don't need to bring a present, just

come early and help me set the table.
리사: 알았어. 그럼 선물은 내가 생각해 보고 적당한 걸로 준비할게.
Lisa: Okay. Then I'll think about the gift and get you something decent.

문법

1. -어/아/여, 이야/야

· Meaning and Usage

Omitting the '요' in '-어요/아요/여요' indicates intimacy and familiarity between participants of the conversation and constitutes casual or intimate speech. Casual/intimate speech is used when speaking to one's friends or juniors(subordinates) and even very close seniors. Whether the sentence is a statement, question, command, or suggestion does not affect the form of '-어요/아요/여요'. Intonation is the only factor distinguishing whether a sentence using '-어요/아요/여요' is a statement, question, command, or suggestion. Additionally, '이야/야' is the casual form of '이에요/예요' and is used after a noun in sentences which are statements or questions.

· Form

'-아' is used when the action or descriptive verb stem ends with 'ㅏ, ㅗ'. '-어' is used when it ends with the other vowels 'ㅓ, ㅜ, ㅡ, ㅣ' and '-여'(해) is used when it ends with 하-. '이야' is used when the noun ends with a consonant and '야' is used when it ends with a vowel.

Action or descriptive verb stem ending	Combine with	Example
ㅏ, ㅗ	-아	봐, 작아
Other vowels (ㅓ, ㅜ, ㅡ, ㅣ)	-어	먹어, 입어, 커
하	-여(해)	좋아해, 깨끗해

Noun ending syllable	Combine with	Example
Consonant	이야	학생이야, 책이야
Vowel	야	친구야, 모자야

· Examples

나는 한국어 공부가 아주 재미있어.
I really enjoy studying Korean.
너는 오늘 어디에 가?
Where are you going today?
배가 많이 고프면 네가 먼저 먹어.
If you're really hungry, go ahead and eat first.
내가 제일 좋아하는 운동은 야구야.
My favorite sport is baseball.

가: 지난 주말에 뭘 했어?
A: What did you do last weekend?
나: 신촌에서 친구를 만났어.
B: I met my friend in Sinchon.

가: 오늘이 무슨 요일이야?
A: What day is today?
나: 목요일이야.
B: It's Thursday.

2. -기가 쉽다/어렵다

· Meaning and Usage

'-기가 쉽다/어렵다' is attached after the verb to indicate that it is easy(쉽다) or difficult (어렵다) to do something or to indicate that it is likely(쉽다) or unlikely(어렵다) for something to happen. '-기가 쉽다/어렵다' can also be used in the form of '-기 쉽다/어렵다' by omitting '가'.

· Examples

계절이 바뀌는 때에는 감기에 걸리기 쉬워요.
It's easy to catch a cold when the seasons change.
유리 제품은 깨지기가 쉬워요.
Glass products are easily broken.
마음에 드는 물건을 찾기가 어렵네요.
It's hard to find something I like.
교실 밖이 시끄러워서 수업에 집중하기 어려워요.
It's hard to concentrate in class because it's noisy outside the classroom.

가: 요즘 회사 일 때문에 너무 바빠서 동창회 날짜를 잊어버렸어.
A: I've been so busy at work lately that I forgot the date of our reunion.
나: 잊어버리기가 쉬운 날짜는 메모해 놓는 게 좋아.
B: You should write down dates that are easy to forget.

가: 주말이라서 사람도 많고 길이 정말 복잡하네요.
A: Because it's the weekend, there are a lot of people and the streets are really crowded.
나: 너무 복잡해서 길 찾기가 어렵네요. 지도를 보면서 갑시다.
B: It seems hard to find our way because it's so complicated. Let's look at the map and find our way there.

▶읽어 봅시다

이번 주 수요일은 우리 반 친구 리사의 생일입니다. 저는 리사의 생일에 리사를 깜짝 놀라게 해 주고 싶습니다. 그래서 요즘 파티 준비를 하는데 리사가 모르게 파티를 계획하기가 아주 어렵습니다.
"이번 주 수요일이 내 생일인데 그날 시간 있어? 같이 저녁이나 먹을까?"
리사가 이런 말을 할 때마다 우리는 모두 대답을 잘 하지 않습니다.
"글쎄, 요즘 내가 좀 바빠."
저는 이렇게 대답을 할 때마다 가슴이 두근두근합니다. 그리고 실망하는 리사의 얼굴을 보면 웃음이 나기도 합니다.
리사에게 줄 선물도 예쁘게 포장하고 식당도 예약했습니다. 우리는 리사가 식당에 도착하면 폭죽을 터뜨리고 노래를 부르려고 합니다. 그런데 어떻게 리사를 자연스럽게 식당까지 데리고 갈 수 있을까요?
"리사야, 숙제가 어려운데 여기로 와서 좀 도와 줄 수 있어?"
"리사야, 지금 친구들과 저녁을 먹을 거야. 아직 저녁을 안 먹었으면 같이 먹을까?"
아직 좋은 방법을 생각하지 못했습니다. 어떻게 말하면 좋을까요?

This Wednesday is our classmate Lisa's birthday. I want to surprise Lisa on her birthday. So these days, I've been preparing for the party, but it's very difficult to plan one without Lisa knowing.
"This Wednesday is my birthday. Do you have time on that day? Why don't we have dinner together?"
Whenever Lisa says something like this, we don't respond directly.
"Well, I'm a bit busy these days."
My heart is pounding every time I give her this answer. And when I see the look of disappointment on Lisa's face, I can't help but laugh. I've beautifully wrapped Lisa's gift and reserved a restaurant. When Lisa arrives, we're going to set off fireworks and sing. But how can we take her to the restaurant naturally?
"Lisa, the homework is difficult, can you come here and help me?"
"Lisa, I'm having dinner with our friends now. If you haven't eaten yet, would you like to join us?"
I haven't come up with a good idea yet. What should I say?

▶들어 봅시다

남자: 어제 바빴어요? 뭐 좀 물어보려고 전화했는데.
여자: 아, 그랬어요? 어제 반 친구들하고 선생님 댁에 갔어요.
남자: 무슨 일로 선생님 댁에 갔어요?
여자: 어제가 선생님 생신이어서 선생님께서 우리를 초대해 주셨어요.
남자: 그랬군요. 재미있게 놀았어요?
여자: 네, 그런데 제가 선생님 아이하고 이야기를 하는데 아이가 저를 보고 자꾸 웃었어요.
남자: 무슨 이야기를 했는데요?
여자: 처음에 "이름이 뭐예요?" 하고 물어봤어요. 그다음에 아이 이름이 '지수'여서 "지수 씨는 참 귀엽네요." 라고 했어요.
남자: 하하, 아이에게 반말을 하지 않고 존댓말을 쓰니까 아이가 이상해서 웃은 것 같네요. 반말과 존댓말을 잘 사용하기가 어려워요.

Man: Were you busy yesterday? I called to ask you something.
Woman: Oh, did you? I went to my teacher's house with my classmates yesterday.
Man: Why did you go to the teacher's house?
Woman: Yesterday was the teacher's birthday so she invited us.
Man: I see. Did you have fun?
Woman: Yes, but when I was talking to the teacher's kid, she kept laughing at me.
Man: What did you talk about?
Woman: At first I asked, "What's your name?" The child's name was Jisoo, so I said, "You are so cute Ms. Jisoo."
Man: Haha, I think she laughed because it's strange to use polite language to children instead of speaking casually. It's difficult to use polite language and casual language well.

Unit 4

Section 2. I'm worried because I've never prepared such a big event.

서준: 곧 학생회에서 유학생을 위한 행사를 여는데 어떻게 준비하면 좋을까?
Seojun: The student council is going to hold an event for international students soon. How should I prepare for it?
제임스: 무슨 행사인데?

James: What kind of event is it?
서준: 한국 음식을 소개하고 같이 만들어 보는 행사야. 100 명쯤 올 것 같은데 이렇게 큰 행사를 준비해 본 적이 없어서 걱정이야.
Seojun: It's an event to introduce Korean food and make it together. I think about 100 people will come, but I'm worried because I've never prepared such a big event.
제임스: 아, 전에 수지가 비슷한 행사를 준비한 적이 있을 거야. 한번 물어봐.
James: Oh, Suzy must have organized a similar event before. Try asking her.
서준: 그래? 수지에게 도움을 얻을 수 있으면 정말 좋겠네.
Seojun: Really? It would be great if I could get some help from Suzy.
제임스: 너무 걱정하지 마. 나도 그날 가서 음식 준비를 도와줄게.
James: Don't worry too much. I'll go that day to help you prepare the food.

문법

1. -은/ㄴ 적이 있다/없다

· Meaning and Usage

'-은/ㄴ 적이 있다' is used after an action verb when the speaker expresses their experience of having taken some action in the past. On the other hand, '-은/ㄴ 적이 없다' is used to express that one has never done as described by the action verb before.

· Form

'-ㄴ 적이 있다(없다)' is used when the action verb stem ends with a vowel or 'ㄹ'. '-은 적이 있다(없다)' is used when the action verb stem ends with a consonant.

Action verb stem ending	Combine with	Example
Consonant	-은 적이 있다(없다)	먹은 적이 있다(없다) 읽은 적이 있다(없다)
Vowel, ㄹ	-ㄴ 적이 있다(없다)	만난 적이 있다(없다) 만든 적이 있다(없다)

· Examples

저는 한국 음식을 만든 적이 있어요.
I have tried making Korean food before.
노라 씨는 삼계탕을 먹은 적이 없어요.
Nora has never tried eating samgyetang before.
주앙 씨는 한복을 입어 본 적이 있습니다.
Juang has tried on Hanbok before.
한국에서 버스를 잘못 탄 적이 있어요?
Have you ever gotten on the wrong bus in Korea?

가: 한국에 오기 전에 한국말을 공부한 적이 있어요?
A: Have you ever studied Korean before coming to Korea?
나: 네, 공부한 적이 있어요.
B: Yes, I have studied Korean before.

가: 그 이야기를 들은 적이 있어요?
A: Have you ever heard of that story before?
나: 아니요, 들은 적이 없어요.
B: No, I've never heard of it before.

· Note

'-은/ㄴ적이 있다/없다' is used only with action verbs and cannot be used with descriptive verbs. Since usage of this form already rhetorically implies that the speaker is making some statement regarding the past, it is not combined with the past form '-었-'.

2. -지 마

· Meaning and Usage

'-지 마' is the casual form of '-지 말다(말아요?, 마세요, 맙시다).' This is used after an action verb when telling someone not to do the action described by the action verb. .The casual/intimate form is used when speaking to one's friends or juniors(subordinates) and even very close seniors. Whether the sentence is a statement, question, command, or suggestion does not affect the form of '-지 마'. Intonation is the only factor distinguishing whether a sentence using '-지 마' is a statement, question, command, or suggestion.

· Examples

여기에서 사진을 찍지 마.
Don't take pictures here.
늦게까지 피아노를 치지 마.
Don't play the piano until the late hours.
친구에게 그 이야기를 하지 마.
Don't tell your friend that story.
음식을 너무 짜게 먹지 마.
Don't eat your food with too much salt.

가: 이번 시험이 어려우면 어떻게 하지?
A: What's going to happen if the upcoming test is difficult?
나: 너무 걱정하지 마. 다 잘 될 거야.
B: Don't worry too much. Everything will work out.

가: 더우니까 문을 닫지 마.
A: Don't close the door because it's hot.
나: 알았어요.
B: Alright.

▶ **읽어 봅시다**

안녕하세요? 처음 뵙겠습니다. 저는 영국 런던에서 온 해리입니다. 저는 교환 학생으로 한국에 왔습니다.
제 전공이 아시아 역사라서 아시아 언어에 관심이 많습니다. 한국어를 배운 후에는 중국어와 일본어도 배우고 싶습니다.
지금 저는 한국 대학교에서 한국어를 배우고 있습니다. 학교에서 열심히 공부하고 있지만 말하기 연습을 더 많이 하기 위해서 언어 교환 친구를 사귀고 싶습니다. 저는 런던에 살 때 영어를 가르쳐 본 적이 있기 때문에 영어를 배우고 싶은 분을 도와 드릴 수 있습니다. 또 역사에 관심이 있는 분이면 더 재미있게 대화할 수 있을 것 같습니다.
제가 주말에만 시간이 있어서 주말에 만날 수 있는 친구면 좋겠습니다. 제 연락처는 010-1234-5678입니다. 연락 기다리겠습니다.
Hello? Nice to meet you. I am Harry from London, England. I came to Korea as an exchange student.
I'm majoring in Asian History, so I am very interested in Asian languages. After learning Korean, I would like to learn Chinese and Japanese.
Now, I am learning Korean at a Korean university. I am studying very hard at school, 1. but I want to befriend language exchange partners so I can practice speaking more. I taught English when I lived in London, so I can help those who want to learn English. Also, if they are interested in history, I think we can have very amusing conversations.
I only have time during weekends, so I'm looking for a friend that I can meet on weekends. My contact number is 010-1234-5678. I look forward to hearing from you.

▶ **들어 봅시다**

남자: 오늘 동아리 설명회에 잘 다녀왔어?
여자: 응, 그런데 다녀와서 더 고민에 빠졌어.
남자: 아니 왜?
여자: 동아리가 너무 많아서 어디에 가입해야 할지 모르겠어. 지금까지 마음에 드는 동아리는 모두 세 개야. 여행 동아리, 춤 동아리 그리고 맛집 동아리.
남자: 맛집 동아리? 그런 동아리는 들어 본 적이 없는데.
여자: 맛집 동아리는 유명한 식당을 찾아다니는 동아리야. 축제 때 여러 나라 음식을 만드는 행사를 한 적도 있어. 동아리를 소개하는 동영상을 봤는데 정말 재미있을 것 같았어.
남자: 듣기만 해도 재미있을 것 같아. 우리 같이 가입해 볼까?
여자: 음…. 그런데 난 춤 동아리와 여행 동아리에도 가입하고 싶어.
남자: 야! 이상한 소리 하지 마. 그게 가능해?
Man: Did you have a good time at the club briefing session today?
Woman: Yes, but now I only have more to worry about.
Man: How come?
Woman: There are so many clubs that I don't know where to join. So far, there are three clubs I'm interested in. A travel club, a dance club, and a restaurant club.
Man: A restaurant club? I've never heard of one before.
Woman: A restaurant club is a club that looks for famous restaurants. They also held an event where they made food from various countries at the festival. I saw a video introducing the club and it looked so exciting.
Man: You make it sound so interesting. Shall we sign up together?
Woman: Hmm... but I also want to join the dance club and the travel club.
Man: Hey! Stop spouting nonesense. How is that supposed to be possible?

Unit 5

Section 1. We hurried because we're going to study abroad right after we get married.

선배: 서준아, 이거 받아. 내 청첩장이야.
Senior: Seojun, take this. It's my wedding invitation.
서준: 선배님, 결혼하세요? 그러고 보니 오랫동안 사귀신 분이 있으셨죠?
Seojun: Are you getting married? Come to think of it, you've been dating someone for a long time, right?
선배: 응, 결혼하고 바로 유학을 떠나기로 해서 좀 서둘렀어.
Senior: Yes. We're in a bit of a hurry because we're going to study abroad right after we get

married.
서준: 정말 축하드려요. 결혼식은 언제예요?
Seojun: Congratulations. When is the wedding?
선배: 다음 달 25일이야. 올 수 있니?
Senior: It's the 25th of next month. Can you come?
서준: 그럼요. 꼭 갈게요. 날짜가 얼마 안 남아서 앞으로 더 바빠지시겠어요.
Seojun: Of course. I'll be sure to go. You'll be busier from now on since there's not much time left.

문법

1. -는다/ㄴ다/다, -니?

· Meaning and Usage

This is the casual form of '-습니다/ㅂ니다'. This can be used with friends or one's subordinates. The more casual form of '-습니까/ ㅂ니까?' is '-니?'. '-는다/ㄴ다/다' (not including '-니?') is also commonly used in written language where the use of honorific speech is not required such as in articles or reports.

· Form

'-ㄴ다' is used when the action verb stem ends with 'ㄹ' or a vowel. '-는다' is used when the action verb stem ends with a consonant. '-다' is used after the descriptive verb stem.

Verb stem ending	Combine with	Example
Consonant (action verb)	-는다	먹는다, 듣는다, 입는다
Vowel, ㄹ (action verb)	-ㄴ다	본다, 공부한다, 산다
Descriptive verb	-다	작다, 예쁘다, 친절하다

· Examples

에릭 씨는 책을 많이 읽는다.
Eric reads a lot of books.
유키 씨 동생은 아주 예쁘다.
Yuki's younger sister is very pretty.
내 생일은 6월 15일이다.
My birthday is June 15.
어제 친구하고 명동에 갔다.
I went to Myeong-dong with my friend yesterday.

가: 영수야, 결혼을 축하한다.
A: Youngsu, congratulations on your marriage.
나: 감사합니다, 선배님.
B: Thank you, Senior.
가: 너희는 요즘 어떻게 지내니?
A: How have you been these days?
나: 저희는 즐겁게 잘 지내고 있습니다.
B: We are getting along well, having a good time.

2. -기로 하다

· Meaning and Usage

This is used with an action verb when telling another person about a decision, resolution or promise.

· Examples

수업이 끝나고 친구와 같이 점심을 먹기로 했어.
I decided to eat lunch together with a friend after class.
바쁘면 다음에 만나기로 하자.
Let's meet another time if you're busy.
저는 내일부터 일찍 일어나기로 했어요.
I decided to wake up early starting tomorrow.
비가 오면 등산을 가지 않기로 했어요.
We decided not to go hiking if it rains.

가: 집들이를 언제 하기로 했어요?
A: When did you decide to have the housewarming party?
나: 다음 주 토요일 저녁에 하기로 했어요.
B: I decided to have it next Saturday evening.
가: 오늘 오후에 뭘 할 거예요?
A: What are you going to do this afternoon?
나: 친구와 명동에 가기로 했어요.
B: I decided to go to Myeong-dong with my friends.

▶읽어 봅시다

오늘은 제일 친한 친구인 지혜의 결혼식 날이었다. 제일 친한 친구가 결혼하니까 기쁘기도 하고 섭섭하기도 했다. 오늘 결혼식에서 내가 지혜의 부케를 받기로 했는데 나는 아직 친구의 결혼식에서 부케를 받은 적이 없기 때문에 아침부터 마음이 설레었다. 결혼식은 열두 시였지만 나는 지혜를 도와주려고 서둘러서 준비를 하고 일찍 집에서 나갔다.
결혼식장에는 사람들이 아주 많아서 시끄러웠다. 결혼식에는 신랑과 신부의 친구도 많았지만 신랑과 신부의 친척과 부모님의 친구도 많았다. 결혼은 신랑과 신부, 두 사람이 하는 것이지만 한국에서 결혼식은 신랑 가족과 신부 가족에게도 중요한 행사이기 때문이다.
결혼식은 오래 걸리지 않았다. 결혼식이 끝난 후에 기념 촬영을 하고 지혜가 나에게 부케를 던졌다. 내가 부케를 들고 있으니까 여러 사람들이 "결혼식에서 부케를 받으면 6개월 안에 결혼을 해야 하는데 결혼할 남자가 있어요?" 하고 물었다. 아직 남자 친구도 없는데 부케를 받아서 걱정이다. 하지만 그것보다 지혜가 정말 행복하게 잘 살았으면 좋겠다.
Today was my best friend Jihae's wedding day. I was both happy and sad that my best friend was getting married. At today's wedding, I am supposed to receive Jihae's bouquet. I've never received a bouquet at a friend's wedding before, so my heart's been fluttering since this morning. The wedding wasn't until 12 o'clock, but I hurried to get ready and left home early to help Jihae. The wedding hall was noisy because there were so many people. Not only were the friends of the bride and groom at the wedding, but their relatives and friends of their parents were also there as well. 1. This is because although a marriage is an arrangement between two people, the bride and groom, in Korea, weddings are important events for the families of both people.
The wedding didn't take too long. After the wedding, we took a commemorative photo and Jihye threw me her bouquet. When I was holding the bouquet, many people asked me, "If you receive a bouquet at a wedding, you have to get married within 6 months. Do you have a man to marry?" I'm worried because I got the bouquet even though I don't have a boyfriend yet. But regardless, I hope Jihae will live happily.

▶들어 봅시다

생일이나 결혼식 같은 기쁜 날에는 가까운 사람들을 초대해서 파티를 하고 축하를 받습니다. 초대한 사람은 음식을 준비하고 초대를 받은 사람은 그 사람에게 필요한 선물을 줍니다.
그런데 무슨 선물을 준비할지 결정하기 힘들 때가 많습니다. 우선 선물을 받는 사람의 나이나 성별, 취미 등을 잘 생각해야 합니다. 그리고 무슨 일로 축하를 하는지 생각해야 합니다. 생일 파티 때에는 책, 액세서리, 화장품처럼 너무 비싸지 않고 생활에서 자주 쓸 수 있는 선물을 주는 게 좋습니다. 한국에서는 결혼식에 초대를 받았을 때 보통 축하하는 마음을 담아서 현금을 줍니다. 결혼식 준비에 돈이 많이 들고 신혼부부가 직접 필요한 물건을 살 수도 있기 때문입니다. 아이의 첫 번째 생일을 축하하는 돌잔치에 갈 때는 아이 옷이나 장난감을 사 주기도 하지만 금반지를 선물하는 사람도 있습니다. 그 이유는 옛날부터 금이 아이의 건강에 좋다고 생각했기 때문입니다. 집들이 선물로는 뭐가 좋을까요? 한국에서는 옛날부터 새집으로 이사 간 사람에게 세제를 선물하는데 그건 '부자가 되세요'를 뜻합니다. 선물에 담긴 의미를 아니까 한국 문화가 더 재미있지요?
On happy days such as birthdays and weddings, we invite people close to us to have parties and celebrate. The host prepares the food and the people invited present the host with gifts he/she might need.
However, it's often difficult to decide what gifts to prepare. First of all, you should carefully consider the age, gender, and hobbies of the person receiving the gift. You also have to think about what you're celebrating. For birthday parties, it is a good idea to give gifts that aren't too expensive and are often used in daily life, such as books, accessories, and cosmetics. In Korea, when invited to a wedding ceremony, people usually give cash as a congratulatory gesture. This is because wedding preparations cost a lot of money, and newlyweds can use the money to buy things they need themselves. When going to the celebration of a child's first birthday, people buy clothes or toys for the baby, but there are some people who gift gold rings. The reason for this is that since the old days, gold has been thought to be good for the child's heath. What would be good as a housewarming gift? In Korea, giving detergent as a present to a person who has moved into a new house has traditionally meant, "Hope you get rich." Now that you know the meaning behind gifts, isn't Korean culture much more interesting?

Unit 5

Section 2. I'll buy a bouquet and bring it with me.

선희: 금요일 저녁에 같이 콘서트에 가자.
Sunhee: Let's go to a concert together Friday evening.
엠마: 갑자기 무슨 콘서트예요?
Emma: Why are you suddenly talking about concerts?
선희: 오디션 프로그램 우승자인 중학교 동창이 콘서트를 해. 동창들 사이에서 초대권을 얻으려고 경쟁이 치열

했는데 겨우 받았어. 콘서트가 끝나고 뒤풀이에도 같이 가자.
Sunhee: My middle school friend, who is the winner of an audition program, is having a concert. There was fierce competition among my classmates to get the ticket, and I barely made it. Let's go to the after-party after the concert.
엠마: 우와! 진짜요? 친구들한테 자랑해야겠어요.
Emaa: Wow! Really? I'm going to brag about this to my friends.
선희: 나도 친구가 유명한 사람이 된 게 신기해. 금요일 오후 다섯 시에 도서관 앞으로 와라. 같이 가자.
Sunhee: I'm also amazed that my friend has become such a famous person. Come to the library at 5PM on Friday. Let's go together.
엠마: 네, 그럼 제가 꽃다발을 사 가지고 갈게요.
Emma: Okay, I'll buy a bouquet and bring it with me.

문법

1. -자, -어라/아라/여라

· Meaning and Usage

The casual form for '-읍시다/ㅂ시다' is '-자'. The casual form of '-으십시오/십시오' is '-어라/아라/여라.' This can be used with friends or one's subordinates.

· Form

'-자' is used when the action verb stem ends. '-아라' is used when the action verb stem ends with 'ㅏ, ㅗ'. '-어라' is used when the action verb stem ends with the other vowels 'ㅓ, ㅜ, ㅡ, ㅣ' and '-여라'(해라) is used when it ends with 하-.

Action verb stem ending	Combine with	Example
ㅏ, ㅗ	-아라	사라, 봐라
Other vowels (ㅓ, ㅜ, ㅡ, ㅣ)	-어라	먹어라, 만들어라
하	-여라(해라)	공부해라

· Examples

우리 만나서 커피 한잔하자.
Let's meet and have some coffee.
윤아야, 수업 시간이니까 떠들지 말자.
Yuna, let's be quiet because it's class time.
비가 오니까 우산을 가지고 가라.
Go and take an umbrella with you because it's raining.
하늘아, 약속 시간을 잊지 마라.
Haneul, don't forget the appointed time.

가: 여기에서 사진을 찍을까?
A: Shall we take a picture here?
나: 그래, 여기에서 찍자.
B: Okay, let's take it here.

가: 많이 먹어라.
A: Please eat a lot.
나: 네, 잘 먹겠습니다.
B: Yes, I will enjoy the meal.

2. -어/아/여 가지고(순차)

· Meaning and Usage

This is used after an action verb. Dividing the sentence into the clause prior to and after '-어/아/여 가지고', it is used to express how the result of the action mentioned in the former clause is maintained up to the point that is described in the latter clause. It is common that what is described in the former clause acts as the reason for what is described in the latter clause.

· Form

'-아 가지고' is used when the action verb stem ends with 'ㅏ, ㅗ'. '-어 가지고' is used when the action verb stem ends with the other vowels 'ㅓ, ㅜ, ㅡ, ㅣ' and '-여 가지고'(해 가지고) is used when it ends with 하-.

Action verb stem ending	Combine with	Example
ㅏ, ㅗ	-아 가지고	사 가지고, 모아 가지고
Other vowels (ㅓ, ㅜ, ㅡ, ㅣ)	-어 가지고	건너 가지고, 만들어 가지고
하	-여 가지고 (해 가지고)	준비해 가지고

· Examples

당근을 썰어 가지고 프라이팬에 볶으세요.
Cut up the carrot and fry it in the frying pan.
한국에서는 집들이에 갈 때 손님들이 휴지를 사 가지고 가요.
When going to a housewarming party in Korea, guests buy toilet paper and bring it with them.
수업에 필요한 것을 준비해 가지고 오세요.
Prepare what you need for class and come.
저는 한국어를 열심히 공부해 가지고 한국 회사에 취직하고 싶어요.
I want to diligently study Korean and then get a job at a Korean company.

가: 돈을 모아 가지고 뭘 했어요?
A: What did you do after you saved your money?
나: 저는 돈을 모아 가지고 엄마 선물을 샀어요.
B: I saved my money and bought a gift for my mother.

가: 소풍 갈 때 무슨 음식을 가지고 가요?
A: What food will you bring when you go to the picnic?
나: 김밥을 만들어 가지고 갈 거예요.
B: I will make gimbap and take it to the picnic.

· Note
'-어/아/여 가지고' is usually used in spoken language and can be shortened to '-어/아/여 갖고'.

▶읽어 봅시다

서울 자동차 쇼

*(㉠): 코엑스(서울 삼성동)
*(㉡): 3월 25일(토)부터 4월 9일(일) (14일 동안)
10:00-17:00 (주말은 18:00까지)

* 8개국 150개 회사가 참가합니다
* 학생 할인 20%

Seoul Automobile Show

*(Ⓐ): Coex (Seoul Samseong-dong)
*(Ⓑ): From March 25th (Sat) to April 9th (Sun) (for 14 days)
10:00-17:00 (Until 18:00 on the weekend)
*150 companies from 8 countries will be participating
*8 countries, 150 companies will be participating
*Student discount 20%

▶들어 봅시다

1-2
지난주에 제가 다녀온 모임에 대해서 소개하고 싶어요. 이 모임은 같은 고등학교를 졸업한 사람들의 동문회입니다. 나이가 많은 선배부터 올해 졸업한 후배까지 많은 사람이 모여요. 제일 나이가 많은 사람과 제일 나이가 적은 사람은 스무 살이나 차이가 나요. 그렇지만 마음은 다 같아요. 같이 등산도 가고 운동도 해요. 그리고 맥주를 마시기도 하고 노래방에도 가요. 선배와 후배가 함께할 수 있는 좋은 모임입니다.

I'd like to introduce a meeting I attended last week. This group meeting is an alumni association meeting of people who graduated form the same high school. Many people gather together, from older seniors to juniors who graduated just this year. The oldest and the youngest were 20 years apart, but everyone felt the same way. We all go hiking and exercise together. We also drink beer and go to karaoke. It's a great meeting where seniors and juniors can get together.

3-4
그림 그리는 것을 좋아하세요? 그럼 우리 모임에 들어오세요. 그림을 좋아하는 사람들이 주말마다 모여서 여러 가지 그림을 그립니다. 아름다운 산과 바다를 그리기도 하고 도시 풍경을 그리기도 하고 사람을 그리기도 합니다. 귀여운 강아지나 고양이를 그리는 사람도 있습니다. 12월에는 한 해 동안 그린 그림을 가지고 전시회도 엽니다.
Do you like drawing? Then come to our meeting. People who like to draw get together every weekend to draw various pictures. We draw beautiful seas and mountains, urban landscapes, and people. Some people draw cute cats and dogs. In December, we hold an exhibition of all the paintings from that year.

Unit 6

Section 1. Do you know how to get to Ulsan?

리사: 이번 주말에 친구들과 함께 울산으로 여행을 가기로 했어.
Lisa: I decided to travel to Ulsan with my friends this weekend.
수영: 울산 좋지. 그런데 울산까지 어떻게 가는지 알아?
Sooyoung: Ulsan is nice. But do you know how to get to Ulsan?
리사: 가장 빨리 갈 수 있는 케이티엑스를 이용할까 생각 중이야.
Lisa: I'm thinking about taking the KTX, which is the fastest way to go.
수영: 케이티엑스는 좌석이 좋아서 일반석을 예매해도 편안하게 여행할 수 있어. 그런데 표가 금방 매진되니까 빨리 예매하는 게 좋아.
Sooyoung: The KTX has good seats, so you can

travel comfortably even if you book a regular seat. But the tickets will be sold out soon, so it's better to make a reservation quickly.

리사: 아, 그리고 경주에도 한번 가 보고 싶은데 울산에서 가까워?

Lisa: Oh, I also want to go to Gyeongju, but is it close to Ulsan?

수영: 응. 가는 길이니까 중간에 들르면 좋겠네. 경주는 신라의 수도여서 불국사 같은 유명한 절도 있고 구경할 곳도 아주 많아.

Sooyoung: Yes. It's on the way there so it'd be nice if you could stop by. Gyeongju is the capital of Silla, so there are famous temples like Bulguksa and many other places to see.

문법

1. -는지/은지/ㄴ지 알다/모르다

· Meaning and Usage

'-는지/은지/ㄴ지 알다/모르다' is used with an action or descriptive verb. '-는지/은지/ㄴ지 알다/' is used when expressing that someone including possibly the speaker themselves is certain about something while '-는지/은지/ㄴ지 모르다' is used when expressing that someone including possibly the speaker themselves is uncertain about something.

· Form

'-는지 알다(모르다)' is used with all action verb stems including '있다' and '없다'. '-ㄴ지 알다(모르다)' is used when a descriptive verb stem ends with a vowel or 'ㄹ' and '-은 지 알다(모르다)' is used when it ends with a consonant.

Action or descriptive verb stem ending	Combine with	Example
Action verb, 있다, 없다	-는지 알다/모르다	가는지 알다(모르다) 있는지 알다(모르다)
Consonant (descriptive verb)	-은지 알다/모르다	넓은지 알다(모르다) 좋은지 알다(모르다)
Vowel, ㄹ (descriptive verb)	-ㄴ지 알다/모르다	비싼지 알다(모르다) 먼지 알다(모르다)

· Examples

강남역에 어떻게 가는지 아세요?
Do you know how to go to Gangnam Station?
오늘 학교에 왜 사람이 많은지 알아요?
Do you know why so many people are at school today?
저 사람이 누구인지 알아요. 에릭 씨 친구예요.
I know who that person is. He is Eric's friend.
두 사람이 어디에서 만났는지 몰라요.
I don't know where the two people met.

가: 회의가 몇 시에 끝나는지 아세요?
A: Do you know when the meeting will be over?
나: 네, 알아요. 네 시쯤 끝날 거예요.
B: Yes, I do. It will end at around 4 o'clock.

가: 제니 씨 생일이 언제인지 알아요?
A: Do you know when Jenny's birthday is?
나: 글쎄요, 잘 모르겠어요.
B: Well, I'm not sure.

· Note

It is usually the case that expressions related to questions that ask who(누구), where(어디), when(언제), how much(얼마), how(어떻게), or why(왜) precede the form '-는지/은지/ㄴ지 알다(모르다).'

2. -는 길이다

· Meaning and Usage

'-는 길이다' is used with action verbs expressing movement, such as but not limited to 가다 and 오다, when expressing that someone including possibly the speaker themselves is on their way to/from somewhere. Of similar meaning and also frequently used is the form '-는 길에' followed by an action verb.

· Examples

친구와 약속이 있어서 시내에 가는 길이에요.
I'm on my way to town because I have an appointment with a friend.
제임스 씨도 여기에 오는 길이니까 곧 도착할 거예요.
James is also on his way, so he'll be here soon.
나는 출근하는 길에 지하철에서 한국 예능 프로그램을 자주 본다.
I often watch Korean entertainment programs on the subway on my way to work.
이거 부산 여행을 다녀오는 길에 고속 도로 휴게소에서 산 과자인데 한번 드셔 보세요.
I bought this snack at the highway rest area on my way back from my trip to Busan. Try some.

가: 나 지금 너희 집에 가는 길인데 필요한 거 있어?
A: I'm on my way to your house, do you need anything?
나: 그럼 제과점에 들러서 빵 좀 사다 줘.

B: Then stop by the bakery and buy me some bread.

가: 그 꽃을 어디에서 샀어요?
A: Where did you buy those flowers?
나: 사무실에 오는 길에 근처 꽃집에서 샀어요.
B: I bought them at a nearby flower shop on my way to the office.

▶읽어 봅시다

나는 오늘 친구와 같이 서울의 중심지를 도는 서울 시티 투어 버스를 탔다. 이 버스는 오전 9시 30분부터 오후 6시까지 다니는데 표를 한 번 사면 하루 종일 이용할 수 있다. 또 공휴일에도 탈 수 있어서 쉬는 날에 서울 시내를 구경할 때 편하게 이용할 수 있다. 우리는 9시 반에 광화문 역에서 출발하는 버스를 탔다. 이 버스에는 외국어 안내 서비스가 있어서 여러 언어로 설명을 들을 수 있었다.
"다음 정류장은 남산 한옥 마을입니다. 내리실 분은 벨을 눌러 주세요. 버스는 1시간마다 있습니다."
우리는 안내 방송을 듣고 한옥 마을 앞에서 내렸다. 거기에서 한복을 입고 사진도 찍고 떡도 먹어 봤다. 한 시간 뒤에 다시 버스를 타고 동대문 시장에 가서 쇼핑을 한 후 대학로에서 점심을 먹었다. 대학로 근처에는 창경궁과 창덕궁 등 여러 고궁이 있는데 모두 걸어서 구경할 수 있는 거리에 있었다. 창덕궁에서 버스를 타고 마지막으로 간 곳은 청와대였다. 청와대에서 집으로 돌아오는 길에는 걸어서 서촌을 구경하고 거기에서 저녁도 먹었다.
하루 안에 버스나 지하철을 여러 번 갈아타고 여기저기를 구경하기가 어려운데 서울 시티 투어 버스가 있어서 편리했다. 특히 서울의 유명한 관광지가 어디에 있는지 잘 모르는 사람이 이용하기에 좋은 것 같다. 다음에는 서울 시티 투어 버스의 다른 코스도 타 보고 싶다.
I rode the Seoul City Tour Bus around the center of Seoul with my friend today. This bus runs from 9:30 AM to 6 PM, and once you buy a ticket, you can use it all day long. You can also ride the bus on holidays, so you can use it to your convenience when you want to look around downtwon Seoul on your day off. We took the bus departing from Gwanghwamun Station at 9:30 AM. This bus had a foreign language guide service, so I could listen to the information in multiple languages.
"The next stop is Namsan Hanok Village. Please ring the bell if you want to get off. There is a bus every hour."
We heard the announcement and got off in front of Hanok Village. There, I wore Hanbok, took pictures, and ate rice cakes. After an hour, I took the bus again to go shopping at Dongdaemun Market, then had lunch at Daehak-ro. Near Daehak-ro, there are several palaces, including Changgeyonggung Palace and Changdeokgung Palace, all within walking distance. The last place I went to by bus from Changdeokgung Palace was the Blue House. On the way home from the Blue House, we walked around Seochon and had dinner there.
It is difficult to change buses or subways several times in one day to visit various places, but the Seoul City Tour Bus made everything convenient. It seems to be especially efficient for people who don't know where famous tourist attractions in Seoul are. Next time, I want to try other courses of the Seoul City Tour Bus.

▶들어 봅시다

1 오늘도 서울 지하철을 이용해 주셔서 감사합니다.
지금 들어오는 열차는 청량리행 열차입니다.
구로, 서울 역 방면으로 가실 손님은 이번 열차를 타시기 바랍니다.

1 Thank you for using the Seoul subway today.
The train coming in now is for Cheongyangni.
If you are going to Guro or Seoul Station, please take this train.

2 이 역은 타는 곳과 열차 사이가 넓습니다. 내리고 타실 때에 조심하시기 바랍니다.

2 This station has a wide gap between the platform and the train. Please be careful when you get on and off.

3 이번 역은 종각, 종각 역입니다. 내리실 문은 오른쪽입니다.

3 This station is Jonggak, Jonggak station. Doors are on the right.

4 이번 역은 신길, 신길 역입니다. 방화나 상일동, 마천 방면으로 가실 손님은 이번 역에서 5호선으로 갈아타시기 바랍니다.

4 This station is Singil, Singil station. If you are going to Banghwa, Sangil-dong, or Macheon, please transfer to Line 5.

5 이번 역은 이 열차의 종착역인 청량리, 청량리 역입니다. 성북, 의정부 방면으로 가실 손님은 이번 역에서 열차를 갈아타시기 바랍니다.
내리실 때에는 차 안에 두고 내리는 물건이 없는지 다시 한 번 확인하시기 바랍니다.

안녕히 가십시오. 고맙습니다.

5 This station is the last stop of this train, Cheongnyangni, Cheongnyangni station,
If you are going to Seongbuk or Uijeongbu, please transfer at this station.
When you get off, please make sure you don't leave anything behind in the car.
Goodbye. Thank you.

Unit 6

Section 2. It looks close. Do I have to take the bus?

리사: 실례합니다. 이 놀이공원의 위치를 좀 알려 주시겠어요?

Lisa: Excuse me. Could you tell me the location of this amusement park?

학생: 저기 큰 산이 보이는 곳이에요.

Student: It's where you can see the big mountain over there.

리사: 가까워 보이는데 버스를 타야 합니까?

Lisa: It looks close. Do I have to take the bus?

학생: 걸어서 약 15분쯤 걸려요. 버스를 타도 되지만 차가 많이 밀리니까 웬만하면 걸어가시는 게 좋을 것 같아요.

Student: It takes about 15 minutes on foot. You can take the bus, but there's a lot of traffic, so it's better to walk if you can.

리사: 여기서 어떻게 가면 돼요?

Lisa: How can I get there from here?

학생: 똑바로 가다가 사거리에서 오른쪽으로 가세요. 큰 커피숍을 지나서 두 번째 횡단보도를 건넌 후에 쭉 가면 놀이공원 매표소가 보일 거예요.

Student: Go straight and take a right at the intersection. After passing the big coffee shop and crossing the second crosswalk, go straight ahead and you will see the amusement park ticket office.

문법

1. -어/아/여 보이다

· Meaning and Usage

This is used with a descriptive verb when the speaker is expressing their speculations or impressions about someone or something that they have observed.

· Form

'-아 보이다' is used when the last syllable of the stem ends in 'ㅏ or ㅗ'. '-어 보이다' is used when the last syllable of the stem ends in any other vowels(ㅓ, ㅜ, ㅡ, ㅣ). '-여 보이다'(해 보이다) is used when the stem ends in 하-.

Descriptive verb stem ending	Combine with	Example
ㅏ, ㅗ	-아 보이다	많아 보이다, 좋아 보이다
Other vowels (ㅓ, ㅜ, ㅡ, ㅣ)	-어 보이다	멀어 보이다, 커 보이다
하	-여 보이다	피곤해 보이다

· Examples

더러운 방을 청소하니까 방이 넓어 보여요.

The room looks bigger after I cleaned up the mess.

흐엉 씨는 나이보다 어려 보여요.

Huong, you look younger than your age.

요즘 일이 많아요? 피곤해 보여요.

Are you busy these days? You look tired.

어제 친척 결혼식에 갔는데 신랑과 신부가 아주 행복해 보였어요.

I attended a relative's wedding yesterday and the bride and groom looked so happy.

가: 이 영화가 재미있어 보이는데 우리 이 영화를 볼까요?

A: This movie looks fun. Do you want to watch it?

나: 좋아요. 저도 보고 싶었어요.

B: Sure. I've been wanting to watch it, too.

가: 정말 예쁜 케이크네요. 맛있을 것 같아요.

A: It's a really pretty cake. I think it'll be tasty.

나: 네, 저도 맛있어 보여서 샀어요.

B: Yes, I bought it because it looked tasty.

2. -다가

· Meaning and Usage

This is used with an action verb when expressing how some action or state that was ongoing at the time was interrupted and changed into another action or state.

· Examples

형이 책을 읽다가 전화를 받았습니다.

My brother was reading a book and then answered the phone.

저는 기숙사에 살다가 하숙집으로 이사했어요.

I was living in the dorms but moved to a boardinghouse.

친구가 극장에서 영화를 보다가 갑자기 나갔어.

My friend was watching a movie in the theater but suddenly left.
엄마, 숙제를 다 하고 친구 집에 가서 놀다가 와도 돼요?
Mom, once I'm finished with my homework, may I go and play at my friend's house and come home?

가: 어제 숙제를 다 하고 잤어요?
A: Did you finish all your homework before sleeping last night?
나: 아니요, 숙제를 하다가 피곤해서 잤어요.
B: No, I was doing my homework but went to sleep because I was so tired.

가: 인천에 어떻게 가는지 알아?
A: Do you know how to get to Incheon?
나: 응, 알아. 2호선을 타고 가다가 시청 역에서 1호선으로 갈아타.
B: Yes, I do. Ride subway line 2 and then transfer to Line 1 at City Hall Station.

· Note

Dividing the sentence up into the clause prior to and after '-다가', it is typical that the subject of the first and second part are the same. If combined with the past tense '-었-', the meaning of '-다가' changes to express how some action or state changed into another after the preceding action or state was completed rather than while it was still ongoing. '-다가' is not combined with '-겠-' of the future or a guess.

▶읽어 봅시다

모르는 곳을 처음 찾아가는 것은 어렵습니다. 그렇지만 지하철을 타면 조금 쉽습니다. 특히 서울이나 부산 같은 큰 도시는 길이 복잡해 보여도 지하철이 잘되어 있어서 생각보다 쉽게 길을 찾을 수 있습니다. 두 가지만 알면 됩니다. 우선 역 이름을 정확하게 알아야 합니다. '신촌' 역도 있고 '시청' 역도 있기 때문입니다. 또 '상봉' 역도 있고 '산본' 역도 있습니다. 지하철역 이름을 잘못 알고 있으면 다른 곳으로 가기가 쉽습니다. 그다음에는 몇 번 출구로 나가야 하는지 알아야 합니다. 정확한 출구 번호를 알고 그 쪽으로 나가면 내가 가고 싶은 곳을 쉽게 찾을 수 있습니다. 지하철로 어디에 갈 때 두 가지를 질문하면 갈 수 있습니다. "어디 어디에 가고 싶은데 어느 역에서 내려야 합니까?" 그리고 "어디 어디에 가고 싶은데 몇 번 출구로 나가야 합니까?" 이 두 질문을 꼭 기억하십시오.
또 한국은 길이 복잡해서 지도를 봐도 길 찾기가 어렵습니다. 그때는 근처에 큰 가게나 유명한 장소가 있는지 잘 보십시오. 한국은 어디에나 슈퍼마켓, 카페, 식당, 은행, 병원 등이 있어서 이런 곳들의 이름을 많이 알면 길 찾기에 도움이 됩니다.
It's hard to get to a place you don't know for the first time. But if you take the subway, it's much easier. Especially in big cities like Seoul and Busan, it is easier than you think to find your way around, even if the roads look complicated, as the subway system is well designed. You just need to know two things. First of all, you need to know the exact name of the station. This is because there is a 'Sinchon' station and a 'Sicheong'(City Hall) station. There is also a 'Sangbong' station and a 'Sanbon' station. If you get the name of the station wrong, then you could easily end up somewhere else. Next, you need to know which subway station exit to take. If you know the exact exit number and head that way, you can easily find the place you want to go. You can go anywhere by subway by asking two questions, "If I want to get to so-and-so place, which station should I get off at?" and "I want to go to so-and-so place, which exit should I take?" You must remember these two questions.
Also, the roads in Korea are complicated, so it is difficult to find your way even with a map. When this happens, carefully look around to see if there are any big stores or famous places nearby. There are supermarkets, cafes, restaurants, banks, and hospitals everywhere in Korea, so knowing the names of these places will help you find your way.

▶들어 봅시다

우리 집까지 지하철로 오고 싶으면 2호선을 타세요. 아현역에서 내려서 3번 출구로 나오면 마을버스 정류장이 보이는데, 거기서 10번 버스를 타세요. 버스를 타고 오다가 세 번째 정류장에서 내리세요. 버스에서 내리면 바로 아파트 후문이 보입니다. 아파트 후문으로 들어오면 오른쪽에 건물이 있습니다. 그 건물 502호가 우리 집입니다.
학교에서 출발하면 171번 버스를 타세요. 버스를 타고 오다가 '행복아파트 앞' 정류장에서 내리세요. 버스에서 내리면 횡단보도가 있어요. 그 횡단보도를 건너서 쭉 오면 오른쪽에 아파트 후문이 있습니다.
If you want to come to my house by subway, take line 2. If you get off at Ahyeon station and take exit 3, you will see the town shuttle bus stop. There, take bus number 10. Take the bus and get off at the third stop. If you get off the bus, you will see the back gate of the apartment

right away. When you enter the back gate, there is a building on the right. My house is room 502 of that building.
If you are leaving from school, take bus number 171. Take the bus and get off at the "Front of Happy Apartment" station. When you get off the bus, there is a crosswalk. Cross the crosswalk and go straight, you will find the back gate of the apartment on your right.

Unit 7

Section 1. To extend your visa, you must have proof of enrollment.

다니엘: 비자를 연장하러 왔습니다.
Daniel: I'm here to extend my visa.
직원: 먼저 번호표를 뽑고 신청서를 쓰신 후에 순서가 되면 다시 오세요.
Clerk: Please take a number, fill out the application form, and come back when it is your turn.
다니엘: 신청서는 어디에 있어요?
Daniel: Where are the application forms?
직원: 저쪽 책상에 놓여 있습니다. 필요한 서류는 모두 준비하셨습니까?
Clerk: They are on the desk over there. Have you prepared all the necessary documents?
다니엘: 깜빡 잊어버리고 재학 증명서를 안 가져왔는데 나중에 갖다 드리면 안 될까요?
Daniel: I forgot to bring my certificate of enrollment. Can I bring it later?
직원: 비자를 연장하려면 재학 증명서가 반드시 있어야 합니다.
Clerk: Proof of enrollment is required for a visa extension.

문법

1. -어/아/여 있다

· Meaning and Usage
This is used with an action verb when expressing how some action has been completed and that the state of the sentence object resulting from said action is ongoing or is being continued.

· Form
'-아 있다' is used when the last syllable of the stem ends in 'ㅏ or ㅗ'. '-어 있다' is used when the last syllable of the stem ends in any other vowels(ㅓ, ㅜ, ㅡ, ㅣ). '-여 있다'(해 있다) is used when the stem ends in 하-.

Action verb stem ending	Combine with	Example
ㅏ, ㅗ	-아 있다	남아 있다, 와 있나
Other vowels (ㅓ, ㅜ, ㅡ, ㅣ)	-어 있다	붙어 있다, 열려 있다
하	-여 있다	도착해 있다

· Examples
고양이 밥그릇이 비어 있네요.
The cat's food bowl is empty.
책상 위에 교과서가 놓여 있었어요.
The textbook was on the desk.
가방에 무엇이 들어 있었어요?
What was in the bag?
미선 씨 방에 불이 켜져 있네요.
The lights are on in Miseon's room.

가: 미라 씨, 집이 좀 추워요.
A: Mira, your house is a bit cold.
나: 창문이 열려 있는데 닫을까요?
B: The windows are open. Should I close them?

가: 윤아야, 내 모자가 어디에 있지?
A: Yuna, where's my hat?
나: 저기 옷걸이에 걸려 있어.
B: It's hanging on the coat rack over there.

· Note
'-어/아/여 있다' cannot be used with a descriptive verb or transitive verb. It can only be used with either an intransitive verb or, in the case that the sentence does not have an object, with a passive verb.

2. -으려면/려면

· Meaning and Usage
Dividing the sentence into the part prior to and after '-으려면/려면', it is used with an action verb to express how what is described in the latter part is rhetorically required for what is described in the former part to happen. The former part usually depicts the sentence subject's intention or assumption regarding the future.

· Form
'-려면' is used when the action verb stem ends with a vowel or 'ㄹ' and '-으려면' is used when it ends with a

consonant.

Action verb stem ending	Combine with	Example
Consonant	-으려면	받으려면, 먹으려면
Vowel or ㄹ	-려면	만나려면, 살려면

· Examples

라면을 먹으려면 먼저 물을 끓이세요.
First boil some water if you want to eat ramen.
내일 늦게 일어나지 않으려면 일찍 자라.
Sleep early if you don't want to wake up late tomorrow.
잡채를 만들려면 고기와 채소를 사야 해요.
You have to buy meat and vegetables if you want to make japchae.
경복궁에 가려면 272번이나 708번 버스를 타세요.
Take Bus 272 or Bus 708 if you want to go to Gyeongbokgung Palace.

가: 한국말을 잘하고 싶어요.
A: I want to speak Korean well.
나: 한국말을 잘하려면 한국 친구를 사귀세요.
B: Make a Korean friend if you want to speak Korean well.

가: 이태원에 어떻게 가는지 알아요?
A: Do you know how to go to Itaewon?
나: 네, 이태원에 가려면 지하철 6호선을 타세요.
B: Yes, take subway Line 6 if you want to go to Itaewon.

· Note

The subject of the former and latter part are usually identical. A command, request, suggestion, or '-어야 하다' follows at the end of a sentence using '-으려면/려면'.

▶읽어 봅시다

저는 한국에 사는 동안 한국 사람도 많이 만나고 한국에 대해서 많이 배우고 싶었습니다. 그래서 한국 문화에 대해서 배울 수 있는 방법을 찾고 있었는데 얼마 전 서대문 구청의 문화 프로그램 광고를 봤습니다. 버스 정류장에 붙어 있는 그 광고에는 '전통 무용', '가야금', '떡 케이크 만들기' 같은 프로그램이 소개되어 있었습니다. 저는 아주 기뻐서 서대문 구청 평생 학습 센터에 직접 찾아갔습니다. 그곳의 프로그램은 한 달에 2만 원~6만 원 정도로 별로 비싸지 않았습니다. 배우고 싶은 것이 많았지만 제가 아직 한국말이 서투르기 때문에 우선 요가를 신청하기로 했습니다. 요가는 선생님 말씀을 잘 알아듣지 못해도 다른 학생을 보고 따라 할 수 있으니까 어렵지 않을 것 같았습니다.
제가 신청한 요가 프로그램은 화요일과 목요일 저녁에 한 시간씩 하는 수업입니다. 같이 요가를 배우는 아주머니들은 운동을 아주 재미있어하시는 것 같습니다. 그리고 이야기하는 것도 좋아하셔서 저에게 자주 말을 거십니다. 한국 사람이 취미로 많이 하는 요가를 배우면서 아주머니들과 여러 가지 이야기도 하니까 한국이 더 가까워지는 것 같습니다. 요가를 배운 후에는 한국의 전통문화도 배워 보고 싶습니다.
While living in Korea, I wanted to meet with many Koreans and learn a lot about Korea. I was looking for a way to learn about Korean culture, and recently saw an advertisement for a cultural program at Seodaemun-gu Office. The advertisement on the bus stop introduced programs like 'Traditional Dance,' 'Gayageum,' and 'Rice Cake Making.' I was so happy that I went directly to the Seodaemun-gu Office Lifelong Learning Center. The program there wasn't that expensive, at just 20,000 won ~ 60,000 won a month. Though there were many things I wanted to learn, my Korean is still poor, so I decided to sign up for yoga first. Even if I don't understand the yoga instructor very well, I thought it wouldn't be too difficult because I can observe other students and follow their lead.
The yoga program I applied to is an hour-long class on Tuesday and Thursday evenings. The ladies who learn yoga with me seem to enjoy exercising very much. They also like to talk, so they often strike up conversations with me. Learning yoga, a popular hobby among Koreans, and sharing various conversations with the ladies make me feel much closer to Korea. After learning yoga, I want to learn Korean traditional culture as well.

▶들어 봅시다

외국인 유학생을 위한 한국 생활 안내 두 번째 시간입니다. 오늘은 운전면허에 대해서 말씀드리겠습니다. 여러분이 고향에서 발급받은 국제운전면허증은 유효 기간이 1년이기 때문에 한국에 오래 살면서 운전을 하려면 한국에서 발급받은 운전면허증이 반드시 필요합니다. 운전면허를 따기 위해서는 크게 필기와 실기로 이루어진 네 과목의 시험을 모두 통과해야 합니다.
그리고 운전면허 시험에 합격해서 운전면허증을 발급받을 때에는 여권이나 외국인 등록증 그리고 증명사진이 필요합니다. 운전할 때는 항상 운전면허증을 가지고 다녀야 하며 필요에 따라 경찰에게 면허증을 보여 줘야 할 때도 있습니다. 그럼 한국에서 안전하고 즐겁게 운전하세요.
This is the second part of the Guide to Living in Korea for international students. Today, we will talk about the driver's license. An international driver's license issued from your home country is only valid for one year, so if you want to drive while living in Korea for longer durations, you must have a driver's license issued in Korea. To get your driver's license, you need to pass all four tests, which largely consist of written and performance-based(practical) tests.
When you get your license after passing the driver's license test, you need your passport or alien registration card, and an identification photo. You always need to carry your driver's license with you when you drive, and when necessary, show your license to the police.
That being said, drive safely and happily in Korea.

Unit 7

Section 2. How long will it take to make the card?

제임스 : 안녕하세요. 체크 카드를 만들고 싶어서 왔는데요.
James: Hello. I'm here to make a check card.
직원 : 네, 손님. 새로운 상품 중에 학생증으로도 쓸 수 있는 체크 카드가 있는데 그걸로 만들어 드릴까요? 핸드폰 앱만으로도 사용이 가능해서 카드를 따로 갖고 다니지 않으셔도 돼요.
Staff: Yes, sir. We have a new product that can be used as both a check card and a student ID. Would you like me to get you that one? It can be used with just a mobile app, so you won't need to carry a separate card.
제임스 : 그래요? 지갑에 카드를 여러 장 넣으니까 무거웠는데 잘됐네요.
James: Really? Carrying multiple cards in my wallet was getting heavy, so this is a relief.
직원 : 그럼 신분증을 주시고 네 자리 비밀번호를 지정해 주세요.
Staff: Then please give me your ID and specify a four-digit password.
제임스 : 네, 알겠습니다. 카드를 만드는 데 시간이 얼마나 걸릴까요?
James: Okay. How long will it take to make the card?
직원 : 하루나 이틀 정도 걸립니다. 그리고 새 카드가 나오면 전에 쓰시던 학생증은 더 이상 사용하실 수 없습니다.
Staff: It takes about a day or two. When you get your new card, the student ID you used before can no longer be used.

문법

1. -는 데

· Meaning and Usage

'-는 데' is suffixed to a verb. It is usually placed between two clauses. For the purpose of explanation, let (V) denote the prior clause and (O) denote the latter clause. Then, a sentence using '-는 데' roughly takes on the meaning of '(O) for the purpose of (V)'. Here, the latter clause (O) can describe anything including some concrete entity, a point in time or time frame, or a situation. '-는 데' itself can be suffixed with the particle '에,' but this is not required.

· Examples

이 딸기는 케이크를 만드는 데 쓰려고 산 거예요.
I bought these strawberries to make a cake.
통화하는 데 방해가 되니까 떠들지 말고 좀 조용히 해 줘.
Please be quiet and stop making so much noise, it's interfering with my phone call.
자기 전에 따뜻한 우유를 마시면 깊은 잠을 자는 데 도움이 됩니다.
Drinking warm milk before bed can help you sleep better.
인터넷의 발달은 세계를 하나의 지구촌으로 만드는 데 중요한 역할을 하였다.
The development of the internet played an important role in turning the world into a singular globality.

가: 부산까지 가는 데 얼마나 걸렸어요?
A: How long did it take to get to Busan?
나: 집에서 기차역까지 가는 데 30분, KTX로 부산 역까지 2시간 30분 걸렸어요.
B: It took 30 minutes to get to the train station from my house, and 2 hours and 30 minutes to Busan station by KTX.

가: 기숙사에서 지내는 데 불편한 건 없어요?
A: Is there anything inconvenient about living in the dormitory?
나: 다른 건 괜찮은데 화장실이 좀 멀어서 불편해요.

B: Everything is fine, but the bathroom is a little far, which is inconvenient.

2. -던

· Meaning and Usage

This is used with an action or descriptive verb to express a memory of an event, action, or state that continued for a specified amount of time in the past. It is also used when describing an uncompleted event or action of the past that was interrupted. A noun that is related to whatever is described prior to '-던' follows it.

· Examples

동생이 먹던 빵을 제가 다 먹었어요.
I finished the bread my younger sibling had eaten.
이건 누가 마시던 커피예요?
Whose unfinished coffee is this?
이 노래는 내가 어렸을 때 자주 부르던 노래야.
This is a song that I used to sing a lot when I was young.
그 식당은 대학교 때 친구들과 자주 가던 식당이에요.
That restaurant is the place my friends and I visited often when we were in college.

가: 여기 있는 물을 제가 마셔도 돼요?
A: May I drink this water over here?
나: 그 물은 제가 마시던 물인데요.
B: That's the water I was drinking.

가: 이 옷은 새로 산 거야?
A: Were these clothes newly bought?
나: 아니, 언니가 입던 옷인데 나한테 줬어.
B: No, my sister used to wear them, but she gave them to me.

▶읽어 봅시다

저는 어제 통장하고 체크 카드를 만들려고 학교에 있는 은행에 갔어요. 고향에서 쓰던 신용 카드로 한국에서 결제가 안 될 때도 있어서 그동안 좀 불편했어요.
은행 안은 사람이 많아서 다소 복잡했어요. 제가 번호표를 뽑아야 하는 것을 모르고 그냥 창구 앞에 서서 기다리니까 은행 안내원이 번호표를 뽑아서 저에게 줬어요. 번호표를 보니까 제 앞에 기다리는 사람이 스무 명쯤 있었어요. 기다리는 것이 지루할 것 같았는데 기다리는 동안 잡지도 보고 텔레비전 뉴스도 보니까 시간이 빨리 갔어요. 의자에 앉아서 잡지를 보다가 직원이 제 번호를 불러서 창구로 갔어요.
통장과 체크 카드를 만드는 데 외국인 등록증이 필요한데 저는 외국인 등록증을 안 가지고 갔어요. 은행 직원은 친절하게 "외국인 등록증이 없으면 학생증과 여권을 보여 주세요." 하고 말했어요. 저는 학생증과 여권을 보여 줬어요. 그리고 서류에 이름과 연락처를 쓰고 서명했어요. 조금 기다리니까 통장과 체크 카드가 모두 나왔어요.
저는 한국말을 못해서 걱정했는데 쉽게 통장과 카드를 만들 수 있어서 기분이 좋았어요. 직원이 친절하고 일을 생각보다 빨리 처리해 줬어요. 한국의 은행은 서비스가 좋은 것 같아요.
I went to the bank at school yesterday to open a bank account and make a check card. There have been times when I couldn't make a payment in Korea with the credit card I used back home, so it has been a bit inconvenient.
It was a little complicated because there were many people in the bank. I didn't know I had to get a number, so I just stood in front of the counter and waited until the bank assistant pulled out a number and handed it to me. Looking at the ticket, I could see that there were about 20 people waiting in front of me. I thought waiting would be boring, but time went by quickly because I read magazines and watched the news on television. I was sitting on a chair and reading a magazine, then the bank teller called my number, so I went to the counter.
To make bankbooks and check cards customers need an alien registration card, but I didn't bring mine with me. The bank teller kindly said, "If you don't have your alien registration card, please show your student ID and passport." I showed them my student ID and passport. I wrote my name and contact information on the document and signed it. After waiting a while, both my bankbook and check card were handed to me.
I was worried because I couldn't speak Korean well, but it felt good to be able to easily make a bankbook and card. The employee was friendly and handled the matter faster than I expected. I think Korean banks have good service.

▶들어 봅시다

1 조회하실 카드를 넣으십시오.
비밀번호 네 자리를 누르십시오.
처리 중입니다. 잠시만 기다려 주십시오.
잔액을 확인하십시오.
카드를 받으십시오. 감사합니다.
1 Please insert the card you wish to check.

Enter your four-digit PIN number.
Processing. Please wait a moment.
Please check your balance.
Please collect your card. Thank you.

2 카드 또는 통장을 넣으십시오.
비밀번호 네 자리를 누르십시오.
원하시는 금액을 누르십시오.
찾으시려고 하는 금액이 맞습니까?
지금 처리 중입니다. 잠시만 기다려 주십시오.
명세 표를 받으시겠습니까?
카드(통장)와 명세 표를 받으시면 현금이 나옵니다. 감사합니다. 또 이용해 주십시오.

2 Please insert your card or bankbook.
Enter your four-digit PIN number.
Enter the desired amount.
Is the amount you want to withdraw correct?
Processing now. Please wait a moment.
Would you like to receive a transaction receipt?
Cash will be dispensed when you receive your card(bankbook) and receipt. Thank you. Please use our services again.

Unit 8

Section 1. Why don't you call her and ask where she is.

다니엘: 리사같이 약속 시간을 잘 지키는 애가 왜 아직도 안 오지?
Daniel: Why hasn't a punctual person like Lisa come yet?
제임스: 내가 아까 문자 메시지를 보냈는데 답장이 없네. 네가 전화해서 어디쯤 왔냐고 물어봐.
James: I sent her a text message earlier, but there's no reply. Why don't you call her and ask where she is.
다니엘: 잠시만.
Daniel: Just a moment.

..... 잠시 후....
..... After a while....

제임스: 뭐라고 해?
James: What did she say?
다니엘: 오다가 길이 미끄러워서 넘어졌다고 하네. 하마터면 심하게 다칠 수도 있었는데 옆 사람이 잡아 줘서 괜찮다고 해.
Daniel: She said she fell on the way because the road was slippery. She could have been seriously injured, but the person next to her caught her, so she's okay.
제임스: 아이고, 다행이네. 그래도 오늘 모임에는 오지 말고 집에 가서 쉬라고 하는 게 좋겠다.
James: Oh, thank goodness. Still, we'd better tell her to go home and rest instead of coming to the meeting today.

문법

1. -는다고/ㄴ다고/다고 하다

· Meaning and Usage

This is used with an action or descriptive verb and is used to indirectly relay information that the speaker has heard from another person.

· Form

'-ㄴ다고 하다' is used when the action verb stem ends with 'ㄹ' or a vowel and '-는다고 하다' is used when it ends with a consonant. '-다고 하다' is used after a descriptive verb stem.

Action or descriptive verb stem ending	Combine with	Example
Consonant (action verb)	-는다고 하다	먹는다고 하다, 입는다고 하다
Vowel, ㄹ (action verb)	-ㄴ다고 하다	공부한다고 하다, 산다고 하다
Descriptive verb	-다고 하다	작다고 하다, 친절하다고 하다

· Examples

에릭이 선생님께 날마다 한국어 신문을 읽는다고 했습니다.
Eric told his teacher that he reads the Korean newspaper every day.
유키가 한국의 날씨는 일본과 비슷하다고 해요.
Yuki says that the weather in Korea is similar to that of Japan.
존이 먹고 싶은 음식은 중국 음식이라고 해.
John says that the food he wants to eat is Chinese food.
어제 어머니께서 저에게 여름옷을 부쳤다고 하셨어요.
My mother told me she sent me my summer clothes yesterday.

가: 리타오도 오늘 저녁 모임에 와요?
A: Is Letao coming to the meeting tonight?
나: 네, 리타오한테서 연락이 왔는데 리타오도 오늘 모임에 온다고 했어요.
B: Yes, I got a call from him and he said that he

was coming tonight.

가: 노라 씨가 등산을 갈까?
A: Will Nora go hiking?
나: 노라 씨는 등산을 가지 않는다고 했어.
B: Nora said that she would not go hiking.

· Note
The negative form for action verbs is '-지 않는다고 하다' and the negative form for descriptive verbs is '-지 않다고 하다'. If it is combined with a noun, you use 'N이라고/라고 하다' and the negative form is 'N이/가 아니라고 하다'.

2. -냐고 하다

· Meaning and Usage
This is used with an action or descriptive verb when the speaker tries to indirectly relay a question that they have heard from someone to another person.

· Examples
동생이 저에게 몇 시까지 수업을 듣냐고 했어요.
My younger sister asked me what time my class was over.
아버지께서 저에게 요즘 많이 바쁘냐고 물으셨어요.
My father asked me if I was very busy these days.
사무실 직원이 존 씨에게 전화번호가 몇 번이냐고 했어요.
The office worker asked John what his telephone number was.
한국에 오기 전에 무슨 일을 했냐고 저에게 물어보는 사람들이 많아요.
There are a lot of people who ask me what kind of work I did before I came to Korea.

가: 에릭한테 주말에 소풍을 갈 수 있냐고 물어봤어?
A: Did you ask Eric if he was able to go on a picnic over the weekend?
나: 응, 에릭도 주말에 소풍을 갈 수 있다고 했어.
B: Yes, Eric said he could go on a picnic over the weekend.

가: 유키 씨가 뭐라고 했어요?
A: What did Yuki say?
나: 유키 씨가 저에게 불고기를 어떻게 만드냐고 했어요.
B: Yuki asked me how to make bulgogi.

· Note
'-느냐고 하다' is used with action verbs including '있다' and '없다'. '-으냐고 하다' can be used when the descriptive verb stem ends with consonants except for 'ㄹ'.

3. -으라고/라고 하다

· Meaning and Usage
This is used with an action verb and is used when the speaker tries to indirectly relay a command from someone to another person.

· Form
'-라고 하다' is used when the action verb stem ends with a vowel or 'ㄹ' and '-으라고 하다' is used when it ends with a consonant.

Action verb stem ending	Combine with	Example
Consonant	-으라고 하다	먹으라고 하다, 읽으라고 하다
Vowel, ㄹ	-라고 하다	만나라고 하다, 만들라고 하다

· Examples
레오 씨가 반 친구들에게 집들이에 꼭 오라고 해요.
Leo says his classmates must come to his housewarming party.
부모님께서 저에게 건강을 조심하라고 하셨어요.
My parents told me that I should take care of my health.
내가 동생에게 아이스크림을 사 가지고 오라고 했어.
I told my younger sibling to buy ice cream and come over.
의사 선생님이 저에게 담배를 피우지 말라고 하셨어요.
The doctor told me to not smoke cigarettes.

가: 노라한테 전화할 거야?
A: Are you going to call Nora?
나: 응, 노라가 나한테 전화하라고 했어.
B: Yes, Nora told me to call her.

가: 경찰이 뭐라고 해요?
A: What does the police officer say?
나: 저쪽에 있는 횡단보도로 건너라고 해요.
B: He says to cross the street at that crosswalk over there.

▶읽어 봅시다
저와 지민이는 단짝 친구입니다. 지민이는 아침에 일어나면 저부터 찾습니다. 저는 매일 아침 지민이가 좋아하는 노래를 불러서 지민이를 깨웁니다.
지민이는 언제 어디서나 항상 저와 함께 있고 싶어 합니다. 제가 옆에 없으면 불안해합니다. 우리는 언제나 손을 잡고 다닙니다. 그리고 지민이는 저와 함께 음악을 듣고 동영상을 보는 것을 좋아합니다. 우리는 같이 게임도 자주 합니다.
그런데 지민이가 자꾸 저한테 똑같은 것을 물어봐서 좀 귀찮을 때도 있습니다. 시험 날짜가 언제냐고 묻고, 윤아와의 약속 장소에 어떻게 가냐고 묻고, 카페에서 나오는 노래가 뭐냐고 묻습니다. 제가 친절하게 다 가르쳐 주니까 지민이는 그런 것들을 외우려고 하지 않는 것 같습니다.
하지만 이렇게 생각하기를 싫어하는 지민이가 제 생각은 정말 많이 해 줍니다. 지난주에는 저한테 멋있는 새 옷을 사 주었습니다. 그래서 저도 다음 달 지민이 생일에 축하 메시지도 보내고 커피도 사 주려고 준비하고 있습니다.
여러분, 저와 지민이가 부럽죠?
Jimin and I are best friends. She looks for me first thing in the morning. Every morning I wake her up by singing her favorite song.
Jimin wants to be with me anytime, anywhere. She gets anxious when I am not by her side. We always walk hand in hand. Jimin likes to listen to music and watch videos with me. We also often play games together.
But there are times when Jimin keeps asking me the same thing, which can get a bit annoying. She asks me about exam dates, how to get to the place where she arranged to meet Yoona at, and what songs are playing at the cafe. Because I kindly tell her about everything, Jimin doesn't seem to be trying to memorize any of those things.
However, the same Jimin who, evidently, hates having to think about things, thinks about me a lot. Last week, she bought me a cool new outfit. So, I'm thinking of sending her a birthday message and buying her coffee for her birthday next month.
Are you all envious of us yet?

▶들어 봅시다

1
여자: 영수야, 지금 어디니?
영수: 버스에서 내려서 걸어가고 있어. 5분만 더 기다려 줘.
여자: 알았어. 빨리 와.
영수: 다른 친구들은 모두 왔어?
여자: 그래. 네가 도착하면 바로 출발할 거야.
1
Woman: Youngsoo, where are you?
Youngsoo: I got off the bus and am walking. Please wait 5 more minutes.
Woman: Okay. Come quick.
Youngsoo: Have all our other friends arrived?
Woman: Yes. We're leaving as soon as you arrive.
2
제니: 민철아, 지금 뭐 해?
민철: 텔레비전을 보면서 커피를 마시고 있어. 제니 너는?
제니: 난 일이 아직 안 끝나서 집에 못 가고 있어. 아직 사무실이야.
민철: 금요일인데 빨리 끝내고 가.
제니: 알았어. 그럼 잘 쉬어.
2
Jenny: Mincheol, What are you doing?
Mincheol: Watching television while drinking coffee. What about you, Jenny?
Jenny: I can't go home because I haven't finished my work yet.
Mincheol: It's Friday. Finish quickly and go.
Jenny: All right. Take care and rest well.
3
아버지: 윤아야, 잘 지내니?
윤아: 네, 아버지. 요즘 건강은 어떠세요?
아버지: 괜찮다. 서울은 춥지? 요즘 감기가 유행이라고 하니까 조심해라.
윤아: 네, 걱정하지 마세요. 어머니께도 안부 전해 주세요.
3
Father: Yoona, how are you?
Yoona: I'm fine, father. How is your health these days?
Father: It's okay. Is it cold in Seoul? They say the cold seems to be spreading these days, so be careful.
Yoona: Yes, don't worry. Say hello to mother for me.

Unit 8

Section 2. Do you want to come to the baseball game with us?

리사: 여보세요? 수영아, 웬일이야?
Lisa: Hello? Sooyoung, what's up?
수영: 엠마가 이번 주 수요일 저녁에 잠실 경기장에서 열리는 야구 시합을 보러 가자고 하는데 같이 갈래?
Sooyoung: Emma wants to go to a baseball game this Wednesday evening at Jamsil Stadium. Do you want to come with us?

리사: 정말? 나도 그 경기를 보고 싶어서 티켓을 알아봤는데 매진돼서 살 수가 없었어.
Lisa: Really? I wanted to see the game too, but couldn't buy any tickets because they were all sold out.
수영: 엠마가 연세 자동차에서 일하는 친척한테 미리 표를 구해 달라고 부탁했어.
Sooyoung: Emma asked a relative who works at Yonsei Motors to get her tickets in advance.
리사: 우와, 대단하다! 나는 연세 팬이어서 유니폼도 있어. 연세 선수가 친 홈런 볼을 받는 게 소원이야.
Lisa: Wow, that's great! I'm a Yonsei fan, so I even have their uniform. I dream of catching a home run ball hit by a Yonsei player.
수영: 잘됐네. 그럼 수요일에 잠실에서 봐. 그날 경기장 근처가 많이 붐빌 것 같으니까 도착해서 연락하기로 하자.
Sooyoung: Good. Then see you at Jamsil on Wednesday. The area around the stadium might be very crowded that day, so let's contact each other once we arrive.

문법

1. -자고 하다

· Meaning and Usage

This is used with an action verb when the speaker tries to indirectly relay a suggestion they heard from someone else to another person.

· Examples

윤아 씨가 방학을 하면 저하고 같이 여행을 가자고 했습니다.
Yuna suggested we go on a trip together once the vacation starts.
친구가 저에게 이번 주말에 같이 고향 음식을 만들어서 먹자고 했어요.
My friend suggested that we make our hometown food together and eat it this weekend.
룸메이트가 방이 더러우니까 같이 청소하자고 했어요.
My roommate suggested that we clean the room together because it is dirty.
에릭 씨가 내일은 일찍 출근해야 하니까 오늘 저녁에 술을 마시지 말자고 했어요.
Eric suggested not to drink alcohol tonight because we have to go to work early tomorrow.

가: 반 친구들을 만나러 갈 거예요?
A: Are you going to meet your classmates?
나: 네, 친구들이 한 시에 신촌에서 만나자고 했어요.
B: Yes, my friends suggested meeting at one o'clock at Sinchon.

가: 리타오, 존이 뭐라고 해?
A: Letao, what did John say?
나: 수업이 끝나고 같이 수영하자고 해.
B: He suggested that we go swimming after class.

2. -어/아/여 달라고(주라고) 하다

· Meaning and Usage

This is used with an action verb and can be considered a variation of '-으라고/라고 하다'. '-어/아/여 달라고(주라고) 하다' is used when the speaker tries to indirectly relay a command from someone to another person. The difference between '-어/아/여 달라고(주라고) 하다' and '-으라고/라고 하다' is mainly a difference of form, with '-어 주다' or a conjugation of it being included with '-어/아/여 달라고(주라고) 하다'.

· Form

'-아 달라고 하다' is used when the action verb stem ends with 'ㅏ, ㅗ', '-어 달라고 하다' is used when it ends with the other vowels 'ㅓ, ㅜ, ㅡ, ㅣ', and '-여 달라고 하다'(해 달라고 하다) is used when it ends with 하-.

Action verb stem ending	Combine with	Example
ㅏ, ㅗ	-아 달라고 하다	깎아 달라고 하다, 도와 달라고 하다
Other vowels (ㅓ, ㅜ, ㅡ, ㅣ)	-어 달라고 하다	써 달라고 하다, 빌려 달라고 하다
하	-여 달라고 하다 (해 달라고 하다)	노래해 달라고 하다

· Examples

올리비아 씨가 가게 주인에게 옷값을 깎아 달라고 합니다.
Olivia asks the clothes shop owner to give her a discount on the price of the clothes.
아이가 엄마에게 빵을 만들어 달라고 해요.
The child asks his mother to make him some bread.
어머니께서 형에게 아버지를 도와드리라고 하셨어요.
My mother asked my older brother to help my father.
언니가 저한테 우산이 없는 친구에게 우산을 빌려주라고 해요.
My older sister tells me to lend an umbrella to my friend who doesn't have one.

가: 노라 씨가 한국 노래를 배우고 싶어 해요?
A: Does Nora want to learn Korean songs?
나: 네, 저에게 한국 노래를 가르쳐 달라고 했어요.
B: Yes, she asked me to teach her Korean songs.

가: 레오 씨, 부인이 무슨 말씀을 자주 하세요?
A: Leo, what does your wife tell you often?
나: 저에게 아이하고 많이 놀아 주라고 해요.
B: She tells me to play with our child a lot.

· Note

For the sake of explanation, consider how a sentence using '-어/아/여 달라고(주라고) 하다' implies rhetorically that there must be someone who gave a command, someone who is being given a command (both of which cannot be the speaker themselves), and potentially another party (including, in this case, possibly the speaker) that would gain or lose from that command being fulfilled. Now, talking strictly about commands where the party being commanded is directed to give something helpful to another party; '-어/아/여 달라고 하다' is used if that command were to be helpful to the speaker themselves - that is, if the speaker were on the receiving end of that helpful command, while '-어/아/여 주라고 하다' is used if that command were to be helpful to some other party that is not the speaker - that is, if the speaker were not on the receiving end of that helpful command. The indirect expression of '~을/를 주다' is written as '~을/를 달라고(주라고) 하다.'

▶읽어 봅시다

저는 한국에 온 지 한 달쯤 됐습니다. 유학 생활이 재미있기는 하지만 가끔 외로울 때가 있습니다.
저는 외로울 때마다 휴대 전화로 부모님과 영상 통화를 합니다. 소리도 깨끗하게 들리고 부모님 얼굴도 잘 보여서 부모님께서 바로 제 옆에 계시는 것 같습니다. 한국 생활이 힘들거나 부모님이 보고 싶을 때 영상 통화를 하면 기분이 좋아집니다. 부모님은 저의 한국 생활에 대해서 궁금해하십니다. 항상 저에게 어떻게 지내냐고 하시고 필요한 것은 없냐고 물어보십니다. 그리고 자주 연락해 달라고 하십니다.
얼마 전에 저는 몸이 많이 아팠습니다. 어머니께서 제 모습을 보고 걱정하실 것 같아서 화장하고 통화를 했는데 어머니 얼굴을 보니까 갑자기 눈물이 났습니다. 어머니가 저를 보고 왜 우냐고 하셔서 저는 너무 보고 싶어서 운다고 했습니다. 울고 있는 저를 보고 어머니도 같이 우셨습니다. 저는 그때 이번 방학에 고향에 갈 거라고 말씀드렸습니다. 어머니는 제가 고향에 가면 맛있는 음식을 많이 만들어 먹자고 하셨습니다. 빨리 방학이 돼서 부모님을 만났으면 좋겠습니다.
It's been about a month since I came to Korea. Studying abroad is fun, but sometimes it can get lonely.
Whenever I feel lonely, I make video calls to my parents on my cell phone. I can hear clearly and see my parents' faces very well, so it's as if my parents are right next to me. When life in Korea gets difficult or I miss my parents, I feel better when I make video calls. My parents are curious about my life in Korea. They always ask how I'm doing and if I need anything. They also ask me to keep in touch frequently.
Recently, I was very sick. I thought my mother might worry when she sees me, so I called after putting on makeup. But when I saw my mother's face, I suddenly burst into tears. She asked me why I was crying and I told her it was because I missed her so much. Once she saw me crying, my mother also started to cry with me. At that moment, I told her I'll be visiting my hometown this vacation. My mother said that when I get back home, we'll make lots of delicious food together. I hope I can meet my parents on vacation soon.

▶들어 봅시다

1
(삐~) 제임스 씨, 한국어 선생님이에요.
오늘 왜 학교에 안 왔어요?
무슨 일이 있는 건 아니지요?
내일 시험 장소가 325호로 바뀌었어요. 이 메시지를 들으면 저에게 문자 메시지를 보내 주세요.
1
(Beep~) James, this is your Korean teacher.
Why didn't you come to school today? Is there anything wrong?
The location for tomorrow's test has been changed to room 325. If you hear this message, please send me a text.
2
(삐~) 서준아, 나 윤아야.
토요일에 제임스 생일 파티가 있는 거 알지?
이따가 수지하고 백화점에 선물을 사러 갈 거야.
너도 선물 사러 같이 가고 싶으면 연락해.
아니면 내일 수지한테 만 원을 줘.
2
(Beep~) Seojoon, this is Yoona.
You know Jame's birthday party is on Saturday,

right?
Suzy and I am going to buy a present at the department store later.
Contact me if you want to go shopping with us.
Or give Suzy 10,000 won tomorrow.

3
(삐~) 민수야, 엄마다.
수업 중이니? 전화를 안 받네.
날씨가 추워져서 겨울옷을 좀 보냈다.
다음 주쯤 도착할 것 같은데 받으면 전화해 줘.

3
(Beep~) Minsu, it's your mother.
Are you in class? You're not answering the phone.
I sent you some winter clothes because it's getting chilly.
I think they'll arrive around next week. Please call me when you get them.

Unit 9

Section 1. It's annoying to have to trim it every day before work.

미용사: 머리를 어떻게 해 드릴까요? 원하시는 스타일을 말씀해 주세요.
Hairdresser: How would you like your hair done? Tell me what style you want.
리사: 끝만 살짝 다듬어 주세요. 날마다 손질하기가 귀찮거든요.
Lisa: Just trim the ends a bit, please. It's annoying to have to trim it every day.
미용사: 제가 보기에는 검정색보다 밝은색 머리가 더 잘 어울리실 것 같은데 염색해 보신 적이 있으세요?
hairdresser: I think you'd look better with bright hair than black. Have you ever dyed it?
리사: 대학교 1학년 때 초록색으로 염색했었는데 너무 안 어울려서 그 후로는 전혀 염색을 안 했어요.
Lisa: I dyed my hair green when I was a freshman in college, but it didn't suit me at all, so I haven't dyed it at all since.
미용사: 이번에는 갈색으로 염색해 보세요. 후회하지 않으실 거예요.
Hairdresser: Try dyeing it brown this time. You won't regret it.
리사: 그럴까요? 그럼 선생님 의견대로 한번 해 볼게요.
Lisa: Is that so? Then I'll follow your suggestion and give it a try.

문법

1. -거든요

· Meaning and Usage

This is used with an action or descriptive verb. Usage of '-거든요' requires the speaker to have already made some statement regarding anything in a sentence prior to the one using '-거든요'. In this context, '-거든요' is used when the speaker wishes to expand on their reasoning or thoughts regarding their prior statement. Additionally, it may also be used when responding to a question directed towards the speaker.

· Examples

누리 씨는 학교에서 인기가 많아요. 노래를 아주 잘하거든요.
Nuri is very popular at school because she is a good singer.
저는 보통 대한 마트에서 쇼핑을 해요. 물건 값이 싸거든요.
I usually shop at Daehan Mart because the products are cheaper there.
오늘은 정말 쉬고 싶어요. 몸살감기가 심하거든요.
I really just want to rest today because I have a terrible cold and body aches.
이번 주말에는 못 만나요. 친구들과 놀이공원에 가기로 했거든요.
I can't make it this weekend because I'm going to the amusement park with my friends.

가: 케빈 씨, 무슨 일이 있어요?
A: Is something the matter, Kevin?
나: 여자 친구가 화가 많이 났어요. 제가 약속을 어겼거든요.
B: My girlfriend is really mad because I broke a promise.

가: 미선 씨, 오늘 아주 피곤해 보여요. 어디 아파요?
A: Miseon, you look so tired today. Are you feeling unwell?
나: 어제 두 시간밖에 못 잤거든요. 빨리 집에 가서 쉬고 싶어요.
B: It's because I only slept two hours last night. I want to quickly go home and get some rest.

2. -었었/았었/였었-

· Meaning and Usage

This is used with an action or descriptive verb when either making a statement regarding anything that is different now as compared to the past, or when talking about a temporary action that has already been completed in the past and is not continued at the point of speaking.

· Form

'-았었-' is used when the last syllable of the stem ends in 'ㅏ or ㅗ'. '-었었-' is used when the last syllable of the stem ends in any other vowels(ㅓ, ㅜ, ㅡ, ㅣ). '-였었-'(했었-) is used when the stem ends in 하-.

Action or descriptive verb stem ending	Combine with	Example
ㅏ, ㅗ	-았었-	작았었-, 왔었-
Other vowels (ㅓ, ㅜ, ㅡ, ㅣ)	-었었-	먹었었-, 컸었-
하	-였었-	일했었-

· Examples

작년 여름에 제주도에 갔었어요.
I went to Jeju Island last summer.
한국에 오기 전에는 한국말로 인사도 못 했었어요.
Before coming to Korea, I couldn't even say basic Korean greetings.
어렸을 때는 제가 친구들보다 키가 컸었는데 지금은 제일 작아요.
When I was younger, I was taller than my friends, but now, I'm the shortest.
지난주가 휴가였었는데 아파서 여행을 못 갔어요.
Last week was my vacation, but I couldn't go on a trip because I was sick.

가: 이번 주말에 여자 친구와 놀이공원에 갈 거예요.
A: I'm planning to go to the amusement park with my girlfriend this weekend.
나: 저도 지난 주말에 갔었는데 날씨가 좋아서 놀기 좋았어요.
B: I went last weekend, and the weather was so nice and perfect for playing.

가: 매운 음식을 잘 드시네요.
A: You eat spicy foods well.
나: 처음 한국에 왔을 때는 잘 못 먹었었는데 지금은 아주 좋아해요.
B: When I first came to Korea, I couldn't eat it, but now, I really like it.

▶읽어 봅시다

1
집에서 하는 나만의 스타일링!
파마머리도 염색 머리도,
건강하게 말려 드립니다.
미용실에 가지 않아도,
뒷머리까지 깔끔하게 1) (   )어/아/여 드립니다.
1
Do your own styling at home!
Whether your hair is permed or colored,
It'll blow-dry your hair in a healthy way.
Even if you don't go to the hair salon,
It'll 1) (   ) the back of your hair neatly.

2
부드럽고 깨끗하게 2) (   )고,
피부는 건강하게 지키세요!
바쁜 아침에 빠르게 충전해서 사용하고,
손쉽게 씻어서 관리하세요!
2
2) (   ) smoothly and cleanly, and keep your skin healthy!
Charge it quickly on busy mornings, and maintain it easily by washing it!

▶들어 봅시다

윤아: 난 요즘 피부가 나빠져서 고민인데 수지 너는 어떻게 그렇게 항상 얼굴이 깨끗해? 화장도 많이 안 해도 되고 부럽다.
수지: 나도 어렸을 때는 피부가 안 좋았었는데 세수 방법을 바꾼 후부터 피부가 좋아졌어. 몇 년 전에 인터넷에서 세수만 잘해도 피부가 좋아진다고 하는 글을 봤거든. 그때부터 그 글에서 알려 준 대로 세수를 했는데 정말로 피부가 깨끗해진 것 같아.
윤아: 그래? 피부에 좋은 세수 방법이 따로 있어?
수지: 응. 무엇보다도 너무 뜨겁지도 차지도 않은 물로 세수를 하는 게 피부에 좋다고 해. 그리고 비누 거품을 많이 내서 오랫동안 씻는 게 중요해.
윤아: 앞으로는 나도 그 방법으로 하루에 세 번 이상 세수를 해야겠다.
수지: 아, 그런데 너무 자주 세수를 하는 것도 피부에 좋지 않다고 해. 아침하고 저녁, 이렇게 하루에 두 번만 하면 돼. 그리고 아침에 세수를 할 때는 비누를 사용하지 않고 물로만 씻어도 돼.
윤아: 와! 꼭 그렇게 해 볼게. 가르쳐 줘서 고마워!
Yoona: I'm worried about my skin getting worse these days. Suzy, how do you always have such a clean face? I envy you for not having to put on a lot of makeup.
Suzy: I also had bad skin when I was younger, but it got better after I changed the way I wash my face. A few years ago, I saw an article on the internet saying that you can improve your skin just by washing your

face. Since then, I have washed my face as instructed in the article, and my skin has really gotten cleaner.
Yoona: Really? Is there a specific method to washing your face that's good for the skin?
Suzy: Yes. Above all, it is said that washing your face with water that is neither too hot nor cold is good for your skin. It's also important to make a lot of soap bubbles and wash for a long time.
Yoona: From now on, I'm going to wash my face using that method at least three times a day.
Suzy: Oh, but they say washing your face too often is also not good for your skin. Just do it twice a day, morning and evening. When you wash your face in the morning, you can just wash it with water without using soap.
Yoona: Wow! I will definitely try that. Thanks for teaching me!

Unit 9

Section 2. I want to get my phone fixed because it keeps turning off.

▶본문

식원 : 어서 오십시오. 고객님. 무엇을 도와 드릴까요?
Employee: Welcome, madam. How may I help you?
리사 : 휴대 전화가 자꾸 꺼져서 수리를 받고 싶어요.
Lisa: My cell phone keeps turning off, so I want to get it repaired.
직원 : 제가 좀 살펴보겠습니다. 구입한 지 얼마나 되셨어요?
Employee: Let me take a look. How long has it been since you bought it?
리사 : 일 년 조금 넘었습니다.
Lisa: It's been a little over a year.
직원 : 이런 경우는 어댑터 연결 문제일 수도 있고 배터리 문제일 수도 있어요.
Employee: In this case, it could be an adapter connection problem or a battery problem.
리사 : 정품이 아닌 어댑터를 사용했는데 그것 때문일까요?
Lisa: I used an adapter that's not authentic. Could it be because of that?
직원 : 그럴 수도 있습니다. 어댑터는 정품으로 사용하셔야지요.
Employee: It could be. You should use certified adapters.

문법

1. 피동 Passive Voice

· Meaning and Usage

The passive voice(피동) is used when a movement or action takes place naturally, or regardless of intent, as a result of an external force. A passive verb is a verb that transforms a clause into the passive voice.

· Form

The passive voice takes the form of an action verb stem followed by '-이-, -히-, -리-, -기-', '-어지다'.

-이-	보이다, 쌓이다, 놓이다, 쓰이다, 바뀌다
-히-	닫히다, 잡히다, 찍히다, 꽂히다, 먹히다
-리-	들리다, 열리다, 걸리다, 팔리다, 물리다, 풀리다
-기-	끊기다, 씻기다, 쫓기다, 안기다, 뺏기다
-어지다	꺼지다, 켜지다, 깨지다, 찢어지다

· Examples

올리비아 씨 집에서는 학교가 잘 보여요.
The school can be seen from Olivia's house.
도둑이 경찰에게 잡혔어요.
The thieves were caught by the police.
미라 씨와 통화하고 있었는데 갑자기 전화가 끊겼어요.
I was talking to Mira on the phone when the phone suddenly got cut off.
핸드폰이 고장 난 것 같아요. 버튼을 눌러도 켜지지 않아요.
I think the cell phone is broken. Even if I push the button, it doesn't turned on.

가: 제 이야기가 잘 들리세요?
A: Can you hear me?
나: 잘 안 들려요. 좀 더 크게 말씀해 주세요.
B: I can't hear you clearly. Please speak louder.

가: 미라야, 공책이 바뀌었어. 여기 이게 네 공책이야.
A: Mira, our notebooks were switched. Here's your notebook.
나: 그래? 공책이 똑같아서 바뀐 걸 몰랐어.
B: Really? The notebooks are the same, so I didn't even know they were switched.

2. -어야지요/아야지요/여야지요

· Meaning and Usage

This is used with an action verb when expressing that some action is necessary.

· Form

'-아야지요' is used when the last syllable of the stem ends in 'ㅏ or ㅗ'. '-어야지요' is used when the last syllable of the stem ends in any other vowels(ㅓ, ㅜ, ㅡ, ㅣ). '-여야지요'(해야지요) is used when the stem ends in 하-.

Action verb stem ending	Combine with	Example
ㅏ, ㅗ	-아야지요	가야지요, 봐야지요
Other vowels (ㅓ, ㅜ, ㅡ, ㅣ)	-어야지요	웃어야지요, 쉬어야지요
하	-여야지요	출발해야지요

· Examples

약속을 했으면 지켜야지요.
If you make a promise, you need to keep it.
담배는 밖에 나가서 피워야지.
You need to smoke outside.
두 시까지 도착하려면 지금 출발해야지요.
You need to leave now if you want to arrive by 2 p.m.
산에 올라갈 때는 불편한 신발을 신지 말아야지.
You can't wear uncomfortable shoes when climbing a mountain.

가: 요즘 회사 일 때문에 잠을 못 자서 너무 피곤해.
A: I'm so tired these days. I don't get much sleep because we're so busy at work.
나: 일이 많아도 무리하지 말고 좀 쉬어야지.
B: Even if you're busy, you shouldn't overdo it. You need to rest.

가: 영수 씨가 저에게만 한 이야기를 실수로 다른 사람에게 말했어요.
A: I accidentally spilled the beans on the secret that Yeongsu only shared with me.
나: 비밀 이야기는 다른 사람에게 말하지 말았어야지요.
B: You shouldn't tell others a secret (that's been told to you).

· Note

If the sentence subject is in the first person, '-어야지요/아야지요/여야지요' is used to express what one is personally determined about. On another note, if '-어야지요/아야지요/여야지요' is used with a descriptive verb describing some quality of a person or a thing, the sentence takes on the implicit accusatory tone that the person or thing in question does not possess the quality in question, when it should.

▶읽어 봅시다

안 쓰는 휴대 전화기를 모아서 환경 오염을 줄입시다!
이동 통신 회사들은 다음 달 1일부터 중고 휴대 전화기를 모으는 캠페인을 시작한다. 전국의 휴대 전화 매장과 대형 마트에 중고 휴대 전화기를 가져가면 데이터 10기가 무료 이용권을 받을 수 있고 추첨을 통해서 자동차와 컴퓨터를 선물로 받을 기회도 생긴다. 그동안 이동 통신 회사들은 새 전화기를 구입할 때 쓰던 전화기를 가져가면 할인을 해 주었으나 할인 금액이 크지 않아 중고 전화기가 많이 모이지 않았다. 또한 해마다 새로운 전화기가 나와 사람들이 전화기를 자주 바꾸게 되면서 많은 휴대 전화가 버려지고 있다. 이에 따라 이동 통신 회사들이 집에서 잠자는 휴대 전화기를 모아 재활용도 하고 환경 오염도 줄이기 위해서 이러한 캠페인을 하게 되었다고 한다.
Let's reduce environmental pollution by collecting unused cell phones!
Starting from the first day of next month, mobile telecommunication companies will launch a campaign to collect used phones. By bringing used phones to any mobile phone store and large supermarket in the country, you can receive a free 10GB data voucher, and also have the chance to win cars and computers through a lucky draw. Until now, mobile telecommunication companies offered discounts when customers bring in their old phones to purchase new ones, but the discount value was not enough, so fewer used phones were being collected. Additionally, with people frequently replacing their phones as new phones are released every year, many phones are being discarded. In response, mobile communication companies have initiated such campaigns to collect idle phones from households to recycle and reduce environmental pollution.

▶들어 봅시다

여러분, 전자레인지를 어떻게 관리해야 하는지 아세요? 전자레인지는 안이 비어 있을 때에는 돌리지 마세요. 불이 나거나 고장이 날 수 있습니다. 그리고 사용할 때에는 반드시 문을 닫고 사용해야 합니다. 금속으로 만든 그릇이나 뚜껑이 있는 병은 절대로 안에 넣으면 안 됩니다. 전자레인지 전용 그릇을 사용하시고 음식을 꺼낼 때는 뜨거우니까 데지 않게 장갑을 사용하시는 게 좋습니다.
세탁기를 오래 사용하고 싶으십니까? 그럼 옷에 붙어 있는 머리카락이 세탁기에 들어가지 않도록 하세요. 세탁을 할 때 세제를 너무 많이 넣는 것도 좋지 않습니다. 그리고 빈 세탁기를 돌리는 것은 위험하니까 조심하세요. 마지막으로 세탁기 문을 닫고 세탁을 시작하는 것, 꼭 기억하세요!
Do you know how to properly maintain a microwave oven?
Do not operate the microwave when it is empty. It may cause a fire or malfunction. Always make sure to close it before using it. Never put metal bowls or bottles with lids inside the microwave. Instead, use microwave-safe bowls, and use gloves when taking out hot food to avoid burns.
Do you want your washing machine to last longer? Then make sure that hairs on your clothes don't get into the washing machine. It's also not recommended to use too much detergent when doing laundry. It's dangerous to run an empty washing machine, so be careful. Lastly, always remember to close the machine door before you start washing!

Unit 10

Section 1. They might feel the same way as you do.

▶본문

제임스: 안색이 안 좋은데 무슨 일 있어?
James: You don't look well. What's wrong?
리사: 어떡해. 내가 좀 전에 큰 실수를 했어. 친구에게 보내는 메시지에 피터를 좋아한다고 썼는데 그걸 피터에게 보냈어.
Lisa: What should I do? I made a big mistake a while ago. I wrote in a message to my friend that I liked Peter, and sent it to Peter.
제임스: 그게 정말이야? 나는 네가 피터를 좋아할 거라고 상상도 못 했어.
James: Is that true? I never imagined that you'd like Peter.
리사: 전에 반 친구들하고 같이 노래방에 갔을 때 노래하는 모습이 멋있어서 반했어. 그리고 시간이 흐르면서 점점 더 좋아졌어.
Lisa: I fell for him when we went to karaoke together with our classmates because he looked so cool singing. Over time, I gradually started to like him even more.
제임스: 먼저 사귀자고 해 봐. 피터도 너와 같은 마음일 수도 있잖아. 두 사람이 사귀면 아주 잘 어울릴 것 같아.
James: Ask him out on a date first. Peter might feel the same way as you do. I think you two will look great together.
리사: 나는 소심한 편이어서 직접 고백하지는 못할 것 같아.
Lisa: I'm a bit shy, so I don't think I'll be able to confess my feelings directly.

문법

1. -잖아요

· Meaning and Usage

This is used with an action or descriptive verb when the speaker is repeating what he/she has already said or if the statement is simply being made to confirm what the other party already knows.

· Examples

잊어버렸어요? 제가 아까 말했잖아요.
Have you forgotten? I told you earlier.
레오 씨가 요리를 잘하잖아요.
(As you know) Leo is a good cook.
시험공부를 열심히 하세요. 우리 학교 시험이 좀 어렵잖아요.
Study hard for the exams. (As you know) Our school's exams are a bit hard.
내일 왜 학교에 와요? 내일부터 연휴잖아요.
Why are you coming to school tomorrow? (As you know) Starting tomorrow, we have consecutive holidays.

가: 걱정했는데 시험을 잘 봤어.
A: I was worried, but I did well on the exam.
나: 내가 걱정하지 말라고 했잖아.
B: Didn't I say you had nothing to worry about?

가: 왜 이렇게 열심히 공부해요?
A: Why are you studying so diligently?
나: 다음 주에 시험이 있잖아요.
B: (As you know) There's a test next week.

2. -는/은/ㄴ 편이다

· Meaning and Usage

This is used with an action or descriptive verb to avoid speaking definitively about something and instead speak of it in relative terms.

· Form

'-는 편이다' is used with action verbs including '있다' and '없다' after the verb stem. '-ㄴ 편이다' is used when the descriptive verb stem ends with a vowel or 'ㄹ' and '-은 편이다' is used when it ends with a consonant.

Action or descriptive Verb stem ending	Combine with	Example
Action Verb, 있다, 없다	-는 편이다	먹는, 맛있는, 없는 편이다
Consonant (descriptive verb)	-은 편이다	많은, 적은, 추운 편이다
Vowel ㄹ, (descriptive verb)	-ㄴ 편이다	바쁜, 따뜻한, 먼, 편이다

· Examples

저는 한 달에 두 번 이상 극장에 가니까 자주 가는 편이에요.
I go to the theater relatively often, considering that I go twice or more a month.

코리 씨가 노래를 잘 못한다고요? 그 정도면 잘하는 편이에요.
You think Corey doesn't sing well? He sings relatively well.

플릭 씨는 키가 큰 편이지요.
Flick is pretty tall.

안느 씨, 한국 음식을 처음 만들었는데 이 정도면 맛있는 편이지요.
Anne, it's your first time making Korean food and this is pretty good.

가: 주디 씨, 토미 씨는 어떤 사람이에요?
A: Judy, what kind of person is Tommy?
나: 말이 별로 없는 편이지만 같이 있으면 재미있어요.
B: He may seem relatively untalkative but he's fun to be around.

가: 날이 이렇게 더운데 집까지 30분이나 걸어가야 해요. 너무 멀어요.
A: It's so hot and I have to walk 30 minutes to get home. It's too far.
나: 그 정도면 가까운 편이지요. 저는 한 시간 이상 걸려요.
B: That's pretty close. It takes me more than an hour to get home.

· Note

Action verbs are used together with adverbs to modify or qualify that action verb with a certain quality or the degree of such quality. '자주', '잘', '많이' are examples of such adverbs.

▶ 읽어 봅시다

1850년대에 미국의 샌프란시스코에서는 황금이 많이 나왔다. 전국에서 많은 사람이 황금을 찾아서 이곳에 왔고 지낼 곳이 없었던 사람들은 천막에서 살아야 했다. 그때 천막 천을 만들어서 돈을 많이 번 사람이 있었는데 그 사람이 바로 리바이 스트라우스다. 스트라우스는 어느 날 천막 천을 10만 개나 주문받았다. 그런데 한 직원이 주문받은 초록색이 아닌 파란색으로 천을 염색하는 실수를 했다. 스트라우스는 그 천을 팔 수 없어서 큰 어려움에 빠졌다.
그러던 어느 날 그는 광부들이 바지를 꿰매고 있는 것을 보았다. 광부들이 일을 할 때 입던 바지는 천이 약한 편이어서 오래 못 입는 것이 문제였다. 그때 갑자기 그의 머릿속에 잘못 염색해서 남아 있는 파란색 천막 천이 떠올랐다. 스트라우스는 두껍고 튼튼한 천막 천으로 옷을 만들면 광부들이 일할 때 입기 좋을 거라고 생각했다. 그리고 바로 공장으로 달려가서 파란색 천막 천으로 바지를 만들었다. 이 바지는 광부들 사이에서 인기를 얻었고 곧 광부가 아닌 보통 사람들도 입기 시작했다. 특히 영화에 나오는 배우들이 입으면서 더욱 유명해졌고 지금은 누구나 사랑하는 옷인 '청바지'가 되었다.
사람은 누구나 실수를 한다. 그러나 스트라우스처럼 실수를 성공의 기회로 바꾸는 사람은 많지 않다. 실수는 알고 보면 실수가 아닐 수도 있다. 조금만 다르게 생각하면 실수는 더 좋은 기회가 될 수도 있다.
In the 1850s, there was a lot of gold in San Francisco, USA. People from all over the country came here in search of gold, and those who had no place to stay had to live in tents. During that time, there was a person named Levi Strauss who made a lot of money by making tent fabric. One day, he received an order for 100,000 pieces of tent fabric. However, one of his employees made a mistake and dyed the fabric blue instead of the requested green. Strauss was in great trouble because he couldn't sell the fabric.
One day, he saw miners sewing their pants. The problem was that their working pants didn't last long because the fabric was too weak. Then all of a sudden, Strauss remembered the blue tent fabric that had been wrongly dyed. He thought that if he made pants out of the thick and sturdy tent fabric, it would be more suitable for the miners to wear while working. He immediately ran to the factory and made pants out of the blue tent fabric. These pants become popular among the miners and were soon worn by ordinary non-miners as well. In particular, they became even more famous when actors in movies started wearing them, and now, they have become the "blue jeans" that everybody loves.
Everyone makes mistakes. But not many people can turn their mistakes into opportunities for success like Strauss did. Mistakes can turn out

to not be mistakes after all. If you think a little differently, mistakes can become even better opportunities.

▶들어 봅시다

저는 평소에 실수를 잘 안 하는 편인데 한국에 와서 한국어로 이야기하면서 크고 작은 말실수를 많이 했어요. 제가 한 실수가 많아서 다 기억나지는 않지만 몇 가지만 소개할게요. 한번은 피시방에 가서 게임을 하는데 목이 말랐어요. 저는 음료수가 있는 곳으로 가서 사장님께 콜라를 하나 달라고 했어요. 사장님은 선불이라고 하셨는데 저는 그걸 선물이라고 알아듣고 고맙다고 했어요. '선불' 하고 '선물'은 발음이 비슷하잖아요. 그런데 사장님이 또 선불이라고 하셔서 저는 또 고맙다고 했어요. 알고 보니까 선불은 돈을 먼저 내라는 말이었어요. 또 친구 생일 파티에 가서 술잔을 들고 '건배'라고 해야 하는데 '깡패'라고 한 적도 있어요. 제 말을 듣고 친구들이 큰 소리로 웃었어요. 저도 나중에 그 단어의 뜻을 알고 나서 얼마나 창피했는지 몰라요. 하지만 이렇게 실수를 하면서 배운 단어는 절대로 잊어버리지 않으니까 말실수를 하는 게 좋은 점도 있어요. 그러니까 여러분도 실수를 두려워하지 마시고 사람들과 이야기를 많이 하세요.

I usually don't make mistakes, but when I cam to Korea and started speaking Korean, I made a lot of big and small mistakes. I can't remember all of the mistakes because I made so many, but let me introduce a few. Once, I went to a PC bang to play games and got thirsty. I went to the area where they had drinks and asked the owner for a cola. The owner said "선불 (prepaid)", but I understood it as "선물(gift)" and thanked him. As you know, "선불" and "선물" have similar pronunciations. But then the owner said "선불" again, so I thanked him again. As it turned out, "선불" meant I had to pay in advance. Also, there was a time when I went to a friend's birthday party and instead of saying "건배(cheers)", I said "깡패(gangster)" while raising my glass. My friends burst out laughing at my words. You won't believe how embarrassed I was when I later found out what that word meant. However, there's a positive side to making language mistakes because you never forget the words you learn through mistakes. So don't be afraid of making mistakes and have many conversations with people.

Unit 10

Section 2. We won't be able to meet tomorrow.

▶본문

수영: 여보세요, 이 시간에 웬일이야?
Sooyeong: Hello, why are you calling at this hour?
리사: 미안하지만 내일 약속을 미루고 싶어서 전화했어. 집에 일이 생겨 가지고 내일 만나지 못하게 되었어.
Lisa: I'm sorry but I'm calling because I want to postpone our meeting tomorrow. Something came up at home, so I won't be able to see you tomorrow.
수영: 그래? 무슨 큰일이 있는 거야?
Sooyeong: Really? Is it something serious?
리사: 아니, 엄마가 지갑을 잃어버리셨는데 방금 경찰서에서 찾으러 오라고 연락이 왔어. 그런데 우리 엄마가 한국말이 서투르시잖아. 혼자 소통하기 어려우시니까 내가 모시고 가려고 해.
Lisa: No, my mom lost her wallet, and we just received a call from the police station asking her to come and retrieve it. But you know my mom's Korean isn't very good. It will be difficult for her to communicate alone, so I'm going to accompany her.
수영: 그럼 당연히 가 봐야겠네. 나하고는 일요일에 만나면 어때?
Sooyeong: Well, of course you should go. How about we meet on Sunday then?
리사: 좋아. 나 때문에 약속 날짜가 바뀌었으니까 그날 저녁은 내가 살게.
Lisa: Sounds good. Since we're rescheduling because of me, I'll treat you to dinner.

문법

1. -어/아/여 가지고(이유)

· Meaning and Usage

This is used with an action verb or a descriptive verb. Dividing the sentence into the clause prior to and after '-어/아/여 가지고', the prior clause acts as the cause or reason of whatever is described in the latter clause.

· Form

'-아 가지고' is used when the last syllable of the stem ends in 'ㅏ or ㅗ'. '-어 가지고' is used when the last syllable of the stem ends in any other vowels(ㅓ, ㅜ, ㅡ, ㅣ). '-여 가지고'(해 가지고) is used when the stem ends in 하-.

Verb stem ending	Combine with	Example
ㅏ, ㅗ	-아 가지고	찾아 가지고, 비싸 가지고
Other vowels (ㅓ, ㅜ, ㅡ, ㅣ)	-어 가지고	먹어 가지고, 커 가지고
하	-여 가지고	피곤해 가지고

· Examples

가방이 너무 비싸 가지고 안 샀어요.
The bag was too expensive so I didn't buy it.
오늘 많이 걸어 가지고 다리가 아파요.
I walked a lot today so my legs hurt.
고기가 좀 두꺼워 가지고 익는 데 시간이 걸릴 거예요.
The meat is a bit thick, so it will take some time to cook.
드라마에서 배우들이 하는 말이 너무 빨라 가지고 알아듣기 어려워요.
Actors in dramas speak so fast that it's difficult to understand.

가: 밤늦은 시간에 어디 가?
A: Where are you going late at night?
나: 배고픈데 집에 먹을 게 하나도 없어 가지고 편의점에 간식 사러 가는 길이야.
B: I'm on my way to the convenience store to buy some snacks because I'm hungry, but there's nothing to eat at home.

가: 선생님, 죄송하지만 인턴십 면접하고 시험 시간이 겹쳐 가지고 다른 날 시험을 봤으면 좋겠는데요.
A: Teacher, I'm sorry but I'd like to take the exam on a different day, because my internship interview overlaps with the exam time.
나: 그래요? 그럼 다음 주 수요일 3시는 어때요?
B: Really? Then how about next Wednesday at 3 o'clock?

2. -게 되다

· Meaning and Usage

This is used with an action verb stem and shows that something took place as a result of an external reason unrelated to the subject's will or wishes.

· Examples

에릭 씨가 일 때문에 외국에 가게 됐다.
Eric went to a foreign country because of work.
급한 일이 생겨서 약속을 지키지 못하게 됐어.
I wasn't able to keep my promise because an urgent matter arose.
저는 한국에 살아서 매운 음식을 잘 먹게 됐어요.
I was able to eat spicy food because I live in Korea.
지금 사는 집이 학교에서 멀어서 이사를 가게 됐습니다.
I had to move because the house I lived in was far from school.

가: 이번 주에 고향에 가요?
A: Are you going to your hometown this week?
나: 네, 일이 생겨서 고향에 돌아가게 됐어요.
B: Yes, something came up so I have to go to my hometown.

가: 흐엉 씨, 어떻게 한국말을 공부하게 됐어요?
A: Huang, how did you start studying Korean?
나: 저는 한국 회사에 들어가고 싶어서 한국말을 배우게 됐어요.
B: I wanted to enter into a Korean company, so I learned Korean.

· Note

Although '-게 되다' is usually used, as explained, when making statements about results that happened without active intent, it is also possible to use when describing results with active intent behind them. Sentences describing intended - and usually admirable - results that nonetheless use '-게 되다' take on a tone of humility, as the speaker constructs their sentence to describe some admirable result that happened to the sentence subject, as something that they did not wish for, even if it was in fact very much wished for.

▶읽어 봅시다

뉴욕에서 출발하는 플로리다행 버스에는 사람이 많았다. 특히 바닷가로 놀러 가는 젊은이들은 여행이 기대가 되어서 큰 소리로 신나게 이야기했다. 그런 사람들 사이에 웃지 않고 조용히 앞만 보고 있는 한 남자가 있었다. 옆에 있던 대학생이 그에게 말을 걸었다.
"저는 플로리다는 처음인데 아주 멋진 곳이라고 들었어요. 아저씨는 어디로 가세요?"
"저는 지난 4년 동안 뉴욕의 감옥에 있었어요. 얼마 전 감옥을 나와서 브런즈윅에 있는 집으로 돌아가는 길입니다."
"그렇군요. 가족은 있으세요?"
"잘 모르겠어요."
"네? 그게 무슨 말씀이세요?"
"3년 전에 감옥에서 아내에게 편지를 보냈어요. 아이들 때문에 혼자 살기가 힘들면 나를 떠나서 다른 사람을 만나도 좋다고 했어요. 그 후로 지금까지 아내한테서 답장이 오지 않았어요."
"그럼 가족을 만나지 못할 수도 있는데 댁으로 가세요?"

"감옥을 나오게 되었을 때 아내에게 마지막으로 편지를 썼어요. 가족과 살던 고향 집에 커다란 참나무가 있는데 나를 용서할 마음이 있으면 그 나무에 노란 손수건을 매달라고 했어요. 손수건이 보이지 않으면 브런즈윅에 내리지 않고 다른 곳으로 갈 생각입니다."
이야기를 들은 버스 안의 모든 사람은 한마음으로 브런즈윅이 가까워지기를 기다렸다. 그때 사람들이 소리를 지르면서 자리에서 일어났다. 창문 밖으로 보이는 참나무는 수백 개의 노란 손수건으로 덮여 있었다. 기뻐하는 사람들 속에서 남자는 천천히 일어나 버스 문 쪽으로 걸어 나갔다.
There were many people on the bus from New York to Florida. In particular, young people heading to the beach were enthusiastically talking in loud voices because they were looking forward to the trip. Among those people, there was a man who wasn't smiling, quietly looking ahead. A college student next to him spoke to him.
"It's my first time going to Florida, and I've heard it's a wonderful place. Where are you headed, sir?"
"I've been in a prison in New York for the past four years. I just got out recently, and am on my way back home to Brunswick."
"I see. Do you have a family?"
"I'm not sure."
"I'm sorry, what do you mean?"
"3 years ago, I sent a letter to my wife from prison. I told her that if it got too difficult for her to live alone because of the kids, she could leave me and meet someone else. Since then, I haven't heard from her."
"So you're going home even if you might not be able to meet your family? "
"When I was released from prison, I wrote a letter to my wife for the last time. There is a big oak tree in the house our family used to live in and I asked her to tie a yellow handkerchief on the tree if she had it in her heart to forgive me. If I don't see the handkerchief, I intend to go somewhere else without getting off at Brunswick."
Everyone on the bus who heard the story waited for Brunswick to come closer, all sharing the same feeling. Then, people got up from their seats screaming. The oak tree outside the window was covered with hundreds of yellow handkerchiefs. In the midst of the rejoicing crowd, the man slowly got up and walked towards the bus door.

▶들어 봅시다

자신의 실수나 잘못에 대해서 사과하기를 부끄러워하고 힘들어하는 사람이 많습니다. 하지만 많은 사람들이 스스로의 잘못을 인정하고 용서를 구하는 사람을 더 좋게 생각한다고 합니다. 그럼 어떻게 하면 사과를 잘할 수 있을까요?
사과를 할 때는 "미안해."라고 짧게 말하기보다는 "내가 말을 심하게 해서 미안해."처럼 무엇을 어떻게 잘못했다고 구체적으로 말해야 합니다. 다음으로 "나 용서해 줄 수 있어?"와 같은 말로 상대편에게 용서를 빌고 관계를 좋아지게 하려는 마음이 있다는 것을 표현하는 것이 중요합니다. 그리고 "다시는 안 그럴게."와 같이 앞으로 어떻게 하겠다고 약속하는 말로 사과를 끝내는 것도 좋습니다.
반면에 사과할 때 사용하지 말아야 하는 표현도 있는데요. "기분 나쁘셨으면 사과하겠습니다." 같은 말이 그렇습니다. 이런 표현은 상대편에게도 잘못이 있다고 생각하는 것 같은 느낌을 주기 때문에 제대로 된 사과라고 할 수 없습니다. 사과를 할 때는 상대편의 잘못이 아닌 자신의 잘못에 대해서만 이야기하세요. 그러면 상대편도 자연스럽게 "그래, 나도 잘못했어."라고 하면서 사과를 받아 줄 겁니다.
Many people feel embarrassed and find it difficult to apologize for their mistakes or wrongdoings. However, it is said that many people view those who admit their faults and seek forgiveness in a more positive light. So, how can we apologize well?
When apologizing, rather than simply saying "I'm sorry," it is better to be specific about what you did wrong and say something like, "I'm sorry for speaking harshly." Next, it's important to express your desire to ask for forgiveness and improve the relationship with words like, "Can you forgive me?". It's also a good idea to conclude the apology with a promise of what you'll do in the future, such as "I won't do it again."
On the other hand, there are certain expressions that should be avoided when apologizing. Saying, "I apologize if you feel offended" is one example of this. Expressions like these give the impression that you think the other person is also at fault, and can't be called a proper apology. When apologizing, talk only about your own faults, not the other person's. In doing so, the other person will naturally respond with "It's okay. It's my fault too." and accept your apology.

문화

1과

한국인의 호칭

한국에서는 가족이 아닌 사람에게도 가족이나 친척 호칭을 사용합니다. 예를 들면 친한 사이에 남성이 자기보다 나이가 많은 사람을 '형' 또는 '누나'라고 부릅니다. 친구의 어머니를 그냥 '어머니'라고 부르기도 합니다. 식당에서 일하시는 분을 부를 때 '이모'라고 하는 것도 자주 들을 수 있습니다. 가족이 아닌 사람을 가족처럼 부르면 그 사람과의 관계를 더 가깝게 만들 수 있습니다.

또 식당이나 가게에서 일하는 직원에게 '사장님'이라고 부르는 것도 자주 들을 수 있습니다. 그 직원이 사장님이 아니어도 '사장님'이라고 부르는 것은 그러한 호칭에 상대방을 존대하는 마음이 담겨 있다고 생각하기 때문입니다.

Titles and Honorifics in Korean Culture

In Korea, even non-family members are addressed using family or relative titles. For example, as close friends, a man may address someone older than him as "hyung" (older brother) or "Noona" (older sister). It is also common to address a friend's mother simply as "eomeoni" (mother). You can also often hear people saying "imo" (aunt) when referring to someone working at a restaurant. Calling non-family members the way you would your own family, helps create a closer relationship with them.

In addition, you can often hear people addressing employees working in restaurants or shops as "sajangnim" (boss). Even if they are not the actual owners, using this title reflects a sense of respect and deference towards the other person.

1. 한국에서는 가족이 아닌 사람에게 왜 가족 호칭을 씁니까?
2. 여러분 나라에도 이와 같이 특별하게 사용하는 호칭이 있습니까?
1. In Korea, why do we use family titles for non-family members?
2. Does your country have special titles/honorifics like these?

2과

한식 상차림

한식 상을 차릴 때 밥은 왼쪽, 국은 오른쪽에 놓고 숟가락과 젓가락은 상의 오른쪽에 놓습니다. 한식 상차림에서 밥, 국, 김치, 찌개는 기본이고 더해지는 반찬 수에 따라서 3첩 반상, 5첩 반상, 7첩 반상, 9첩 반상이라고 불렀습니다. 손님을 초대하면 집주인은 상을 차린 후 손님들에게 "차린 것은 많지 않지만 많이 드세요."라고 인사하고 초대받은 사람들은 식사하기 전에 "잘 먹겠습니다."라고 인사합니다. 밥을 거의 다 먹었어도 다른 사람들이 모두 식사를 마칠 때까지 기다린 후에 "잘 먹었습니다."라고 인사하고 식사를 같은 시간에 끝냅니다.

Setting the Table for a Korean Meal

When setting the table for a Korean meal, rice is placed on the left, soup on the right, and spoons and chopsticks are placed on the right side of the table. In a traditional Korea meal setup, rice, soup, kimchi, and stew are the basics, and depending on the number of side dishes, they are called 3-cheop ("cheop" refers to the number of dishes served), 5-cheop, 7-cheop, and 9-cheop meals. When inviting guests, the host sets the table and greets the guests by saying, "I haven't prepared much, but please enjoy to your heart's content." The guests, in turn, thank the host before the meal by saying, "I will have a good meal." Even if you've almost finished your meal, you must wait until everyone else has finished before saying, "thank you for the meal," as a sign of courtesy, and the meal finally comes the an end.

1. 한식 상차림에서 수저는 어디에 놓습니까?
2. 여러분 나라에서는 식사하기 전에 하는 인사말이 있습니까?
1. In a Korean table setting, where do you put the cutlery?
2. Do your countries say greetings/thanks before meals?

3과

유익한 쇼핑 정보

전통적으로 한국의 시장에는 가게 주인이 단골을 만들기 위해 손님에게 할인을 해 준다거나 덤으로 물건을 몇 개 더 주는 문화가 있습니다. 요즘은 이러한 에누리와 덤 문화가 '적립 카드'와 '회원 카드'의 형태로 일반 가게에도 많이 퍼지고 있습니다. 예를 들어 카페 적립 카드는 커피 한 잔에 하나씩 찍어 주는 도장을 정해진 숫자만큼 모으면 한 잔을 무료로 받을 수 있는 제도입니다. 도장 쿠폰은 카페뿐만 아니라 미용실, 중국집, PC방 등 많은 가게에서 사용되고 있습니다. 또한 휴대 전화 통신사의 회원 카드가 있다면 커피숍, 빵집, 극장, 편의점 등을 이용할 때 할인을 받을 수 있습니다. 자주 이용하는 커피숍이나 빵집에서 계산을 하기 전에 이렇게 말해 보세요. "여기 적립 카드 있어요?", "쿠폰에 도장 좀 찍어 주세요.", "10개 다 모았는데요.", "통신사 카드 할인이 되나요?"

Useful Shopping Tips

Traditionally, in Korean markets, there is a culture of

stores owners offering customers discounts or a few extra items to make them regulars. Nowadays, this culture of discounts and extras (premiums) is spreading across regular stores in the form of "loyalty (accumulation) cards" and "membership cards." For example, a cafe loyalty card allows customers to receive one free cup of coffee when they accumulate a set number of stamps for each cup they purchase. Stamp coupons are not only used in coffee shops, but also in beauty salons, Chinese restaurants, PC rooms, and many other stores. Additionally, if you have a membership card form a mobile network provider, you can receive discounts when using coffee shops, bakeries, theaters, convenience stores, and more. Before paying at a coffee shop or bakery that you frequently visit, try saying this: "Do you have a loyalty card?", "could you stamp my coupon?", "I have collected all 10 stamps", "is there a carrier (network provider) card discount?"

1. 식당이나 카페의 적립 카드에는 어떤 혜택이 있어요?
2. 여러분 나라에서도 회원 카드 할인 제도나 카페 적립 카드를 많이 이용해요?
1. What are the benefits of a loyalty card at a restaurant or cafe?
2. In your country, do you use membership card discounts or cafe loyalty (accumulation) cards?

4과

한국의 모임 문화

한국에는 다양한 모임이 많습니다. 돌, 생일, 회갑 잔치 등과 같은 가족 모임, 신입생 환영회나 졸업생 환송회 등의 학교 모임, 그리고 회식이나 뒤풀이 같은 직장 생활 모임 등이 그것입니다. 이러한 모임에 관련된 문화 중 식사 후 돈을 내는 방식에 대해 알아봅시다. 과거에는 친구나 선후배, 혹은 손윗사람이나 손아랫사람과 만날 때 식사비를 각자 내지 않고 한 사람이 내는 경우가 많았습니다. 보통 선배와 후배 사이의 만남이라면 선배가, 손윗사람과 손아랫사람과의 만남이라면 손윗사람이 식사비를 내는 것이 더 일반적이었습니다. 또한 친구 간의 만남에서도 식사비를 각자 부담하지 않고 돌아가면서 한 사람이 다른 사람의 식사비를 내는 경우도 있었습니다. 하지만 요즘은 식사를 각자 부담하는 분위기로 바뀌었습니다.

The Culture of Gathering in Korea

There are many various gatherings in Korea. These include family gatherings such as "dol" (first birthday) celebrations, birthdays, and 60th birthday parties, school gatherings like freshman welcome events or graduate farewell party farewell parties, and workplace gatherings such as company dinners or after-work get-togethers. Let's explore the cultural aspect of paying after meals during these gatherings. In the past, it was common for one person to pay for the entire meal when meeting with friends, seniors and juniors, or superiors and subordinates (people of higher or lower status), instead of having everyone pay seperately. Typically, in meetings between seniors and juniors, the senior would pay, and in meetings between superiors and subordinates, the superiors would pay for the meal. Also, in meetings among friends, there were cases where each person would take turns paying for the others' meals. However, nowadays, the atmosphere has shifted, and it's become more common for each person to pay for their own meal.

1. 한국 사람들은 과거에 모임 후에 어떻게 돈을 냈어요?
2. 여러분 나라에서는 모임 후에 어떻게 계산해요?
1. How did Koreans pay after gatherings in the past?
2. In your country, how do you calculate payment after meetings?

5과

한국의 뒤풀이 문화

일이나 모임이 끝나고 헤어지기 아쉬울 때 여러분은 어떻게 합니까? 한국에서는 그럴 때 보통 뒤풀이를 합니다. 신입생 오리엔테이션이 끝났을 때, 회사에서 사람들과 같이 하던 일을 끝냈을 때, 졸업식이나 입학식 날에 사람들은 모여서 그동안 밀린 이야기를 하며 즐거운 시간을 보냅니다. 뒤풀이를 할 때 음식과 함께 술을 마실 때도 많습니다. 요즘에는 다양한 게임을 즐기거나 영화나 공연을 보면서 스트레스를 풀기도 하는 등 다양한 방법으로 뒤풀이를 합니다.
여러분도 친구들과 같이 발표 준비를 하거나 모임을 한 후에 뒤풀이를 하러 가자고 이야기해 보세요. 뒤풀이 자리에서 여러 가지 이야기를 나누면서 친구들과 더욱 더 친해질 수 있을 겁니다.

After-Work Gathering Culture in Korea

When work or a meeting comes to an end and you don't want to say goodbye just yet, what do you do? In Korea, people often have an after-work gathering (after-party). When freshman orientation is over, when people finish working together at a company, and on graduation or entrance ceremony days, people gather to have a good time while sharing stories and catching up. During these after-parties, it is common for people to have food and drinks. These days, there are various ways to enjoy after-parties, such as playing games and watching movies or

performances to relieve stress.
When you have to prepare for a presentation or have a meeting with friends, why don't you suggest having an after-party? At these gatherings, you can become even closer with your friends by having various conversations.

1. 한국 사람들은 언제 뒤풀이를 합니까? 또 어떻게 뒤풀이를 합니까?
2. 여러분 나라에도 뒤풀이 문화가 있습니까?
1. When do Koreans have an after-party? What do they do during these gatherings?
2. Does your country have an after-party culture as well?

6과

교통 카드 사용법

한국에서는 버스나 지하철을 탈 때 보통 교통 카드를 사용합니다. 요즘은 현금을 사용할 수 없는 버스가 많아서 한국 생활에서 교통 카드는 필수적입니다. 환승은 네 번까지 무료로 할 수 있는데 하차 후 30분이 지나서 갈아타거나 같은 번호로 갈아타면 요금을 다시 내야 합니다. 교통 카드는 편의점이나 지하철역에서 살 수 있고 충전도 할 수 있습니다. 교통 카드 기능이 있는 신용 카드나 모바일 교통 카드도 많이 쓰입니다. 요즘은 마트나 커피숍에서도 교통 카드로 결제할 수 있고 교통 카드 앱으로 남은 돈을 확인할 수도 있습니다.

How to use Transportation Cards

In Korea, people typically use transportation cards when taking buses or subways. Since there are many buses that don't accept cash these days, transportation cards are essential for daily life in Korea. You can transfer for free up to four times, but if you transfer after 30 minutes of getting off, or transfer to the same number, then you will need to pay the fare again. Transportation cards can be purchased and recharged at convenience stores or subway stations. Credit cards with transportation card functions or mobile transportation cards are also widely used. Nowadays, you can also make payments with transportation cards at supermarkets or coffee shops, and you can check the remaining balance through transportation card apps.

1. 교통 카드의 좋은 점은 무엇입니까?
2. 여러분 나라에도 교통 카드가 있습니까? 어떻게 사용합니까?
1. What are the advantages of transportation cards?
2. Do you also have transportation cards in your country? If so, how do you use them?

7과

공과금 자동 납부기

은행에 가면 현금 자동 인출기 옆에 공과금 자동 납부기가 놓여 있는 것을 볼 수 있습니다. 이전에는 집 관리비나 가스 요금, 수도 요금, 전화 요금을 낼 때 창구에서 번호표를 뽑고 오래 기다려야 했습니다. 하지만 이제는 공과금 자동 납부기가 있어서 은행 통장이나 카드가 있으면 줄을 서지 않고 바로 납부할 수 있습니다. 최근에는 신용 카드나 인터넷 뱅킹으로도 더 간편하게 낼 수 있게 되었습니다.

Automatic Payment Machines for Utility Bills

When you go to a bank, you can see automatic payment machines for utility bills next to the ATMs. In the past, when paying for housing management fees, gas bills, water bills, or telephone bills, you had to take a number at a counter and wait in line for a long time. However, now there are automatic utility bill payment machines, so if you have a bank account or card, you can pay directly without having to wait in line. Recently, it has become much easier to pay with credit cards or through internet banking.

1. 공과금 자동 납부기에서 무엇을 할 수 있습니까?
2. 여러분 나라에서는 공과금을 어떻게 냅니까?
1. What can I do with the automatic utility bill machine?
2. How do you pay for your utility bills in your country?

8과

문자 메시지 언어

요즘은 전화 통화보다 문자 메시지를 이용하는 사람이 많습니다. 그리고 문자 메시지의 내용을 재미있고 간단하게 표현하려고 줄임말을 사용하기도 합니다. 'ㅇㅇ', 'ㄴㄴ'처럼 초성만 사용하는 것도 있고 '아아', '따아'처럼 단어의 앞글자만 사용하는 줄임말도 있습니다. 또한 감정과 기분을 나타낼 때도 'ㅋㅋ'나 'ㅠㅠ'와 같이 표현하기도 합니다. 이렇게 표현하면 그냥 "재미있다"라고 하거나 "마음이 아프다"라고 이야기하는 것보다 더 생생한 느낌을 줍니다.

ㅇㅇ	응응
ㄴㄴ	노노 (아니 아니)
아아	아이스 아메리카노
따아	따뜻한 아메리카노
ㅋㅋ	크크(웃음 소리)
ㅠㅠ	눈물 흘리는 모습

Language of Text Messages

These days, more people use text messages than phone calls. To express the content of text messages in a fun and concise way, they also use abbreviations. There are abbreviations that use only the initial consonants, such as "ㅇㅇ" (yes yes) or "ㄴㄴ" (no no), and ones that use only the first letter of each word, like "아아" (ice americano) or "따아" (hot americano). When showing feelings and emotions, expressions like "ㅋㅋ" (haha) or "ㅠㅠ" (tears) are also used. These expressions provide a more lively feeling compared to simply saying "it's funny" or "my heart hurts."

1. 한국에서는 문자 메시지를 보낼 때 어떤 줄임말을 사용합니까?
2. 여러분 나라에서도 문자 메시지를 보낼 때 줄임말을 많이 사용합니까?
1. What abbreviations do people use when texting in Korea?
2. Do you also use a lot of abbreviations when texting in your country?

9과

생활 지수

생활 지수란 날씨가 우리 생활에 미치는 영향의 정도를 숫자로 표현한 것입니다. 일기 예보와 함께 생활 지수를 보면 우리 생활이 더 편리해집니다. 생활 지수에는 불쾌지수, 자외선 지수, 식중독 지수, 세차 지수 등이 있습니다. 예를 들어 불쾌지수는 기온과 습도에 따라서 사람의 기분이 좋고 나쁨을 말해 주는 것으로 기온이 높은 여름에 습도까지 높으면 불쾌지수가 높아지고 불쾌지수가 높은 경우 짜증이 많이 나게 됩니다.

Livability Index

The term "livability index" refers to a numerical representation of the degree to which weather affects our daily lives. By looking at the index along with the weather forecast, our lives can become more convenient. The livability index includes factors such as the discomfort index, UV index, food poisoning index, car wash index, and more. For instance, the discomfort index indicates whether a person's mood is good or bad based on the temperature and humidity. When humidity levels rise when the temperature is already high during hot summers, the discomfort index increases, and during periods when the discomfort index is high, people tend to become more irritable.

1. 생활 지수는 무엇을 표현한 것입니까?
2. 여러분 나라에도 이런 지수가 있습니까?
1. What does the "livability index" represent?
2. Does your country have an index like this as well?

10과

실수와 사과

한국에서 친구에게 사과를 할 때는 진심어린 말과 함께 '사과'를 선물로 주면서 미안한 마음을 전하기도 합니다. '사과'와 '사과하다'라는 단어의 소리가 똑같은 것을 이용해서 사과하는 상황을 좀 유머러스하게 만들 수 있기 때문입니다. 친구의 화난 마음을 풀어주려고 재미있는 선물을 하는 것입니다. 한국에서는 머리를 숙이는 것도 죄송하다는 마음을 표현하는 제스처입니다. 윗사람에게 사과를 할 때 진심 어린 말과 함께 머리를 숙임으로써 앞으로는 이와 같은 일이 다시 일어나지 않도록 노력하겠다는 반성의 의미를 강하게 전달할 수 있습니다.

Cultural Blunders and Apologies

When apologizing to a friend in Korea, people sometimes offer sincere words with an apple as a gift to convey their heartfelt apology. This is because the sound of the word "사과" (apple) is the same as the verb "사과하다" (to apologize), which can make the situation more humorous. It is a way of giving an amusing gift to alleviate a friend's anger.

In Korea, bowing one's head is also a gesture of expressing an apology. When apologizing to a superior (someone in a higher position), bowing one's head while speaking sincere words can strongly convey the meaning of reflection and the promise to make an effort to prevent such incidents from happening again in the future.

1. 한국에서는 사과를 할 때 왜 사과를 선물합니까?
2. 여러분 나라에서는 사과를 할 때 어떤 선물이나 제스처를 주로 사용합니까?
1. Why do you give an apple as a gift when apologizing in Korea?
2. In your country, what kind of gifts or gestures are normally used to apologize?

어휘 색인

ㄱ			
가격	price	3과1항	대화어휘
가능하다	to be possible	4과2항	과제2
가볍다	to be light	4과1항	대화어휘
가슴	heart	4과1항	과제1
가야금	gayageum (Korean harp)	7과1항	과제1
가입하다	to join/to sign up	4과2항	과제2
가져가다	to take	3과1항	대화어휘
간	amount of saltiness	2과2항	과제2
간단하다	to be simple	2과1항	대화어휘
간장	soy-sauce	2과1항	주제어휘
갈다	to change/to replace	9과2항	주제어휘
갈색	brown	9과1항	대화어휘
감옥	prison	10과2항	과제1
감자	potato	2과1항	주제어휘
갑자기	suddenly	5과2항	대화어휘
강원도	Gangwon-do	1과1항	과제1
같이	like	8과1항	대화어휘
개국	(number of) countries	1과1항	과제1
개월	month(s)	1과1항	대화어휘
개인 정보	personal information	7과1항	주제어휘
거품을 내다	to make bubbles	9과1항	과제2
걱정	worry	4과2항	대화어휘
건배	cheers	10과1항	과제2
겨우	barely	5과2항	대화어휘
결정하다	to decide	5과1항	과제2
결혼식	wedding	2과1항	과제1
결혼식	wedding	5과1항	대화어휘
결혼식장	wedding hall	5과1항	과제1
경기장	stadium	8과2항	대화어휘
경영학	Business Administration	1과1항	대화어휘
경우	case	9과2항	대화어휘
경쟁	competition	5과2항	대화어휘
경찰서	police station	10과2항	대화어휘
계좌	account	7과2항	주제어휘
고객	customer	9과2항	대화어휘
고궁	ancient palaces	6과1항	과제1
고기	meat	2과1항	주제어휘
고모	aunt (the father's sister)	1과2항	주제어휘
고모부	uncle (the husband of the father's sister)	1과2항	주제어휘
고민에 빠지다	to face a dilemma	4과2항	과제2
고백하다	to confess	10과1항	대화어휘
고생	hardship	1과1항	대화어휘
고장 나다	break	9과2항	주제어휘
곧	soon	4과2항	대화어휘
곳곳	everywhere	1과2항	대화어휘
공연	performance	3과1항	과제1
공휴일	holiday	6과1항	과제1
관계	relatoinship	10과2항	과제2
관리하다	to manage/to handle/to take care of	9과1항	과제1

ㄴ			
날짜	date	5과1항	대화어휘
남다	to be left	5과1항	대화어휘
남대문 시장	Namdaemun Market	3과1항	과제1
남산	Namsan Mountain	6과1항	과제1
냄비	pot	2과2항	주제어휘
냉동식품	frozen food	3과1항	주제어휘
넘다	to exceed	9과2항	대화어휘
넘어지다	to fall down	8과1항	대화어휘
넣다	to put in/to add	2과1항	대화어휘
넥타이	tie	3과2항	주제어휘
노란색	yellow	3과2항	대화어휘
노르웨이	Norway	2과2항	과제1
노인	elderly	3과1항	과제2
놀라다	to be surprised	3과2항	과제1
놀이공원	amusement park	6과2항	대화어휘
농담	joke	10과1항	과제2
놓이다	to be placed on	7과1항	대화어휘
눈물	tears	8과2항	과제1
느낌	feeling	10과2항	과제2
늘다	to improve	10과1항	과제2

ㄷ			
다녀오다	to go and come back	1과2항	대화어휘
다듬다	to trim/to refine	9과1항	대화어휘
다운로드하다	to download	8과1항	주제어휘
다행이다	thank goodness/what a relief	8과1항	대화어휘
다행히	fortunately	4과1항	대화어휘
단어	word	10과1항	과제2
단짝	best friend	8과1항	과제1
닭고기	chicken	2과1항	주제어휘
담기다	to be filled with	5과1항	과제2
담다	to put something into something	2과1항	과제2
답장	reply	8과1항	대화어휘
당근	carrot	2과1항	주제어휘
당연히	naturally/of course	10과2항	대화어휘
대단하다	to be great	8과2항	대화어휘
대로	like.../following	9과1항	대화어휘
대추	jujube(red dates)	2과2항	과제2
대학로	Daehak-ro	6과1항	과제1
대해서(대하다)	about	1과1항	대화어휘
대형	large	9과2항	과제1
댁	house	4과1항	과제2
던지다	to throw	5과1항	주제어휘
덮이다	to be covered	10과2항	과제1
데다	burn oneself	9과2항	과제2
데리고 가다	to take along	4과1항	과제2
도와주다	to give help/to aid	4과2항	대화어휘
도움	help	4과2항	대화어휘
돌다	to go around	6과1항	과제1
돌리다	to run (a machine)	9과2항	과제2
돌아다니다	to go around	1과1항	과제1
돌잔치	celebration of a child's first birthday	5과1항	과제2
동대문 시장	Dongdaemun Market	6과1항	과제1

동문회	alumni association	5과2항	주제어휘
동생	younger sibling	1과2항	주제어휘
동아리	club	4과2항	과제2
동영상	video	4과2항	과제2
동창	alumni	5과2항	대화어휘
동창회	school (alumni) reunion	5과2항	주제어휘
동호회	club(off campus)	5과2항	주제어휘
돼지갈비	pork ribs	1과2항	과제1
돼지고기	pork	2과1항	대화어휘
되도록	as...as possible	3과2항	대화어휘
두근두근하다	pounding	4과1항	과제1
두껍다	to be thick	10과1항	과제1
두다	to leave (behind)	6과1항	과제2
두려워하다	to be afraid (of)	10과1항	과제2
두부	tofu	2과1항	대화어휘
뒤풀이	after-party	5과2항	대화어휘
뒷머리	back of the head	9과1항	주제어휘
드라이어	dryer	9과1항	주제어휘
들다	to hold	2과2항	대화어휘
들르다	stop by	6과1항	대화어휘
들리다	to hear	8과2항	과제1
디자인	design	1과2항	과제2
따다	to get certified	7과1항	과제2
따로	separately	7과2항	대화어휘
떠나다	to leave	5과1항	대화어휘
떡 케이크	rice cake	7과1항	과제1
똑같다	to be the same	8과1항	과제1
뚜껑	lid	9과2항	과제2
뜻	meaning	10과1항	과제2

ㄹ			
런던	London	4과2항	과제1

ㅁ			
마늘	garlic	2과1항	주제어휘
마을버스	town shuttle bus	6과1항	주제어휘
마음에 들다	to be satisfied with	3과2항	대화어휘
만드는 법	how to make/recipe	2과1항	대화어휘
말고(말다)	not/instead of	3과2항	대화어휘
말리다	to dry	2과2항	과제1
말리다	to dry	9과1항	주제어휘
말을 걸다	to start a conversation	7과1항	과제1
맛집	restaurant(famous for serving delicious food)	4과2항	과제2
맞추다	to set	8과1항	주제어휘
맞추다	to adjust	2과2항	과제2
맡기다	to leave	9과2항	주제어휘
매다	to tie (up)	10과2항	과제1
매진되다	sold out	6과1항	대화어휘
매표소	ticket office	6과2항	대화어휘
먹이다	to feed	2과1항	과제1
멋있다	stylish/cool	8과1항	과제1
멋지다	wonderful/cool	10과2항	과제1
면도기	razor	9과1항	주제어휘
명세 표	transaction receipt	7과2항	과제2

모범택시	luxury taxi	6과1항	주제어휘
모습	figure/image	8과2항	과제1
모시다	to accompany/to take somebody somewhere	10과2항	대화어휘
모이다	to gather	4과1항	대화어휘
목도리	scarf	3과2항	주제어휘
무겁다	to be heavy	7과2항	대화어휘
무용	dance	7과1항	과제1
무음	mute	8과1항	주제어휘
문자 메시지	text message	8과1항	대화어휘
문제	problem	9과2항	대화어휘
물론	of course	3과1항	대화어휘
미끄럽다	to be slippery	8과1항	대화어휘
미루다	to delay/to postpone	10과2항	대화어휘
미역국	seaweed soup	2과1항	과제1
미용실	beauty parlor	9과1항	주제어휘
미터기	taximeter	6과1항	주제어휘
밀리다	to get behind(traffic)	6과2항	대화어휘

ㅂ			
바나나	banana	3과1항	과제2
바라다	to wish/to want	6과1항	과제2
바로	right away	5과1항	대화어휘
박수를 치다	to applause	4과1항	주제어휘
반값	half-price	3과1항	대화어휘
반드시	certainly/by all means	7과1항	대화어휘
반말	casual/informal speech	4과1항	과제2
반면에	on the other hand	10과2항	과제2
반하다	to fall in love	10과1항	대화어휘
받아 주다	to accept	10과2항	주제어휘
발급	issue	7과1항	주제어휘
발매기	ticket (vending) machine	6과1항	주제어휘
(성격이) 밝다	to be bright (personality)	1과2항	과제2
밥그릇	rice bowl	2과2항	주제어휘
방금	just now	10과2항	대화어휘
방면	direction	6과1항	과제2
배경	background	2과2항	과제1
배달	delivery	3과2항	대화어휘
배추	(Korean) cabbage	2과2항	과제2
백합	lilies	3과2항	대화어휘
버섯	mushroom	2과1항	과제2
버스 전용 차로	bus-only lane	6과2항	주제어휘
벨	bell	6과1항	과제1
별일	a big deal/something particular	4과1항	대화어휘
별표	"*"	8과2항	주제어휘
보이다	to see	8과2항	과제1
복도	corridor	6과1항	주제어휘
복수 전공	double major	1과1항	주제어휘
볶다	to fry/to stir-fry	2과1항	주제어휘
봉투	(paper/plastic) bag	3과1항	대화어휘
부드럽다	to be smooth/to be soft	9과1항	과제1
부럽다	to be jealous	8과1항	과제1
부자	rich person	5과1항	과제2
부전공	minor	1과1항	주제어휘
부케	bouquet	5과1항	주제어휘

설탕	sugar	2과1항	주제어휘
섭섭하다	to be disappointed/to be sad	5과1항	과제1
성공	success	10과1항	과제1
성별	gender	5과1항	과제2
세제	detergent	5과1항	과제2
소개하다	to introduce	4과2항	대화어휘
소고기	beef	2과1항	주제어휘
소리	sound	4과2항	과제2
소리를 지르다	to shout	10과2항	과제1
소심하다	to be shy/to be timid	10과1항	대화어휘
소원	wish	8과2항	대화어휘
소통하다	to communicate	10과2항	대화어휘
손수건	handkerchief	10과2항	과제1
손쉽다	to be easy	9과1항	과제1
손을 잡다	to hold hands	8과1항	과제1
손질하다	to trim	9과1항	대화어휘
송금	wire transfer	7과2항	주제어휘
송별회	farewell party	5과2항	주제어휘
송이	a bunch (of bananas or grapes)	3과1항	과제2
쇼	show	5과2항	과제1
쇼핑몰	shopping mall	3과1항	과제1
수리	repair	9과2항	대화어휘
수선	mend/repair	9과2항	주제어휘
수저	eating utensils	2과2항	대화어휘
수표	check	7과2항	주제어휘
순서	turn	7과1항	대화어휘
숟가락	spoon	2과2항	대화어휘
스스로	by oneself	10과2항	과제2
승강장	platform/station	6과1항	주제어휘
시간이 흐르다	time passes	10과1항	대화어휘
시내	city	6과1항	과제1
시내버스	city-bus	6과1항	주제어휘
시외 전화	long-distance call	8과2항	주제어휘
시합	game/match	8과2항	대화어휘
식료품	food/groceries	3과1항	주제어휘
식탁	dining table	2과2항	주제어휘
신기하다	to be amazing	5과2항	대화어휘
신라	Silla (Dynasty)	6과1항	대화어휘
신랑	groom	5과1항	주제어휘
신문방송	Journalism and Broadcasting	1과1항	주제어휘
신부	bride	5과1항	주제어휘
신분증	identification card	7과1항	주제어휘
신용 카드	credit card	3과1항	대화어휘
신입생 오리엔테이션	freshmen orientation	4과2항	주제어휘
신입생 환영회	freshmen welcome party	4과2항	주제어휘
신청서	application form	7과1항	대화어휘
신혼부부	newlyweds	5과1항	주제어휘
실기	practical/performance	7과1항	과제2
실력	skill	10과1항	과제2
실망하다	to be disappointed	4과1항	과제1
실수	accident	10과1항	대화어휘
실수하다	to make a mistake	10과1항	주제어휘
심하다	severe	8과1항	대화어휘

외롭다	to be lonely	8과2항	과제1
외삼촌	uncle (the mother's brother)	1과2항	주제어휘
외숙모	aunt (the wife of the mother's brother)	1과2항	주제어휘
외우다	memorize	8과1항	과제1
외할아버지	maternal grandfather	1과2항	주제어휘
요새	these days	1과2항	대화어휘
용서	forgiveness	10과2항	주제어휘
우물 정자	"#"	8과2항	주제어휘
우선	first (of all)	6과2항	과제1
우승자	winner	5과2항	대화어휘
우회전	right turn	6과2항	주제어휘
운전면허증	driver's license	7과1항	주제어휘
울다	to cry	8과2항	과제1
웃기다	to be funny	10과1항	과제2
웃다	to laugh	4과1항	과제2
웃음	laughter	4과1항	과제2
원	won	3과1항	과제2
원하다	to want/to wish	7과2항	과제2
웬만하면(웬만하다)	if possible	6과2항	대화어휘
위치	location	6과2항	대화어휘
위한(위하다)	for	4과2항	대화어휘
윗사람	superior	2과2항	대화어휘
유니폼	uniform	8과2항	대화어휘
유명하다	to be famous	5과2항	대화어휘
유제품	dairy products	3과1항	주제어휘
유턴	U-turn	6과2항	주제어휘
유학생	international student	4과2항	대화어휘
유행	trend/spread	8과1항	과제2
유효 기간	expiration date	7과1항	주제어휘
육교	pedestrian overpass	6과2항	주제어휘
음성 메시지	voicemail	8과2항	주제어휘
응	Yes	4과1항	대화어휘
의견	opinion/suggestion	9과1항	대화어휘
이동 통신	mobile (tele)communication	9과2항	과제1
이렇게	this/like this	2과1항	과제1
이루어지다	to consist of	7과1항	과제2
이모	aunt (the mother's sister)	1과2항	주제어휘
이모부	uncle (the husband of the mother's sister)	1과2항	주제어휘
이발소	barbershop	9과1항	주제어휘
이상	defect/abnormality	9과2항	주제어휘
이상	no more/no longer	7과2항	대화어휘
이상하다	to be strange	4과1항	과제2
이용권	voucher	9과2항	과제1
이용하다	use	6과1항	대화어휘
이자	interest	7과2항	주제어휘
이코노미석	economy class	6과1항	주제어휘
이틀	two days	7과2항	대화어휘
익다	to ripe	2과1항	대화어휘
익숙하다	to be familiar with	1과2항	대화어휘
익히다	to cook	2과2항	과제1
인기	popular	3과1항	과제2
인도	side walk	6과2항	주제어휘
인도네시아	Indonesia	2과2항	과제1
인삼	ginseng	2과2항	과제2

종착역	final station	6과1항	과제2
좌석	seat	6과1항	대화어휘
좌회전	left turn	6과2항	주제어휘
주민 등록 번호	resident registration number	7과1항	주제어휘
주민 등록증	resident registration card	7과1항	주제어휘
주방 용품	kitchenware	3과1항	주제어휘
주차 금지	no parking	6과2항	주제어휘
줄이다	to reduce	9과2항	주제어휘
중	~ing	1과1항	대화어휘
중고	used/secondhand	9과2항	과제1
중심지	center	6과1항	과제1
중요하다	to be important	2과2항	대화어휘
증명사진	identification picture	7과1항	주제어휘
지갑	wallet	7과2항	대화어휘
지나다	to pass	6과2항	대화어휘
지루하다	to be boring	7과2항	과제1
지역 번호	area code	8과2항	주제어휘
지키다	to keep	8과1항	대화어휘
지하도	underpass	6과2항	주제어휘
진동	vibrate	8과1항	주제어휘
집들이	housewarming party	5과1항	과제2
짜리	worth	3과2항	대화어휘
쭉	straight	6과2항	대화어휘
찌다	to steam	2과1항	주제어휘

ㅊ			
차도	street/road	6과2항	주제어휘
차리다	to set/to prepare	4과1항	대화어휘
차이가 나다	to be different between	5과2항	과제2
착각하다	to delude oneself/to mistake	10과1항	주제어휘
참가하다	to participate	5과2항	과제1
참기름	sesame oil	2과1항	주제어휘
참나무	oak tree	10과2항	과제1
찹쌀	glutinous rice	2과2항	과제2
창가	window	6과1항	주제어휘
창경궁	Changgyeonggung Palace	6과1항	과제1
창구	counter	7과2항	과제1
창덕궁	Changdeokgung Palace	6과1항	과제1
찾아가다	to go/to visit	6과2항	과제1
찾아다니다	to look for	4과2항	과제2
채소	vegetable	2과1항	주제어휘
처럼	like	5과1항	과제2
처리하다	to handle	7과2항	과제1
천	fabric	10과1항	과제1
천막	tent	10과1항	과제1
천문우주학	Astronomy	1과1항	주제어휘
청와대	Blue House	6과1항	과제1
청첩장	wedding invitation	5과1항	대화어휘
체류	stay	7과1항	주제어휘
체크 카드	check card	7과2항	대화어휘
초대권	invitation ticket	5과2항	대화어휘
초대하다	to invite	4과1항	대화어휘
촛불	candle	4과1항	주제어휘
추석	Chuseok(Korean Thanksgiving Day)	3과1항	과제2

피로연	banquet/reception	5과1항	주제어휘
피부	skin	9과1항	과제1
피시방	PC bang/internet cafe	10과1항	과제2
필기	written	7과1항	과제2
필요하다	to need	2과1항	대화어휘

ㅎ			
하나도	not at all	1과1항	대화어휘
하늘색	sky-blue	3과2항	과제1
하루 종일	all day	6과1항	과제1
하마터면	almost	8과1항	대화어휘
학생증	student ID	7과1항	주제어휘
학생회	student council	4과2항	대화어휘
한번	once (to try something out)	4과2항	대화어휘
한옥 마을	Hanok(Traditional Korean) Village	6과1항	과제1
할인	discount	3과1항	대화어휘
함께	together	1과2항	과제1
합격하다	to be pass/to become qualified	7과1항	과제2
행	heading to (destination)	6과1항	과제2
행사	event	4과2항	대화어휘
현금	cash	3과1항	대화어휘
현금 자동 인출기	Automated Teller Machine	7과2항	주제어휘
호박	pumpkin	2과1항	주제어휘
호출하다	to call	6과1항	주제어휘
혼자	alone	10과2항	대화어휘
화려하다	to be fancy/to be splendid	3과2항	대화어휘
화장품	cosmetics	3과2항	주제어휘
화장하다	to put on makeup	8과2항	과제1
확인하다	to check	6과1항	과제2
환경 오염	environmental pollution	9과2항	과제1
환승하다	transfer	6과1항	주제어휘
환영회	welcome party	5과2항	주제어휘
환율	exchange rate	7과2항	주제어휘
환전	currency exchange	7과2항	주제어휘
황금	gold	10과1항	과제1
회비	membership fee	5과2항	주제어휘
회원	member	5과2항	주제어휘
횡단보도	crosswalk	6과2항	대화어휘
횡단보도	crosswalk	6과2항	주제어휘
후기	review	3과2항	과제1
후문	back gate	6과2항	과제2
후배	(school) junior	5과2항	과제2
후추	pepper	2과1항	주제어휘
후회하다	to regret	9과1항	대화어휘
흰색	white	3과2항	대화어휘

문법 색인

YONSEI KOREAN

for college students

201 부록